闲人不闲

于非闇 著

沈宁 编注

北京出版集团

文津出版社

《万岁菊》(1936年)

目录

2

4

7

于非闇在北京中山公园来今雨轩（20世纪30年代中期，家属提供）

《法宋人山水》（1933年，私人收藏）

我本世家

漫談

新的晨
東風

華嚴樓隨筆
于凌

（七月二十五日）八月五日　建華寺街本京西四牌樓

忆往

吾生年四十余，所历足资谈助者，亦著于篇。入春来，贫与病会，使我追忆往事，亦尚可补前记所遗，辄不自揣，第其次书之，俾世之知我者，有以教我焉。

上　篇

我家本非素丰，列祖尤以勤朴为训。先王父以文章为人知，京都每有文会，凌晨起，步行来会，往返廿余里，口诵文数十首以舒卷，时吾家居海淀，海淀距京师十余里也。王父举孝廉，仍日携筐入市市[1]

---

[1]　市：买卖货物，此处指到市场卖蔬菜。

蔬菜迄于暮年未尝已。吾自幼即追随代负载，故吾于市井俚俗、民情真伪，得审知之。先王父曾曰："此书生本色，亦学者所有事也。"人有笑我短衣携筐入市者，吾唯有默默而已。

所为读书作画迎宾接友之室，奇陋奇隘，友朋来谈者，多不能久坐，吾日处其中，觉已别有天地而差堪自慰。当吾家中落之后，吾所居仅得人家一间室，室可方八尺，辟小窦[1]为窗，嵌以玻璃，北向，室中一条桌、一炕、一短足桌。室中人吾妻吾两子一女为数共五，溽暑皆袒卧，气若蒸，摇蒲葵扇必神倦自合[2]，始抛汗，浴一夜，则额臂胸股皆痱。入冬燃小火炉，胸以上奇暖，腹以下倍寒，两足冻且溃，户一开合，室幻寒燠；大风雪，缩瑟战栗，如是者三易寒暑。吾挑灯读，自幼成习惯，居此室不读且不寐，时吾仅有一砚，缺其角，砚匣有盖而无底，以茶杯代笔洗，菜碟为笔蘸，以学画。短足桌年寿已逾百，桌面凹然而光，日间为餐桌，夜为画案，必盘膝危坐始可任挥洒；桌不大，大纸且不能展，则小其纸为小幅，以视今有屋两间，一榻一案，窗明几净，堪任作坐者，真觉别有天地矣。

当庚子联军之难，我家被劫，先祖与先父皆为小贩以赡家。父履八分底福字履，提篮沿街叫售，每苦踬[3]，叫不成声，日暮归，举家相对泣。先祖则于护国寺西口布[4]小摊，我助之，每晨祖孙共一担，自家往，白发，垂髫，辄为人绐[5]，然恃此刻不冻馁也。光绪末，京师学校

---

[1] 窦：孔，洞。

[2] 神倦自合：指精神和肉体上疲惫而合目入睡。

[3] 踬：被东西绊倒。此指办事受挫折。

[4] 布：安排，设置。

[5] 绐（dài）：古同"诒"，欺骗、欺诈。

较多，故吾读颇勤奋。一日夜读，读声达户外，为师闻，翌晨师奖励之，同学辈皆奋。吾好修饰，衣履皆整洁，一日，覆其发于前额，俗谓之孩儿发者，为师见，呵责声色俱厉，不少假。每星期有文字会，或为文，或联句，师与弟子共为乐，如家人父子。故吾在家知有亲，家之外唯知有师耳。

吾自幼多病，四五龄日食沉香少许，赖祖母抚养以成长，祖母病殁，吾未曾抚棺一哭，此情迄今抱恨。祖母患痨症[1]，缠绵经岁，比殁，枯瘦望而畏缩，吾年幼，不敢逼视，先祖每念及，辄抚吾哭，时吾意似解似不解也。

吾母生我兄弟姊妹六人，事翁姑，育子女，一身任之，每夜分不寐。两患乳疮，几殆。右手生疽，食指损其一节，吾弟兄姊妹之衣履，犹恃残指为缝纫也。中年经事变，患怔忡[2]，每发口滔滔自晨迄暮不少已，恒时则寡言笑，今年六十五矣。三妹皆嫁，幼弟早死，所以慰暮年者，吾滋愧矣。

下　篇

二十年前好养鸽，可二百头，其精者为一时养者所绝无，市贩日伺门，怂恿售其种，犹忆两雏鸽生才月有半，即为鸽贩出二十金乞去，脱手则赚二十元，于是吾养鸽之名，传遍九城矣。吾养鸽喜用新

---

[1]　痨症：结核病的俗称，此指肺结核。
[2]　怔忡：中医病症名，心悸，惊恐不安之症。

法，不蹈故常，故体健而毛羽丰美。知其种之善变，利其变以意为之相配合，有验有不验，其验者则每出意计外。其时，北京无有"铜翅鸟"（头尾两翼皆紫色），吾变其匹合，则得"铜翅鸟"，"铜翅鸟"每病于紫翼之翎不多，尤病两翼紫翎多寡之不称，吾养其种能逐年多，且两翼停匀，无畸重畸轻之弊，故每一鸽出，惊侪辈也。十数年来所为笔记，都无是处，独吾在前《晨报》所印之《都门豢鸽记》，为说颇精，可为北京豢鸽者重要之参考。往者汤定之[1]先生谓我曰："读君所为说，直是我。"孰又知吾求以纨绔子弟终而不可得乎！吾所嗜既多，暇时绝少，然遇暑假，则又未尝不钓鱼，而钓亦有道焉。当其初，钓之道未善，执竿枯坐，人以俟鱼，往往终日不一得，偶得，亦鱼之小焉者，既进，可以识鱼之所在矣。投其饵，得较多，间有巨者，又进，识鱼之动静进止与夫鲤鲫大小，执竿调饵，沿河而觅，虽有鱼，而不大不小，不投饵也。于是钓之道成，得亦随所期可任吾意，若探囊焉。吾所游戏之物，若鸽铃，若弓矢等，皆散失，独吾钓鱼之物，则迄今尚未全失，而尤以钓钩为最全，斯亦吾家长物也。

　　吾所搜集系鸽之铃，北京所称"鸽哨"者，为种绝全。京都以制鸽哨名者，自乾隆以来迄光绪中叶，则有惠氏能世其业；民国三四年时，尚有永氏之矞[2]制鸽铃，其制则已不如其先矣。鸽铃之种类，吾所为《都门豢鸽记》颇详；吾所有者，五氏咸备，在今日视之，最为难覯。吾尝剖其铃以视，声之小大、高低、强弱、巨细与夫为宫为商，皆在其哨口之宽仄、大小、厚薄、短长及哨筒之深浅、方圆，平仄、畅郁

---

[1]　汤涤（1878—1948），字定之，江苏武进（今常州）人。民国年间北京画坛的重要画家。

[2]　矞（yù）：以锥穿入。

而其声各有不同，而其声相为调和。犹忆吾家有惠氏之"十三太保"一铃，中为一葫芦，左右为哨各四，后一巨筒，筒与葫芦之间并列小哨三，其左右哨自前而后声逐高，为声仅八，皆不同，并列三小哨，左右小哨，左高于右，中又高于左，合左右之八哨为音十一，又各不同，葫芦音最洪，巨筒次之，其制若洋琴之低音部然，而为体绝轻也。当系于鸽尾时，鸽飞上下、回旋、折转、徐疾而各有不同，人在室中，默聆铃声，即审鸽飞之上下回旋，技术之精有如此。自吾居庐易主，即不复养鸽，所有铃，皆为朋友分散，恐不复能聚矣。

北平钓鱼，方法用具皆精美，所用竿尚苇不贵竹，尤所仅见。苇竿柔而韧，遇斤许之鱼，初不病其折，钩既锋利，遇大鱼若用竹竿，力掣且虞钩刲鱼口，挣而脱；苇柔而韧，掣之力与鱼之挣相遇，因其柔而着于钩之力韧而不脆。挣之久且不虞脱，为质视竹而轻，久持腕臂且不倦，故北平之精于钓者，莫不用苇。吾之性，凡所玩嗜皆喜求其故实，穷析其理。渔竿之苇，以用之久与求之切，方始悉其利用自然之理。环京师所生之苇，非尽可用，用者于地脉成长养育皆有关，产之地非池非塘，乃在高阜之苇，俗称旱苇。旱苇之居高非水生，不宜多雨，岁愈旱，苇之生愈迟，迟则叶小而密，节与节之距短，阜有阴阳高低正侧之不同。生于阴与侧者，不如阳与正之健，尤健者则在高阜之巅。刈苇恒在夏正九月中旬，选渔竿者，于芦花正白时，登其阜，择阳向正生阜巅而又蓋直、花大、叶密、节短、不倾不攲不为花侧者，以物识之。俾刈苇者遇识则留，众苇皆刈，识者独有，历之以风寒，坚之霜雪，节交小雪，弱脆不胜者，摧折枯萎，获存者无不柔而韧，为苇中之上上品。就其根，刨以出，去叶通风曝之，经寒暑，绳以墨，矫其枉者，视其才之短长、巨细、轻重、大小而任之，经岁遇风雨寒燠笔直，然后可用，故一苇之值，随年寿之远近而高下，而最下者值且一金焉。吾所有苇皆十数年心力所寄，在恒人视之，且不值半文，斯所以为吾之长物也钦。

1932 年 4 月 22—27 日
《北平晨报·艺圃》
署名非厂

顺民旗

　　庚子联军入北京，家家悬顺民之旗，以侥幸于不死。时吾家邻西什库教堂，联军入，举室逃西山，焚杀三日后，始渐渐归，高悬法兰西三色旗，下缀小方白布，上书中文"顺民"二字于门首。凌晨起，洋兵大呼，则每家出一人立门前，洒水扫街，惴惴然唯谨。洋兵有所需，则全巷起应命，恐后，违其意，且鞭挞随之。若是者月余日，已饱尝亡国之滋味矣。吾家所悬顺民旗，在丙寅岁尚宝藏之，后以脱可不用，辄焚去。

1932 年 1 月 15 日
《北平晨报·非厂短简·四四》
署名非厂

避地西山

　　庚子联军之辱，举家避地西山磨石口，其最使我念念不忘者，时当中秋，以银五两租两马房。入夜马与人争屋，以首触门，立辟，马转侧其股，大泄，粪汁满壁溅，秽恶不可呼吸。主人院中曝衣裤，虫缘绳走，涤其衣，则蚴随水波游。先曾祖年八十，卒以此致不起。今我母已六十五矣，吾安得预筑屋于岩穴以避秦耶？

1932 年 7 月 27 日
《北平晨报·非厂短简·六三》
署名非厂

庚子追忆

　　近人辄侈谈庚子联军事，吾时才十一龄，幸得躬逢其盛。吾以为吾华人受西力之压迫，中东一役，蒙耻尤深，故设法图报复。而教民为虎作伥，尤吾人积怨所致。只以教育缺乏，思想简单，又复昧于世事，托诸鬼神稗官野史之言，以为即此已足。原其心而略其迹，所谓其愚不可及也。当是年拳匪入京时，所予吾以至深印象，每一追忆，历历如在目前者，厥有两事：时吾家在西四牌楼东，吾晨兴，闻邻人言焚教堂事，皆往观。吾亦随其后，比吾至教堂，火已盛，熊熊然莫可迩。堂门大启，拳匪仍频出入，出必牵妇孺，出白刃，剚其胸腹，吾惧，格于人，莫可逃，两手障目莫敢视。陡觉水花扑面手，启视，则匪舞长枪，枪贯一婴，已洞胸，血淋漓溅吾面与手。吾伏地泣，得邻人助，始归，此即阜成大街帝王庙以东教堂被焚事也。时先大父在庄王府教读，课余归家，辄为言拳匪事，惨酷无人理。是时庄府设坛祀匪神，大父屡为王言不可状，王怵于懿旨（慈禧后命设坛），知其非，无如何。先大父每归，必经府东西口（即今太平仓）。每经，辄闭目疾趋，盖两口悬教民头颅，心、肝、肠、胃，累累若市，腥臭莫敢息。

吾性好奇，默识之，得间，急往一旷眼界。至西口，所见视大父言者尤怪异。左壁悬心脏，数约九枚，中有较大一，作丹朱色，围观者谓误杀，辄唏嘘，吾时亦云然。再进，肠梆比若垂□，腥臭不可进。右视则头颅三四，丑恶弗敢凝视。比缩身行，则发为人所执，吾惊顾，白刃拟胸间，盖拳匪谓吾为教民，谓吾顶囟现十字，非杀吾不可也。吾此际，自分无生理，适大父散课归，骤睹吾，久久不能为一言，及力辩，匪弗信，坚欲来吾家。至家见至圣像[1]，始稍释。请酒肉，敬治以进。意未足，献银钱数事始去。此匪腰缠一刀，柄有钩，尖有孔，用则脱其钩，弗用环之腰际，若束带然，此又一事也。两事均在是年六月末，相距仅两日，吾自是不敢复出。及联军破门入，吾家避难西山磨石口，比归，家物已荡然，举家莫可为食，先曾祖又病殁，家人哀号声，与法兵呼洒扫声，迄今思之，犹有余痛焉。（时吾巷归法兵管辖，吾南邻熙氏园，园中满驻法兵，不时呼居民清除街道，不应，则鞭朴[2]，且有以刀刺两股者。故一闻呼声，举巷惴惴伫门首，敬听驱使，莫敢抗。门首若不悬白色旗，上书"顺民"两字者，则视为反叛，举室莫得生。）

1928 年 10 月 16、18 日

《新晨报·花萼楼随笔·四十二、四十三》

署名于非厂

---

[1] 至圣像：旧时特指孔子为大成至圣先师，此即指孔子像。

[2] 朴（pō）：窄长有短把的刀。

先大父纪游诗

记吾十四龄时，随侍先大父游鲁南，沿途均有诗记其事。长途仆仆，祖孙颇不寂寞，今二十五年矣。每忆游踪，辄复怆然涕下。先大父于书无所不读，喜吾不至钝，暇辄授吾经史书画金石碑刻，惜吾童心未去，不获万一也。大父为文，雅慕韩昌黎，唯向不留稿，诗亦随作随弃去。日来于故纸堆中，竟捡得大父纪游诗半纸，随侍时大父口占，吾录成者。唯仅自天津乘民船至老君堂一段，其由老君堂过济登岱诸作，吾竟不复记忆，惜哉！诗曰：

仆仆风尘外，栖迟别有天。河干飘酒旆，舱尾起炊烟。晚岁情原淡，浮名势忽牵。屈身怜矮屋，棘院景依然。（津关舟中。三月初十。）

布帆幸借东风便，杨柳村边泊晚舟。夜半雨声惊旅梦，怜他童子睡垂头。（晚泊杨柳青。十一日。）

阻人行迹雨廉纤，极目天光水色枯。闷极呼童闲酌酒，个中风味悟酸咸。(舟中阻雨,十二日。)

急风骤起雨初残,坐拥羊裘尚觉寒。极目奔流无限恨,伊谁着力挽狂澜。(杨柳青雨后。十二日。)

解缆残宵月尚明,船过静海两三程。石尤风起行迟甚,却喜沿河浪弗惊。(独流早行。十三日。)

中流放棹梦初醒,烟雨迷蒙岸柳青。一路春华相慰送,论交孰若此忘形。(由刘河开船,晚宿沧州。十四日。)

晓风吹雨渡沧州,卖饭偏多西域楼。未得饱餐聊酌酒,欲将旅况问饥鸥。(沧州早发。十五日。)

竟日才行百里程,交河晚泊月东升。幼孙愿解□心闷,多少闲谈到二更。(晚宿交河泊头。)

春日扬帆似画图,风声迅利永声粗。同舟不必多知己,俚语原来理弗殊。(由泊头过连镇,晚宿桑园。十六日。)

花柳绿河最适情,老君堂外放舟行。无端风伯癫狂甚,阻我遄征半日程。(十七日午前至老君堂阻风。)

1927 年 9 月 21 日
《晨报·非厂漫墨·五七》
署名非厂

忆泰山道者

　　忆幼时登泰山，遇道者某，与先大父谈竟日，于世事言之历历。时去庚子联军后，谓清祚将终于亥，无可再延，其所言类有道者，吾特滋惑。道者诩吾慧，谓宜入空门，先大父笑置之，今廿余年矣。友自泰安来，谓道者年已八十余，犹主某观，其所言辄如前，颇能预示休咎，则世间不可解者，吾唯有付之不解耳。

1927 年 5 月 3 日
《晨报·非厂漫墨·三八》
署名非厂

随先大父往游鲁南

友人言，往岁道出曹县，途遇两儿斗，皆十一二龄，长短丰瘠亦相若。伫而观者数十人，无一人调解。既酣，一儿力少怯，一儿乘之掊[1]之地，痛殴，儿卧地，力起，久不得，殴者乃遍及其躯，围观者咸大乐，鼓掌叫嚣，视之若游戏者。又久，仆儿已受重创，有类负儿之家族，徐徐抱儿起，置浓荫下，初无愤怒怜惜状。胜者跳踉去，群亦四散。友人颇异之。吾乡好斗，自古已然，曹州在承平之际，即号难治，况当战乱之余，人习以杀人放火，则两儿之小斗，正其乡人所借以教之，以养其犷悍暴戾也。吾儿时，随先大父往游鲁南，曾入所谓山寨者。山寨石筑为雉堞，环以铁炮，寨中人轮值守之，遇有外客，辄复盘诘，乘车马者，近寨门，不下骑，则阻不听入。遇乡老，乘骑

---

[1] 掊（pǒu）：通"踣"（bó），仆倒。

者横出其前，或老人负重，路人调首不顾去，辄为乡人殴，不敢校。又吾遇一女子，皎好若不胜姣怯，单骑劫祸胜镖车，赳赳者四五人，莫不俯首请命。吾随大父购瓜，售者故昂其值，乡人谓其欺童叟，群殴之。大父至为请命乃已。凡此乃不胜书，所谓民风强悍，殆犹存任侠之风欤？

1928 年 9 月 2 日
《新晨报·花萼楼随笔·二十四》
署名于非厂

先大母遗物

　　吾家曩有一瓶，高几三尺，作葫芦形，青花白地，康熙官窑也。上绘葫芦百枚，无一相同者。枝蔓花叶，画笔绝精。陆凤石（润庠）[1] 相国雅爱之，为作长歌，因系先大母奁中物，不敢请也。庚子兵燹，与王耕烟[2]大轴，石涛山水大册俱失之。日前友人得一瓶，疑系吾家物，亟往观之，形制颇佳，色泽亦非近百余年物。唯所绘葫芦，约而计之，其数虽百，其形仅三十有二状耳。此与吾前所记百鹿樽，同为绝品。

1927 年 9 月 15 日
《晨报·非厂漫墨·五六》
署名非厂

---

[1] 陆润庠（1841—1915），字凤石，号云洒、固叟。官至太保、体仁阁大学士、东阁大学士。辛亥革命后，任溥仪老师。

[2] 王耕烟，即王翚（1632—1717），字石谷，号耕烟散人等。江苏常熟人。与王鉴、王时敏、王原祁合称清代山水画"四王"。

祖姑母

祖姑母适崔雨芗公（己酉科举人）。公殁于庚子，有子一，女公子二。祖姑母抚遗孤，艰险备尝，一心志以教养子，冀有成也，不幸竟夭折。祖姑母痛子伤一目，幸有两女可承欢，伶仃相依。吾与弟时慰藉之，冀以已其悲，祖姑母见吾辈与其痛，盖吾仅长表叔两年也。祖姑母适雨芗公为继室，先是公倩媒来，先曾祖以年幼辞，雨芗公遂聘某氏妇，生数子皆殇，遗一女而殁。公再倩媒赓前议，先曾祖竟许之，距前正十年也。及公殁，长女前室出，绝痴，次祖姑出，祖姑两爱之，而倍于次，以长者痴，痴尤不可忽视。公有两弟，皆从先祖学为文，仲弟出为黄州守，殁于任，无子；季弟晚年始获一子，昆季三支，只此以为继焉。公役于官，所入辄市珍奇田亩，三支既折其二，遂货居庐而三分之。吾祖姑母以所得置居室，独携两女居。其时表叔已仙去，当其未去，颇挥霍，既去，舍薄田数顷外，所分得亦已市居室，遂典质什物以为生，垂一年，始渐苏。有张君博泉者，涞水县人，其尊人与雨芗公友善，及庚子联军破北京，公携眷复念先曾祖年已耄，坚邀吾举家避涞水。及出京，初避于西山龙王堂。先曾祖不愿以举家为公累，辞不复行，公独悒悒，渡浑河，为乘所惊，遂殁于张君家。张君为理其丧，遂祖姑母等归，及析居，张君虑祖姑母年老携两女子居，不便，来就寓，十余年如一日，劳怨且不辞。北京迭遭乱，均恃张君以为慰，可佩亦可感也。张君复为经营田亩，故自析居，以迄祖姑殁，得温饱者，皆张君力焉。叔世而竟有义人，不至堪惊诧耶！

祖姑母为先祖胞妹，慈和无疾言遽色，族人之穷困者辄周恤之，无忤于人。癸亥腊月殁，时先祖弃世已数年，聚恒辄教吾善事祖姑母，谓先曾祖只此女，先祖只此妹也。时先父与雨芗公季弟为经理丧葬事，张君则任出纳，既葬，乃无法以善其后，盖两孤女先已亡其一，次且曾割股以疗亲，母女相依，誓死不嫁。今则形单影只，无复可托，先父遂力任之，以迄于今。曾召吾曰："吾生来月而失母，自孩提以至成长，皆赖吾姑。脱[1]无姑，吾且不存，况两家患难相扶，于雨芗公情尤笃，倘吾不力任其后，不将为张君所笑耶！"时张君已归去，吾家困窘莫得生，次姑所贷颇多，先父皆署券，谓"人以吾有所图者，吾唯求无负于天耳"。自先父弃养，吾以力食，不敢弃先人命，世俗之见知者，每谓吾嫌怨不知避，呜呼！吾唯求无愧于我先人耳！谊之亲疏，尚末也。

1929年3月25、26日
《新晨报·花萼楼随笔·一〇〇、一〇一》
署名于非厂

---

[1] 脱：假若。

思先父之教

　　昔人有联云："咦？那里放炮！""噢！人家过年！"土地祠中之佳叶也，以生龙活虎之笔，写负地方责任之土地，而时局之严重，惊疑之莫定，皆可于言外得之。

　　吾家在昔年，砚田所入，虽不至席丰履厚，而得以其余购书画碑版，故无虞冻馁也。两遭兵祸，室荡然。吾又不屑猎官吏，日教读以求仰事俯畜，其为役乃大难。严冬十月末（阴历），吾始得衣棉，盖仍为友人黄君健吾所赐者，是诚吾没齿所不敢忘焉。先父教至严，所以磨砺吾者，无微弗至。吾初受，深以为苦，久且习之。又久，且能于此中觅出地。而觉吾父之教我，竟不获观厥成，是尤吾所抱恨者。吾父弃养，今才三年。吾严冬不着羊裘殆九年。吾父教吾安贫素，祛奢侈，故吾由狐而羊，而棉，皆能安之。日者，友人苑君又生来寄庐，见吾所衣棉，不足以御寒，解衣衣我，不图绨袍之赠，复见于今日，

21

可感也。而吾今日之衣棉，以与严冬尚未棉较，其温暖且不可以道里计。吾感苑君，吾尤思先父之教焉。

1929 年 1 月 25 日

《新中华报·非厂识小录·十》

署名于熙

老亲犯病

　　家母是七十岁的老人，她生于天潢世胄，她从来看不惯这时代的一切一切。她提起来的事，总是五十、四十、三十年前的事，而对于近代，似乎从不入她老人家心意里。她在三十多年前，曾因受了意外刺激（先君佐山东学时），因之她竟患了怔忡之症，这病迄现在，禁不得大喜怒，三年两载，总要犯一次病，这不能说是我侍奉无状。她在不犯病的时候，真是慈祥得什么事都使人只是敬爱。一犯了病，她老人家精神来得更好，晨三时起床，不睡午觉，非至夜深不寐，洒扫缝纫……没有一事不是亲自动手，虽是我怎样的苦劝，她老人家总以勤奋为训，而说话的情形，却是非常激昂，不像七旬老人的样子，这大概是她老人家大寿的象征，而何尝是犯病！

1937 年 7 月 6 日

《实报·漫墨》

署名闲人

老母病愈

　　老母，生我及弟妹六人。自去年事变，忽罹痰疾极险，幸刘植源院长，力为诊治，不逾月得庆痊愈。母素吸纸烟，数十年，每日尽五六十支，室中烟气弥漫，入使人喷嚏。自得病，吸烟戛然止，迄今年余恶烟味。平日非肉不饱，自病愈，喜茹素，饭健。尝谓我："十九入汝家为妇，事祖翁，迄去年卢沟事变，五十余年身瘦无丰腴。自病愈，步履艰难，而身则较腴矣。此皆刘院长调治之功。"我幸有母，差足以骄人，而刘院长于烽火中使我母尤健旺，此则没齿所不敢忘者也。

1938 年 11 月 5 日

《新北京报·哭之笑之随笔》

署名于非厂

母亲说走会

　　《土话谈天》谈了三个多月，凡是为救济小百姓而呼吁筹备救济金的，我全要"攀高枝"在《谈天》里帮着呼喊。这次《纪事报》办的国技表演大会，在北京的我，却是活了这么大而始终未看见过的国技，并且我也未去过一趟妙峰山，交了白卷，这是我很认为遗憾的事。

　　在我的脑子里，只知道秧歌高跷开路和五虎棍，但我也没有看见过。这是小的时候，母亲晚间一边做着活，一边给我们讲什么是"老座子"，什么是"小二哥"，什么叫"班儿头"，因为我的外祖是"栓会"的"班儿头"，所以她老人家不但是知道，而且很清楚。至于妙峰山怎样"过会"，西太后怎样"看会"，人民怎样"截会"，"星霜星霜"的车铃，"当啷当啷"的大锣（不知是不是叫锣，黄绒绳系着很长，锣很厚，随走随敲），唱起秧歌来，是要妙峰山朝顶进香的。我年长一点，为声色狗马嗜欲所夺，这些民间的"走会"，就此忽略过去。假如她老

25

人家不为日寇忧惧而死的话，以她老人家的精神体力，总会活到现在，那么，这些会，她老人家，总会很详细地告知我，而我也许对于此救济筹款，不至于交了白卷。因为我听我母亲说过，这会的组织，是纯然民间义气的结合，不得乱说乱道的。而且会中的会员，功夫练得极纯，却是自己吃自己的窝窝头，有时会当了皮袄首饰"走趟会"，而茶水不扰的。我觉得民间的这种组织，值得我们敬佩！

1946 年 12 月 11 日
《新民报·土话谈天》
署名闲人

悼亡

　　我与我内人结缡三十年（三十年前旧历六月二十三日结婚，去年旧历六月初六病故）。她是爱新觉罗世家，人品、心性、持家、教子都好，虽然容貌连中姿都差得很远，而且还是一脸的细白麻子，背也有点驼，但是我俩相亲相爱这多年，并没有闹过什么"过节"[1]。她为我留下五个聪明的孩子。这假如宋玉再生于今日，他一定为我再来一篇《好色赋》[2]了。

　　"怕听邻娥哭母声"，这是我在她死了不久，感到一种难过所得的句子。现在又整整一年。我虽也厕身于"艺术家"之列，但我生活是有规律的，煤、米、油、盐、酱、醋、茶，这些困人而又是每日必需

---

[1] 过节：产生过矛盾、纠纷等。
[2] 战国时期楚国文学家宋玉作有《登徒子好色赋》。

的东西，在这一年之中变动得多么疯狂！剜肉补疮，我有时用"渲染"，有时只好"素描"，"临古"既不可能，"未来派"则又未免那个[1]，这样搞了一年，生活应用着艺术。所幸灵明未失，堪告无罪。

设如她至今仍然健在的话，那么，这一年中，国家大事、社会琐闻……不知她又增益了多少见闻，启迪了多少智识。她虽看见了日本人垮台，她却未看见日本人已走上民主。她虽看见了谈谈打打，她却未看见总动员。她只看见了分区停电，她却未看见永用着一盏菜油灯。她只看见了打苍蝇，她却未看见现在连苍蝇都不打。她只看见"九一八"和"七七"的痛苦，她未看见新疆、旅大……她现在是在天堂，在地狱的只有我们。

1947 年 7 月 29 日

《北平日报·太平花》

署名非闇

---

[1] 那个：口语，代替不便直说的话，含有婉转或诙谐的意味。

吾有两弟

　　吾有两弟，季弟名焕，肄业第三中学而跌扑以死者也。弟尤喜美术，作小画多生趣。误于蹴鞠，跌而死，今已十一年矣。故吾于仲弟[1]，期之特深。吾两人自幼业同师，居同器，衣履同式，迄今邻里之不习知者，不知孰为兄，孰为弟也。吾两人同学治印，吾弟喜用吴缶庐（俊卿）[2]法，故其刀笔坚卓，有天才。吾弟颇役役于四方之志，赴豫事军旅，吾苦诚不能听，此心至今耿耿。吾治印遂超弟前。会遭父丧，获聚首，始又与吾共晨夕。弟亦知治印之不吾若，孜孜以求之，别觅途径，遂独以治石之法以治牙，象牙章始一洗宋元来纤巧柔曼之弊。吾喜吾弟之不复思投笔，而以其笔与古人较得失也。特为志之。

1929 年 2 月 6 日
《新晨报·花萼楼随笔·九十三》
署名于非厂

---

[1] 指于魁耀，字心厂。擅治印。
[2] 晚清民国时期书画篆刻家吴昌硕（1844—1927）。

忆亡弟

　　二十日的学生请愿大游行，我因为正往东南城有事，在下午三点多不及四点的时候，遇着在府右街南口，我下了车，脱了帽，静立在路旁，对于这些青年小弟弟，表示着我的敬意。后来这些学生都过去，我才上了车，往东而去，又遇到肩扛权把笤帚的群众，我只好在车上向他们行最敬的注目礼。我万感交集地回到家里，而想起了亡弟魁焕。

　　我同胞弟兄姊妹六人——两个弟弟，三个妹妹，名焕的是我最小的弟弟，也是我们同胞中最小的一个。他是市立三中的优等学生，十六岁上因为北平学生向军阀段祺瑞请愿，挨到机枪射击，而我这位反对军阀爱国的小弟弟，未被枪弹打到，却是因为躲避被枪弹打而摔伤了内部，摔折了腿，未及二十日，遂与世长辞。死了之后，腿是一曲一伸，腰是扭着，眼是一合一闭，其状之惨，我至今犹历历在目。

30

我先父是自辛亥之后，日以酒浇愁，对于我们弟兄，督教极严，不但是课以学识，而尤其注重怎样地做人。我的先母，一面对于先父，替我们这群孩子打着疏通、变通、通融等等的办法，一面却是特别喜爱我这小弟弟，这里成分，一多半是小弟弟太聪明，而她最后得着小弟弟，做了他们二老的"顶门棍"[1]，这也是她所以特别爱小弟弟的缘故，不像先父对于我们一视同仁。我先父那时感到衰颓，只是吃酒，年轻的小弟弟，却是不以为然，他是不能明了老年人对于环境的苦闷。这小弟弟，天真活泼，肯用功，喜欢运动，每晚总是在我的屋里温习功课，我有时回家晚，他总是和嫂子在一盏煤油灯下，一个做针线，一个温习功课。他有时下学早，还抱起小侄子，使他嫂子腾出身子来做饭。那时我是在耍粉笔——教学，"对请愿的人开枪了，太他妈的野蛮！"我听民众向我这样诅咒着。我回家之后，我这个可爱的小弟弟，却是躺在我的屋里，据说，是在运动场上的滑梯滑跌了腿，已经敷上了药品。我先父很着急，先母要加上两个"更"字。但是我先父却很自慰地说："焕儿听我的话，却未参加请愿游行，而仅仅在校园里面碰伤了腿。"殊不知，他的爱子是为请愿而牺牲了。我和我的亡室，在那一个晚上，自然"一宿有话"了。她说："三弟回来很狼狈，脸上全无血色，等我问他衣服为什么短少一件，他才说去参加请愿，在铁狮子胡同大影壁后面，因为开枪，才想翻上墙，结果被人一打，才跌了下去，所以衣服坏了。（我还记得是件青布小夹袄，因为热，脱下来拿着，就此失掉了。）这种可恶的军阀，就是死了也值得。只是不要和父母说，

---

[1]　"顶门棍"又作"顶门杠"，指关门之后从里面顶住门扇的粗大棍子。比喻支撑一家生活的家庭主要成员。

父亲伤心，母亲更痛苦。"我们很用力地请医治疗，结果小弟弟死了，先母也几乎痛死。在出殡的时候，她不令棺木出门，她要她的爱子。但是先父在经过了四五年之后，才晓得了他是为什么死的。先母却是一直到她老人家被日寇惊惧而死，始终不知她的爱子，是为请愿被军阀的走狗由墙上打下跌伤而死的。这次大游行，使我更想起我的小弟弟。到今年他所抱的小胞侄，已经三十岁了！

1947 年
《一四七画报·非闇漫墨》第 12 卷第 9 期
署名于非厂

纪念小弟弟

  我前记《忆亡弟》，那正是"五四运动"我家的牺牲，后来北平报纸有所谓"学阀"和"丘九"两个崭新的名词，那时我在新闻从业混食，非常难过，尤其是我的先父一听到学生如何如何，总是暗暗地垂泪——想起爱子牺牲之惨，可是我的先母却仍蒙在鼓里，而不知爱子是怎么死的。

  我先母是五月的诞辰，小弟弟死的日期，正和她诞辰相差着五天，先母每遇诞辰，总是想起她那可爱的孩子——小弟弟，这样过了二十六个诞辰，她老人家总是不曾忘过一次爱子的死。腰扭腿曲，眼一合一张的死状，想先母是永永不会忘的。这生日是我父母所最不能忘的。小弟弟，是正月初一寅时生的，这生日是我父母所不能忘记的，而尤其是我母亲。小弟弟死了之后，这旧历元旦真是最难过的日子。

一方面堂上二老顾及孩子们过年，一方面黯然神伤，痛念亡子，这种情况，也继续了二十五年。

我先父很反对中等学生参加运动，因为他对于"老段"（段祺瑞俗呼"老段"，段芝贵俗呼"小段"）认识很清楚，并且他也很同情于爱国运动，但是中等学生太天真，利用他们去牺牲却太残忍。小弟弟却认为是"国家兴亡，匹夫有责"，出事的前一日，父子俩很争辩了一阵，结果小弟弟表示不参加，父子俩才一同吃了晚饭，这是我在事后才听说的。

我家那时是把大房子卖了搬在一所四合房里，我同我亡室住在西厢，小弟弟每日在我的桌上用功很勤勉。只是写字不太喜欢，经我慢慢地劝告，他每日必写一篇隶书，六行小楷，先父很喜欢，认为我们弟兄的书法，小弟弟比我们全高。小弟弟喜欢英文，每隔一日下了学，必上一位李先生家里，补习英文，《那氏文法》好像已读过三册。他有一样好习惯，是一切笔墨图书纸张等类，做完了功课，总是收拾得齐齐整整，衣服鞋袜也保持得相当清洁。一个十六岁的孩子，体格健全，身长比我和我二弟都高，"傻大黑粗"是外形，内心却非常聪慧，他能得到一家人的爱，他并不曾因为他小，而对于哥哥姐姐显些骄狂，我先母总是喊他一声"傻小子"！这是爱之至极。可是这徽号，我们弟兄都用它来称呼小弟弟。

他死了之后，先父很伤感地对我说："焕的一切，均为夭折之象，而何以如此呢？"先母也说："他的生日太特别——大年初一，我们这房子太不吉——刀把院子，就此失掉了他了！"悲痛至极，老年人遂委之于术数！

现在我家的茔地被日本给平了，长眠地下的小弟弟，那埋骨之地，我也找不到了，他的祭日，正是我写这篇东西的后一日，我写他做个纪念。

1947 年
《一四七画报·非闇漫墨》第 12 卷第 9 期
署名于非厂

吾妹奇疾

　　庚申岁，妹遘奇疾，终日喃喃，歌哭不时，类痫，医药殆已无灵，吾与弟遝守之。病数月，语言顿改，举凡声调、语句、名词、动词……与淮北土语乃无毫发异，京师语调，悉已亡去。顾吾家戚友中，盖无操此语者，而吾妹竟娴熟流利，不稍勉强，与前判若两人，戚友莫不惊诧，叹为罕事。直至年余，疾渐愈，神志已清，语言亦渐复，试叩之，茫然也。因书此事，以供诸世之研究精神学者。

1927 年 3 月 29 日
《晨报·非厂漫墨·三二》
署名非厂

医疮

今夏小女耳际生疮，泌黄汁，奇痒。吾以为非西药莫治，携之医院，涂以膏脂，翌日视之，疮若蚕食，邻肌已为所蚀。复入院请治，涂如故，疮之拓地乃渐及于顶囟，夜且痛痒不能寐，首若蒸，黄汁若露珠，涔涔湿枕席，吾仍以为此盖症之状，西术精，可无虑。如是者累月，发际耳际，殆全为疮，吾始觉此院西医不足治。携之他，涂耳如故，疮亦如故，不得已请中医治之，又累月，已无完肤矣。友谓唯X光可治，吾亦如命，仍未减，吾亦稍稍置之。中秋节后二日，周君仰贤来访，见小女，即开示药若干品，令配敷之。周君非通于医，幼年曾患此，得此方剂即愈。吾愧不知医，如法敷之，不五日，疮全愈矣。吾以此方不可没，且尤足供知医者之参考，特录出之："青粉""红粉""杏仁""仙人衣""孩儿茶"，以上各五钱，研极细，外加"冰片"八分。用"香油"（即芝麻油）、"桂花油"（即生发油）调敷患处。不可入口。

1928 年 10 月 29 日
《新晨报·花萼楼随笔·四十九》
署名于非厂

我家不大善病

　　日前会于熊佛西先生处，佛西善艺兰，所养素心兰开方茂，昔人评兰香曰幽，知其曾经几许推敲方始下此一字也。肴馔精洁，佛西本善谈，声尤雄伟，饭后谈愈纵，相与为中西医之争，座间除我之外，皆金银铜三种博士。佛西用大包围战略，主西医之说，博生先生方出协和医院，和之。博生昔曾著为论说，盛倡西医术，此次出院，于西医信仰尤深，于是大刀阔斧，杀上阵前，拥中医者咸披靡，其锋锐不可当。佛西径问我，我以不曾患重病对，盖医无论中西，皆于我家无缘，我家从未患有大不了之症也。一场谈话战，直至十一时始停，结果主西医者压服一切，我从旁察之，似尚有不甘屈服者。佛西夫人君允[1]大家，楷法学精妙，类晋唐人书，前曾乞书便面，散后持归，仿佛

---

[1]　朱君允（1896—1966），著有诗文集《灯光》。

幽香沾襟袖也。

前日所谈"我家不大善病"，友人问我何以故，我也莫名其妙，语云"病由口入"，我想了一昼夜，大概于这个上或者有点关系。

我的家庭极简陋，无一件可以说是考究的。由整日价[1]咬窝窝头起，现在因为亲老[2]我的牙齿也有点咬不动了，变为每星期吃一次。此外，一碗汤如同熬冬瓜加点酸辣之类，一盘菜如同猪肉炒扁豆，或者"毛豆"炒"箭杆白"[3]之类；白面大馒首，外加一碗荷叶或是绿豆稀饭，每日价总是这种吃法。午饭后，因为小孩子们多，弄一个西瓜吃吃。不打牌，不在市场兜圈子，起得早，睡得不太晚，因此对于大夫先生，态度总是疏远的。一年分三节，每节至多曾请过大夫先生两次，然而在我生活上，已觉得可惊了。我的孩子，有三个不知药味，竟尔顽健非凡。至于我，天生穷骨，假如被病神光顾，我一家老小，根本就要同归于尽，所以在我的心理上，觉得天不会使我害病的。

1934 年 8 月 11、13 日
《北平晨报·闲谈·二六、二七》
署名闲人

---

[1]　价（jie）：口语，用于词尾。

[2]　亲老：原指父母，此由"家贫亲老"转化为"疼爱"意。

[3]　箭杆白：白菜的一种。

吾家所居

寄　庐

吾近所居寄庐，都三百间，在西北城，亦颇擅园林之胜。昔为银库司[1]官某小山[2]者之故宅，构制极幽邃。小山为珠商，冒入旗，御史某独知其事，重要索，小山靳不与，御史怒，为上其事，以冒旗罪查抄家产。时大金吾[3]为长诗农，其左右副为钟德祥[4]，为某。金吾等由正门入，其后门则小山预置骡车三十四乘，细软珍宝，多辇去，粗重什物悉入之官，此光绪中叶事也。及那拉后[5]秉政，小山夤缘得后欢，奉

---

[1] 银库司：掌管库藏并负责各种饷银的发放。

[2] 小山：疑为查有圻。《翁同龢日记》中数处记与"小山"交往，待考。

[3] 大金吾：汉代官名，清朝的九门提督，近似于现代的首都卫戍司令。

[4] 钟德祥（1849—1904），字西耘，号愚翁。广西宣化（今邕宁）人。晚清御史。

[5] 那拉后，指慈禧太后。

懿旨入旗籍，其故宅乃不克发还。盖当庚子后，台基厂某王邸，划入保卫界，即以此宅赐王后。小山虽入籍其不甚快意者，唯此未还耳；亦足见晚清之政令矣。吾友得此宅，审吾役役于笔墨，辄以其一角见假，吾乃不胜长安大宅之感焉。

1929 年 1 月 10 日
《新中华报·非厂识小录·四》
署名于熙

吾所居寄庐

吾所居寄庐，曾为说以记其梗概。友又以说来，吾不忍弃之，辄实于此。友之言曰："此宅为甲午时所建。某小山者，以办理庆典所浮冒，并某木厂特报效之故，合两力以为之，故一丁铁之微，亦必特创姿状。东院之太湖石假山，为值已数万两，他可称是也。时有御史钟某，审小山为冒旗籍，雄于资，势尤不可侮。特交结之，以借其势，初不欲撄其锋，故不时出入小山家状至审。后因某事，不克满其欲，御史怒，上章劾之冒旗之外，胪为若干罪，即屏门上之彩绘，亦其罪之一焉。正院屏门，上绘朱蝠，衬以白云，御史据此，谓小山妄冀非分包藏祸心，有窃窃神器之意。盖屏门所绘，俨然自谓为'洪福齐天'也。……"吾居此，颇事考察，想见当年建筑之精，虽其式为民房，非王公邸第比，而精雅幽淡，一洗辉煌富丽之气，尤为难得。友人所谓重门中之彩绘，迄今固仍在，即各户牖楹柱之碧色漆，历数十年，犹鲜艳夺目也。吾所居为西院，其正院现为饶君税居，惜吾尚未暇遍考之。吾意屏门之彩绘，当用保存之，或为此宅添佳话焉。吾于十余日前，以食余之两柿，置院中窗间，吾至夜分，尚役役于吾所役。时月光皎洁，积雪满庭，骤聆窗间有细响，齿相啮，振振有声。吾急穴窗觑之，一狐作紫黄色，据吾柿陷，柿冻至坚，故声特振振。巨尾翘然帚棂纸，籁籁然，惜吾不辨其为雄与雌也。前夜蟋蟀声发于壁间橱，宅中多壁橱，制绝精，骤视莫能知有橱，橱且多以樟木为之，启橱有奇香，尤更于吾庋书。说者谓旗族衾枕，以其亵，虞为人见，故多置橱以藏之，吾乃不暇考。声既发，时已夜半，吾秉烛启视，一蛇自内出，长三尺许，目灼灼视，吾启门，彼独从容遵吾指以去。及天晓，吾虞其冻损也，遍检庭中无所见，即其遗迹亦无之。吾念蛇，未至其时而独出，岂亦不甘于潜伏耶？吾自有生，迄今满四十年，不死于疾病，不死于穷困，不死于兵……吾未尝不足以自豪。即吾日与狐狸蛇蝎相处，吾尤幸不为所中。今居荒宅，司空见惯，亦差足以小破岑寂，不足异也。

1929 年 2 月 4 日

《新晨报·花萼楼随笔·九十二》

署名于非厂

卜 居

北平之于我，即便于钓鱼，复宜于养虫鸟，而求吾所好之书，学吾所快意之画，尤使我不忍离去者也。开春之后，曾效屈子之卜居，何去何从，犹疑莫决。客有爱我者，告正我曰："观子之性与行，宜莫如授徒，脩脯[1]所入，容或可以养亲。"我曰："授之道奈何？往昔尝授

---

[1] 脩脯（xiū fǔ）：旧时称送给老师的礼物或酬金。

之矣，其为味，吾曾于《为师难》一文中述之，疏野所不惯也。"曰：
"维然，子之居尚可容八九人，于养虫鸟钓鱼作字之余，收良家子弟，
授以宋元以来画法，教学相长，闭门可以不问世事，傥亦子所乐为之
乎?"闻客言，若不胜其悲，吾半生来，唯求吾心所适，故历艰辛之不
顾。夫穷与困，生今之世宜尔也。维其然，可以安卧，可以无惭怍，
可以执一编快读，怡然以自处，午夜可以不必张皇。客之言，爱我者
厚，不暇检点辄书之。

1936 年 1 月 31 日
《北平晨报·闲谈》
署名闲人

迁　居

我因为不曾听从先母的话，硬要做个爱国者，卒致老母因惊而病，
因病而长逝，今又重为冯妇[1]，这痛上加痛，未从着笔，已然泪涔涔下
了。我居住宫门口头条三十八号已有八九年，事变之后，仍奉母居住。
我只知这房是郭姓之产，直到二十五年[2]才知是过君之翰[3]之误。过君
既是熟人，那么对于这房子，自然加了几十分谨慎。那时凡是中央及
地方当局之产，全目为敌产，多方调查。警察派出所我既熟，我遂把
这座房冒称己产。但这房是三所，我只住中所，所以到了二十八年四

---

[1]　冯妇：战国晋国人，善搏虎，后成善人，又受众人怂恿，重操旧业。此处自喻撰文写作。

[2]　此为民国纪年，二十五年即公元1936年。后面不再另作说明。

[3]　过之翰（1887—1965），字觐宸，曾任国民联军总部军需处长、国民革命军二十九军军需处长等职。

月里这房子被人贪奖告密，归了伪公私产业管理委员会（属市府）。我在那里办手续，照常纳租，全是中国人，非常圆满。到了三十一年七月这房子归日军部——一八〇〇部队，令我再向东长安街旧英国兵营办手续。军方得随时收用，不得违抗。每月缴租，则在天津银行。当我入英兵营时，在入门的一个小洞里，把通知书送进去，并呈献居住证，他说几句什么，我全不懂。所幸有位黄先生指导着我，才到了楼下。屋中满挂着地图和部队长的标语，每个角落，都贴着"防谍"二字的标语。那位黄先生真不错，替我把手续办定，可是我老母那时已故去了，否则她不知要如何的不安和愤懑。从此我开始觅房，结果出贵十倍的代价——二百元，租成现在所居的地方。可是现在我这贵房东，仍在对我客气，房租才增到二千倍！

1946 年
《一四七画报》第 7 卷第 2 期
署名于非厂

房的租捐税

我原住的房归了敌军部，我把我老母浮厝在天仙庵之后，我才搬家到现寓，这是三十一年九月间事。我们的房东太好了，那时虽然租这所房，别人说太贵些（伪币二百元），但我亟于逃出"军管理"，虽房东未曾履行装安自来水，但我全觉得很满意，一直住到现在，才增我房租到几千倍。在这种年头，我遇到这种好房东，真是幸运！所以我很画了几幅画送过去，"伏维哂纳，敬伸感戴"，尚有精品，预备新年不腆之仪。

日前又来人调查了一次房捐，房子的数目，数得比我还清楚，很详细地询问租价，房捐无论增加多少，照例是房客的。纳捐纳税，征役征夫，这和公用事业加价若干万倍一样，老百姓有绝对谨遵照办的义务。这一调查之后，只有照缴而别问理由。

　　二十八日那天，某报又刊出了一条消息，它说："北平区直接税局为查定本市房屋租买价格，特派遣三十余人，每日分区调查房产所有权及租赁价格，以便征取房屋租赁税。"市政府刚刚调查过，我还不知又要"应纳"多少，直接税局又要来了。他们只知设法弄钱，照例对于民生疾苦是不问的。我拥护我的房东，我愿意给房东画好画！

1946 年 12 月 1 日
《新民报·土话谈天》
署名闲人

移居小志

　　我又有产而无产，经过三十年，赁房而居，尚不觉得如何不便。在最近一年里，确实感到无房者之苦痛。今借《太平花》[1]宝贵的篇幅写些关于我移居的故事。

增租

　　在沦陷时，我原住的房归敌日一八〇〇部队三好队。我才迁居，但若不迁，可以往崇内大街所谓"天津银行"纳租三十二元，即可不

---

[1] 《太平花》，指1946年8月15日创刊的《北平日报·太平花》栏目。

迁。我曾往该行询问，见他们明明是中国人，而偏偏不说中国话。我气不过，才用二百元租了北骆驼湾的房。移入之后，又栽植竹树，点缀篱栏，平整了许多垃圾。我有些破烂不堪的线装书，这都是将房屋卖去之后，随我迁来迁去的伴侣，我既租妥房屋，又丈量房屋的尺寸，做成书架，把这些伴侣，放置在西厢。小小的三楹，布置得很像一回事，这是三十一年九月间事。住了之后，增租的麻烦，也就随年月以俱进，一直到本年十一月，增租超出了市府公布的最高峰——国币四十万元，"便宜便宜!"这不用人说，我自己也觉得。当本年八月增到此数时，早晨取走房租，下午即带人看房，至九月即不取租，我只得登报通知，存于银行不负欠租之责。

看房

我有两条饿不死的狗，一条还和我家同被沦陷过，它并不怕日本兵，日本兵检查时，也未曾赏它一刺刀，这也许因为它是"秋田"种。另一条是胜利后的产物，却凶猛，不大认识人。所以我在街门上写了"本寓豢有小狗，必须系好，方能开门"。可是房东既不好意思再增租，或来讲洋面，租既不取，自然唯有卖之一途。因为有产的人，总是讲条子，论筹码，喜淘澄[1]的。于是找些牵手，每日看房，有时正吃午饭，有时正好晚饭，有时正有客人，有时正遇外出，我这狗也都受了拘束，乱叫示威。有钱的先生太太小姐们，看房还是非常仔细，看了庭院，要看屋宇，升堂入室，穿房过屋，数数砖，纵以测深，横以测广，扪扪壁，闷以测实，响以测虚，若遇老太太还有看看"财存不存""气收不收"的。这样的疲劳轰炸，自八月直闹到十一月始完，中

---

[1] 淘澄（táo dèng）：指买进卖出。

间还由房东锯去两棵门槐，以示薄惩。我那只秋田种的"小白"（狗名）也弄得遇人便咬，猖猖没完。

撺搬家

严格地说，自四月即带人来看房，这所带来的人，是不是真的买房人，或是房东的朋友，因为并没有拉纤的，那只是天晓得了。我因为房东如此，所以夏天也未曾摇煤球，未曾购煤块，只得零买煤，花本也不再添补，鱼缸花盆也一批批地送人，故友许地山送我玲珑石，我也请朋友替我培养。家无长物，唯有破书，四大书橱的书全部卖掉，只存留些印谱和书画著录之书。至于书画，自去年即开始送人，至今秋只余几件御笔的东西。我不怨房东，我只怨我是穷光蛋，而又要顾惜颜面，假如不顾惜颜面，我也许发财，我也许成了"有产阶级"，就是退一万步，我也可以和新旧房东"泡泡"，泡他个一年半载，但我不考虑这样做，虽在这种年头，我还要做人，我还要谅解他们，有产阶级的算盘，我还要钦佩他们算盘的技术。到了室内必须生火的时候，幸有两位好友赠我一吨煤，不然的话，我只好零买，因为搬家运煤，实划不来。房东终于挑明了，房是卖了，期限只有一个半月，并且承蒙房东找代我看了多少处，都是八袋面七袋面。我只恨这些年只知道帮助朋友，救济贫困，有钱时买些破烂东西，而不知买金戒、金镯、金条，弄得顶箱立柜，这些笨重的家伙，都要随搬家而让人。

觅房

房东代觅了几处，只有一处勉强能住——五袋面，等到二次往看，却没有电灯电表，这自然是地点偏僻了。我于是开始托人找房，所经手的是牵手。凡我所找到的牵手，是贴近我这一头的，有房的牵手是贴近他那一头的，中间还不知接着若干牵手。牵手来告：王府井大街有房，定下午一点往看，我按时到了约定的地点，见着贴近我的牵手，同时还有张三、李四、王五、赵六、牛七，都说这是马八"托底"（即确知地点或贴近房主），由一点到两点，连催带觅，把马八先生弄来，原来中间还隔着王香头的女人和赵五奶奶，地点是在金鱼胡同。不知门牌，又经过相当时间和走路，居然会见了赵五奶奶，劈头第一句，即是"那'块'已租出去，钱粮胡同有一'块'可以看"。我既来之，只好安之，随往钱粮胡同，但并不如是简单，还须再找某某某"托底"。诸如此类，我全家分日分班出动，经过二十日，才看到了八处房，无一处不讲面[1]，无一处不是四"份"（一房一茶一打扫一佣金），无怪乎诗人在"广厦千万间"之上，要用"安得"二字，这"安得"真太难了。最后经敝亲代为努力，才找到水车胡同一号"样子雷"[2]的后院，于是我才定日搬家。

移居

在寒流侵袭的古城，气温平均在零下十五度的那一天早晨开始搬家。新居是古老的建筑，房子是深十三丈，宽仅七丈五，我自然先放置了我的画桌和床铺。给我搬家的姓赵，是我多年的雇主，连破花盆带煤末碎砖，在这种严寒天气中，整整干了一天，方才搬完，这还是因为路不太远。我有一家多年照顾的茶叶店，每次搬家，总和它借几只茶叶箱，这次当然不能例外，借了四只大茶叶箱，由前二日即开始装书，另外还有两只小箱，一箱装图章颜料，一箱装墨，这每件都需要仔细包裹的。北平搬家，是预先选择吉日良辰，先用一只瓷瓶，用

---

[1] 此处的"面"指按袋面折合钱币。

[2] 样子雷：一作"样式雷"，是对清代200多年间主持皇家建筑设计的雷姓世家的誉称。

于非闇一家在丰盛胡同内北骆驼湾胡同的家中（1942年初）

红布蒙上瓶口，用五彩线系紧，里面应当盛上什么，我不大清楚，就着选好的日时，捧到新居正室，这就叫作"宝瓶"。至于迁过之后，何日何时解线开瓶，我也不大清楚，我只知这是取吉利保平安的意思。我们生在这个时候，每日都是吉日，每时都是良辰，不像过去那个专制时代，"皇历"[1]都有长短行，印着些"诸事不宜"。

1947 年 12 月 31 日
《北平日报·太平花》
署名非闻

---

[1] 皇历又称老皇历，是在中国农历基础上产生出来的，带有每日吉凶宜忌的一种万年历。

北平一民

漫談

新的晨

東鳴

華嚴樓隨筆

（二）
子庸

闲情先生

　　先生东海望族，北京世家，好闲，于事物每以闲情寄之，不自以为是，人非之先生亦自承其非。以其暇好弄文，精悍直入宋元之室，故自号曰闲情。

　　先生好读书，尤喜宋元明人小简。雅慕当代学者考证之学，先生曾为《窝窝头考》《人力车疏证》《丘八爷引得》《矢橛子辨》，皆洋洋数十万言，赅博精审，坐[1]是为各大学教授，以发行权售诸人，值万数千元，先生因之称富有。

　　先生精八法，草情隶韵，得龙蛇飞走之妙。盖碑版，旁及金石骨甲，不屑屑[2]作。晋唐人书，写章草，自谓不在皇象[3]下。偶有书札，先生每以得者不能识为恨。

　　先生擅六法，濡毫泼墨，写剩水残山，慨然有澄清天下之志。闲

----

[1] 坐：因，由于。

[2] 屑屑：介意的样子。

[3] 皇象，字休明，三国时期吴国青州刺史。其章草妙入神品，时有"书圣"之称。

写花草，意在似不似之间。偶然见缶庐大葫芦，白石大虾，兴起墨落，粗野益豪，便欣欣矜创获。所刻印，不拘绳墨，往往兔兔无别、阴阳不分，得者辄以为好。

先生健谈，谈锋犀利，遇其人，滔滔若决江河，日夜不肯休。非其人，唯默坐。先生每喜臧否时人，议古非今，直若隔靴搔痒。每有论列，侃侃而谈，继以嬉哭，终则怒骂，初不效贾生之太息痛哭[1]。好谈时事，以理想为事实，意者为真事，其所举殆如目击，人习知先生之谈，直与报纸之打五折同其性质，故亦不为忤。

先生凌晨起，夜分不寐，于读书作画学书刻印之余，则谈天说故，种竹栽花，当编辑，充教授，考证闲情之学，笔之书，以鸣其闲情。

先生之当编辑也，一以意为之，顾其颜皮不甚厚，不肯为当代名人如云里飞屁里跃诸公之访问记。尤不屑为油腔滑调成篇累牍"摩登小姐""时髦姑娘"……实则并不曾进入社会里面之社会调查，故先生不自以编辑自居，而仅为各作家任校勘之役。偶尔为文，皆有闲趣，有时摭其精英，挹其芳馥，精确辄出人意表，人以故无不知有先生。

先生雅好色，夫人年四十许，貌不扬，先生与之生男女五六人，不自以为足。先生既富有，独不贰其色，故先生得暇，辄与夫人谈闲话，夫人亦以不闻先生闲话为不快，家庭融融，乐乃弥穷。

1933 年 2 月 19 日

《北平晨报·闲话·第七号·大说》

署名闲人

---

[1] "贾生"指西汉政治家贾谊，忧虑国事，曾上《陈政事疏》于汉文帝议论时政，内有"痛哭""流涕""太息"等句。

吾之年龄

　　或有叩吾年龄者，吾戏谓之曰：岳武穆临安遇害之年。不解，吾又曰：欧阳永叔作《醉翁亭记》之年。仍不解，吾不得已，乃曰：杨贵妃马嵬遇难之年。闻者大笑，盖均为三十九也。

1927 年 10 月 11 日
《晨报·非厂漫墨·六二》
署名非厂

济南日照楼

　　幼时读书于济南学署日照楼，登楼俯视，全城在目，城北大明湖，城南千佛山，尤为是楼生色不少。犹忆学署大堂有翁覃溪[1]所书一联，雄浑朴茂，颇能发人深省，联云："尔无文字休言命；我有儿孙要读书。"今已移去矣。

1927 年 11 月 10 日
《晨报·非厂漫墨·卷二四》
署名非厂

---

[1]　翁方纲（1733—1818），号覃溪，清代书法家、文学家、金石学家。

吾性喜与村农语

　　吾性喜与村农语，吾虽生长京都，吾深以不能村居为恨。故每获半日间，辄携小儿女出郊野，以领略乡村风味，数十年未或间也。京郊虽亦在王者辇毂下，而风俗淳朴，尤多慷慨之士，以视都中人之尔诈我虞者，乃不可以道里计。吾目觏三十年来帝京之变化，吾特由郊野证之，则今日之郊野，其淳朴乃不如庚子前之帝都，而今日之帝都，直与险戏之上海相仲伯。吾非如道学先生之所谓人心不古世道日衰者，特吾求慷慨之士如十数年前者，乃不一二得，而吾之为吾，乡农固亦莫识也。日者，吾携小儿赴罗道庄捕蟋蟀，短褐箬笠，且行且歌，颇有所获，乐陶陶也。忽阴云四合，急趋避，入王氏小圃。王年六十余，有子三，均业农，所入颇不恶。王诘吾身世详，一若甚戒备者。久久雨弗止，时已暮，便请留。王踟蹰若莫决，就商诸子。吾出银饼一，请代事馔，疑乃渐杀。屋三楹，土炕一具，王携三子伴吾，目灼灼使人悸不宁，吾知备我，不多谈，拥子坦然卧，笼中蟋蟀，嚯嚯然鸣弗止，若助吾清兴者，吾则酣然睡矣。及晓，三子犹未去，盖竟夜未安枕焉。吾与王乃纵谈，王颇见不安状，谓："村人曾留客而被劫，人乃不得无戒心，吾见君携少子，且非如劫箧者，故不敢却；小儿辈殊未能安，待旦始息。吾人生乱世，君当恕也。"吾称谢。复过其地，坚请留，吾亦时与言圃中事云。

1928 年 10 月 11 日
《新晨报·花萼楼随笔·四十》
署名于非厂

梦游俄罗斯

　　往岁吾国参加欧战[1]时，吾弟服务于绥芬河之双城子，时各国邮卒，尚通行于吾土也。吾弟家书，时用俄邮，乃独为侦者所注。吾时在二学教书，闻东城府学胡同文丞相祠壁间嵌李北海[2]书断碑，思欲一观究竟。时某领袖寓此，禁行人，吾愧未前知，径入，为门官拘，盘诘若质囚，吾谨谢，始得释。翌晨，吾挟书出，侦者已久伺吾家，得吾，相挟至巷口，两军士已久俟，见吾，如获巨盗，出绳索欲缚吾。吾故为真犯者，坦然谓伺者：吾既为若辈得，绝不逸，可无缚。挺身前行，伺者与军士挟左右，时当仲冬，朔风怒号，天地暗惨之状，一

---

[1]　指的是1917年8月14日，北洋政府向德国宣战，成为第一次世界大战的参战国。

[2]　李北海，即李邕（678—747），唐代书法家，曾任北海太守等职。传世碑刻有《麓山寺碑》《李思训碑》等。

若益助吾之不幸者。伺者预置骡车，二人先登踞车内，吾随之登，二军士左右乘焉。吾既登，首顶车盖奇痛。置臀已无隙地，出两手支车盖左右栏，使体悬之。吾又故作市侩状，就与捕者谈，渐得隙地，可以位吾臀，吾首自是始不为车盖撞。车行缓，久久始至户部街之司令部。既下，两军士挟吾入，历数门，至一广厦，室中无一物，风声撼玻璃窗，作奇响，数十军士肩枪上刺，环广厦，如临大敌。吾以一书生，日除教小儿女学书作字外，胸中自问殊坦白，不意竟历此奇境，吾乃不惧，立以观其变。少焉，来一军官，两卫兵执手枪先入，拟吾胸，官入，严肃之状，吾窃匿笑，询吾劬职业毕，挥两卫兵遍检，吾囊中物，均取之去。官既去，吾乃不审若何。旋又偕来两军官，职较崇，一手一册，两卫兵仍先入，左右挟吾臂，力绝猛，若故示其卫士之好身手者。挟册仍前询吾居里职业，吾答之，继询吾曾两次赴俄国何事。吾笑谓，自有生以来，初未梦游俄罗斯也。询吾月前赴天津日界旭街何事，吾言赴津数次，皆在六七年前，二校[1]（二校在西单头条胡同，隔邻即执法处，今为道德学社）可资证；出笔纸迫吾书，吾书一联与之，展其册以对，频摇其首。吾窃窥，册中有信笺数页，相片一纸，颇英俊，御西装，神采奕奕，以视吾之穷书生，其为状故自不同。时吾已知其误，竭吾力以举佐证，官亦颔之。既退，吾思此际颇不易得释，以吾在校已习闻雷震春、陆建章辈[2]之草菅人命，往往廉不得实，或误逮误捕等，辄故入其罪，或竟不布其罪，只赢得夜间砰然

---

[1]　二校：指作者任职之北京公立第二小学。
[2]　雷震春、陆建章均为民国将领。雷曾任京畿军政执法处处长；陆曾任警卫军统领兼北京军政执法处处长，有"陆屠伯"之称。

一声，骑鲸以去者，固大有人在。吾始惧，顾亦无如何，正念间，始来之官，复入，笑谓吾嫌疑颇重大，必具结对保方释。吾窃幸，至一室，援笔具甘结，乞纸笔作函，弗许，百计喻之，允吾通电话。吾乃电告马锦门军门，请为保，许久，官复来，特恭谨，且称吾为先生真，邀吾另入一室，炉火熊熊，温煦直同隔世，呼役奉茶，以淡巴菰[1]飨，茶与烟之甘芬益迫吾肠辘辘。有间，呼一车，握手送至阈，向之视吾为要犯之卫兵，目送吾行，若不胜其惊诧者。计自晨七时被捕，下午一时有半被释，在此六时有半中，吾独获尝此妙味，未始不足以自豪也。友人谓吾幸遇此数军官，否者，殆已！吾亦以为然。友又谓时俄党人为当局所注意，自双城子用俄邮来家书，尤令侦者投其隙，文丞相祠访碑，或亦一因也。吾以所经多奇趣，且足为虎口余生添佳话，特记其事，而茶与烟之芳芬，迄今犹挂诸齿颊焉。

1928 年 11 月 28 日

《新晨报·花萼楼随笔·六十二》

署名于非厂

---

[1]　一种烟草。为西班牙语tabaco的音译。原产于南美洲，叶子含有尼古丁，可制成各类烟品。

吾好集各说

　　吾好集各说，比合而观其同异，吾虽无折中之力，然众说纷纭，比而度之，以视墨守一家言，其为趣乃滋永。吾于学书作画刻印诸术，主博观约取，于读书乃尤有益。吾读《说文》，吾独见宋椠大徐本、小徐"系传"及《段氏注》《说文句读》《说文释例》《说文补》《说文通训》《说文补详字义》《说文偏旁考》《说文补释》《说文古籀补》《说文古籀补补》等。往往罗列几案间，读一字，必遍取众说，复佐以近人所著之《说文考释》《说文解字集解》《说文解字注匡谬》《古今音训》《文源》等，吾尝谓天生吾于此时此地，吾自幼日事嬉戏，已将天所付于吾之读书幸福浪掷之。盖当时吾家之书，尚满架也。及吾家物遭失之，吾年已长，知读书，亦又困于衣食，想读而不复能读，且亦无书可读，年已二十余矣，稍稍积所余，日拥而夜读，所读书，则视其财力之可买者读之，非精椠，然已幸矣。

1928 年 11 月 30 日
《新晨报·花萼楼随笔·六十三》
署名于非厂

喜食『窝窝头』

    吾家匪富，吾尤甘粗粝。北平特产，有所谓"窝窝头"者，为贫家及劳力者习食之品，吾特嗜之。"窝窝头"之原质，概为二种：一以谷（北平谓之小米）为主要成分，而杂黄豆研之，曰"小米面"。一以玉蜀黍（北平谓之玉米）为主要成分，而杂以青豆、乌豆等，曰"杂合面儿"。"杂合面儿"以豆之多寡定高下。"小米面"除豆外，则又分"京小米"与"口小米"。其杂豆较多而稍入"京小米"者，其面佳，其味甜，近且无肯用"京小米"者矣。在劳力者，日不食此则饿，甚有谓视肥甘尤觉耐时者。往者，美国医生曾研求之，意谓视"黑面包"为有益云。吾日出而作，入夜且不能息，吾于凡百食物，皆觉弗能适（吾食量少，且有胃疾），独于此"窝窝头"，乃日食之而不厌，且于吾疾亦颇适，每与友朋话及，吾亦自笑吾命之穷也。友人许君苹生，吴人，得吾"窝窝头"而嗜之。许君固丰者，近且日非此不饱，且要粮肆为特制"小米面"，吾乃欣得同好焉。

1929 年 1 月 7 日

《新中华报·非厂识小录·二》

署名于照

吾家禁早婚

　　吾家禁早婚，吾二十有七始纳妇。先大父学问文章，不囿于俗，治家尤有法。吾儿时，浸浸以持躬处世之道灌输吾。十五六龄，审吾识渐展，保身之说，每于茶余酒后娓娓言之。吾年已十九，尤不知所谓人事者，时随先大父游泰岱，寓尼庵，老翁幼孙，不虞庵中人之见拒也。庵有老尼，年六十许，自言亦为蓬莱人，遁迹已四十年，善诗，与先大父谈，往往夜分不倦。尼有两弟子，岁与吾皆相若，次且艳。尼法严，非老幼若吾祖孙者皆峻拒。吾虽幸不拒，顾坚嘱不得至后庭。吾面两弟子，唯晨昏礼佛时耳。吾初不知吾宜若何，吾唯觉日不睹次尼影，吾心至不宁。及吾睹，吾乃不敢仰视，仅微睨之，心鹿鹿，赧然若有愧也。时吾颇能书，学《黄庭经》[1]，尤喜过庭《书谱》[2]。老尼喜

---

[1]　《黄庭经》是魏晋时期颇为流行的道家养生修炼之书，有王羲之、智永、欧阳询、虞世南、褚遂良、
　　　赵孟頫等诸多名家临本传世。
[2]　唐书法家孙过庭所作书论。

吾慧，使吾抄所为诗，吾因之，日得数面尼，尼且乐近吾。吾喜极，鸡鸣即起，盥漱唯恐不或洁，频以鉴自顾。趣索稿。老尼辄讶其过早，至有催诗童子之句，吾不暇计也。尼每近吾，吾抄诗乃倍健。顾以老尼在，无可通款曲，脉脉然，唯恐先大父遽言归。一日，大雨骤落，老尼谈诗兴正酣。吾为抄，尼伴吾在禅室。吾得间，窃喜。顾不审宜若何。尼知吾，痴视不他瞬，吾惧为罪，俯首抄如故，默无言。风雨敲窗，凛然莫能执吾笔。吾挽尼手，亦不拒，傍吾坐，吾情乃不胜。吾特叩以故，彼辄笑，面红过耳际，娇艳使吾脊骨作奇痛。吾手不肯释，觉一触彼，即有异感。彼亦不忍离吾坐，相持默默，唯恨雨之遽霁耳。及面大父，晚餐不复进，大父询吾病，吾告爱尼状，大父大笑。不两日，吾随大父行。次尼挽手柔荑状，时形梦寐，仍不知有人事也。吾年逾二十五，体尚完，吾又喜跌扑术，虽知生殖理，卒无以实验之。及纳妇，连举五子，而吾独不为穷愁困厄所中伤，且能忍饥耐寒，鸡鸣即起，夜分始寐，要皆吾家法有以使之然也。（吾生年四十，舍疾病外，向未昼寝。）

1929 年 1 月 25 日

吾为一平民

日前，"孔雀"先生读迁说（见二月八、九两日本报第九版《心所欲言》），发为宏议，不惜举躬交之者直揭出之，诚令人钦佩也。吾家禁早婚，故吾父寿六十，祖寿七十有三，曾祖寿八十有四，舍吾季弟跌毙外，无夭折；舍吾母健存外，无寡妇，而诸祖姒又皆寿逾六十也。吾业教育事，自师范毕业，主讲二校，役役十有四年，经数易校长，吾皆迎新送旧如仪。在此十四年中除教薪积欠数百元外，吾自动辞职，尚博反奉之嫌，劳侦者尾护吾十数日，吾因之迄今绝口不谈教育事。吾于"孔雀"先生，愧未能识，读其文，要吾为一言，是诚太重视吾矣。吾前所为说，吾之言，仅足以及吾一身。吾知吾之有今日，不为忧患、兵、匪所戕伤，乃吾家庭，吾学校（曾入小学、中学、师范）有以成之。而彼时之社会，固非如今日社会之进化文明也。吾今请再略述所经，以答"孔雀"先生之见教，他日或有暇，另草迁说，为具体之研求焉。吾为一平民，非如大人先生之艰于"不得见"，寄庐幽阒，肯赐教者，唯请先为通知，便当扫径以俟。

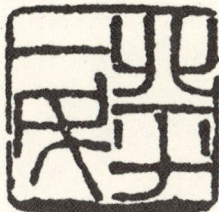

于非闇闲章 "北平一民"

　　吾年来好逞迂说，以为北平为数代所都，清朝且三百年，则其岿然矗立者，固自有其善，不得一笔抹杀也。吾因之辄就耳目所经草为说，投诸报末，颇亦不为人所弃。吾家既前述，吾入校，尤获得良师，如巩冠群先生，张蓉墀先生，皆能诱导吾使其心舍学问运动外莫或分，吾韶年颇不自知其丑，喜修饰，先生严责逾吾父，而又就吾所长奖掖之，其奖掖之法，虽懦夫盖亦知奋。吾年二十，为女学校教员，得女友至伙，吾虽知女友之可爱，亦唯有时萦心绪，初不知"褥淫"之差足自慰也。（吾友郭君结婚之前一夕，始聆妙论，知性交之手续、方法、姿态……与快乐，盖时正群聚于孤山别墅，由某君传授于吾友也。）时社会所见，非应对趋跄，即殴斗跌撰，男女之界极严，女子之接触尤鲜。（闺秀少妇，出必乘车，车必垂幕，且仕宦之家，车之上下，皆在重门，邻里之间，每以望见颜色为幸，唯下等之家，间有女子赴市购物者，故吾幼年除读书外，颇亦习跌扑术，以为防身之用。）而礼法之密，久且习而不觉焉。

1929 年 2 月 18 日
《新晨报·花萼楼随笔·九十五》
署名于非厂

童心

　　吾前于二校教书时，日与数十童子游，觉吾亦同化为童子，日欣欣以为乐，不知有他事也。自吾不能教书，遽与数十童子绝，吾之性爽然若有失。幸小儿女三四辈，日绕吾前，謦与笑足以滋吾乐，吾仍不自知其既壮而将老焉。吾事冗且繁，作画、治印、投稿、莳花之余，日必读吾所好书数页或数十页。计自晨九时起，必夜间一二时始眠，酣然一觉，入睡后，从未曾醒，虽严冬亦不其溲，数十年如一日焉。是岂得于天者独厚耶？盖吾自十余龄，即为学校生活，迄三十有九岁始已。盖吾自谥犹有童心，兀兀尽日夜，习之久，且不觉其疲，是诚吾之大幸也。

1929 年 4 月 30 日

《新中华报·非厂识小录》

署名于照

读近人诗

　　近读王阮亭《香祖笔记》，所言康熙间事颇详，往往读未竟页辄睡去，盖吾最畏阮亭之某年日月臣某等纪事，赐臣等匾额……使人目眩神迷也。阮亭所言诗，可谓高明。顾吾独不能心领神会，昏昏然不觉睡去，是犹吾读近人诗之难于领会也。吾于诗，愧未能学，吾曾于所作《漫墨》中言之，顾诗自三百篇，吾亦小事涉猎，当吾至困时，且曾以诗小抒其胸臆，或者阮亭言诗，陈义过高，吾学太浅，不生兴趣，转以趣睡，亦未可知。

1929 年 5 月 12 日
《新晨报·花萼楼随笔·一〇九》
署名于非厂

北京学堂

芍药之红瓣黄腰者，曰金带围。产扬州，花不恒开，开则有人瑞，自赵宋即见于著者也。今公园花坞假山前，植两三本谓得之朝鲜者，第不知人瑞之应如何耳。当吾幼年，西四牌楼北有所谓会辅堂者，豫君锡之（名师）葺而新之，为士子文会之所。其西偏，辟为堂，堂右杂植牡丹、桃、李、芍药之属。其后大成殿，祀至圣十哲，朔望具衣冠为祭。殿前植牡丹两本，一姚家黄，一杨妃配，老干高与肩齐。堂之南，地隆然而高，培土为台，台后隆而小具起伏，杂植松柏，望之若邱，而其地通不及四亩焉。光绪之季，八旗官学皆改建为学堂，堂遂以科举废，由世君伯轩（名续）商借，改为公立第二小学堂。时吾家在大拐棒胡同，距之不遥，吾与弟遂来此读书，迄毕业，凡历三春。芍药之开，若公园之所谓金带围者，且数见焉。土台之前，遍植芍药，若紫，若白，若绯，若黄，皆茂，唯北向直对大成殿者二本，则为金带围。花为红瓣，腰呈浅黄，项簇亦为红色。其红之色，虽距今且二十五六年，而觉其与公园所见则异，至其腰围之黄色，亦较公园为浓艳。如谓公园为金带围，则堂中者当是别种，而堂中之为金带围，固吾自幼年即习闻之也。

　　堂中花，无年不开，人瑞之说，或者其为圣人之地欤？吾愧未能一游扬州，不审当代之人瑞，致扬州之花开不开，与夫有无此种？唯公园之所谓金带围者，得自异地，则其色之异，固有由也。会辅堂之门额曰乐善公所，其北邻为善扑营。自改学堂，辟地渐广，其旁门别辟于报子胡同。辛亥后，学堂停办，后又隶于学务局为公众补习学校，为学校医院，则院中建筑已非，今为孙公禹行治丧处云。吾以久未一至其地，不审花木依然无恙否？按世伯轩君兴办学堂共十一处，以内务府三旗饷糈中筹为经费，延聘各方名宿，招收青年子弟读书，初尚限制旗籍，后则任人可入，而尤以景山小学成绩最优。时八旗学堂曰官立，由三五当道提倡而立者曰公立。官立遇生徒，既优于公立，而为公立之生徒者，则每对于官立而自惭形绌焉。丁未春，世君集所办公立学堂学生九百六十八人于大学堂（即今北大）之操场，作联合运动会，是日狂风怒号，沙砾飞扬，目不可启。会毕，各生皆有笔记，评骘文字，第其等第，发刊专集，以事倡导，而官立之于公立，始平等视之矣。此亦好谈北京者之一节教育史料也。

1930 年 5 月 26、27 日
《京报·花萼楼笔记·七五、七六》
署名非厂

吾习技击

　　吾国技击，其源甚远。手搏角抵，东周已有专书。若剑道一门，战国时且有以之论题者（并见《史记》《汉书》）。唯习之道，虽代有发明，而师弟相传，各有宗主，派别分歧，支流泛滥，其为术遂蔓延于乡村田野间，士大夫之习此者，渺乎不可多得。技击之术尤工者，其自晦尤力，至有怀挟绝技，终其身未曾示人。至如豪侠好义，偶露其技者，在精于此道者且斥之为不能深自韬晦，而凭借其术以为非礼犯法，则尤为此中人所不齿。故技击之为术，往往随其人老死于田野间，此风历唐宋而然，即今之工此者，亦莫不然也。呜呼！可以风矣！

　　吾少年时，酷好此术，搏抵之余，兼及内工导气之法，习未久，钝根无所成，而丹田之气，且直攻于右腕，遂不复学。以之学书作画，刻画金石，亦颇良得。吾之师姓刘，名福，莱阳人，为人谦谨，貌癯，伛偻，为先大父司仆役。大父佐幕山左[1]，始遇刘，刘执役恭，为大父

---

[1]　山左：山东省旧时的别称。

喜。吾年十七随大父漫游齐鲁，以贵介公子佣役之，刘尤谨于事。稍暇辄为吾谈故事，时吾心目中久蓄武松、黄天霸诸人技艺，不禁于谈故事中，辄举之以问，刘亦漫然应。一日，吾遇刘于学署日照楼，即浓荫，强之谈故事，刘不拒，携吾直前至楼旁，嘱静伫，一瞬间，刘已登檐，猱而升，直薄楼巅，弄其觉铃，琅琅然，反身下，足上首下，两臂抱柱，若檐溜然，且至地，略一翻转，已兀立吾前。笑谓曰："此孰与黄天霸！"吾惊呼，彼坚嘱勿得声，脱为人知，其祸且不测。吾自是与之学，彼自谓其技非能工，然勉学之，且二十年。当其初投师，师相之，裸其体以检，眸子、势、肛门，检尤严苛。既竟，使学走，凌晨向日行三十里，日午凿坑才容足，深不及尺，使跃上，日五十次者綦年。练导气，裸坐盘膝呼吸之，每吸务使气入丹田，每呼务使气自丹田出，日三次，每次百二十分，如是者又綦年。则三刻钟可以往返三十里，二尺深坑，可以跃上矣。然后教以手搏之术、刀剑之方，三年而技小成焉。小成而跻乎大，非十年不为功，唯以困于饥寒，为人执役，艺遂废。彼又言："师工此术，四方无有知者。师自言学技二十年，始尽其妙，唯师弟相传，若不自晦，且得奇祸，故特悬为大戒，传至其师，已十二代。师之艺，未得窥其全，谨于出师门之日，至家与妻琐屑语，翌晨师来家，全为历历言之，且于屋壁画两环为志，门户固未动也。"吾问刘何以能入室，则云当在未合时出入之。噫！亦奇矣。吾前所经技击者，具详所为《漫墨》[1]中。日者影星飞来伯莅故都，都人士以一瞻风采为大幸，吾国民崇拜英雄之美德，予以益彰，第不知月宫盗宝之飞来伯，其视中国人果有觉察否？故特述吾所知工

---

[1] 指作者在《晨报》所刊《非厂漫墨》系列文章。

技击者如上。

友人谢宗舆言："其乡某翁，人知其工技击，而未之见。力迫之，激之怒，翁持三股叉，向屋顶横掷之，叉飞，身随之起，叉着房，翁已一足踞叉柄，张两臂，翘其一足，与叉矗然立屋上，可数分钟。乡人惊拜翁，翁固终其身只一试也。"此为友人所亲见，特举之。周媪言："昔佣于李姓家，李山东人，有女年及笄，奇弱，瘦不胜衣，而风致娟娟，特婉妙。室中电灯线毁，女衣短衫，自地一跃至承尘[1]，两足尖斜踹椽头，平其身，一手抱之，一手理电线，自下望之，状若贴伏，理后翻身跃下，气息深稳，自上至下，需时约二十分钟。屡叩之，何以能若此，则笑而不言，亲见之，几疑为梦云。"昌平有农人子，曰王二愣者，善驰马，往来库伦间，为人贩百物。□人善为盗，盗必以群，群之首则汉人领之，群呼为马贼。二愣负其技，驰骋戈壁中，途遇盗，二愣绝尘驰，盗四合，二愣伪为坠马也者，盗怠驰，盗首直前即之，二愣出不意，自马腹以锐击，首应声落骑。二愣竟驰出，盗追之，尽日驰百二十里，三遇水，七越山岭始脱，而马已跑死矣。二愣之兄名愣头者，设肆于阜成大街，为吾言之颇详。后其弟卒为盗得，长其群，得不死云。吾草斯篇，非欲于技击者传其人，顾工于此者，其唯一大戒，在不能韬晦，以技自炫。即此而推，吾不知天壤间埋没多少绝技者，惜哉！

1931 年 2 月 13、14 日
《北平晨报·艺圃》
署名非厂

---

[1] 承尘：房梁横木之上用遮布挡灰，此指天花板。

纨绔子弟

　　虫鱼花鸟吾多所好，人每以纨绔子弟呼我，则皆应之。先君子好御绸裤，以为轻软而耐久，吾不能承家学而喜绸裤，因自刻印曰"纨绔子弟"，盖纪实也。

1931 年 9 月 15 日
《北平晨报·非厂短简·二六》
署名非厂

不买彩票

　　有人问，你买航空彩票也末？我说，我五十万元到手，我觉得没办法，到那时汽车也要坐坐，大宅院也要住住，姨太太也要弄弄，那我这寿命，岂但不保！我觉得每天坐坐野鸡洋车，他正好缺乏一二十枚交车份，我坐上了，他马上有办法，我再多加上两三枚的油，他喜慰之余，还道声"先生"，他过去了，我也过得去，此其一；我住的房子，小得要命，这位房东，他每月赖这房租吃饭，我不欠租，他每月有刻板的收入，他也过得去，我也住着舒适，此其二；似我们这五旬内外的人，看到了这种时代，至少要弄一两房姨太以慰岑寂，我自问我那位黄脸婆，我尚且罢于奔命，假如我又弄起姨太来，我寿终正寝不足惜，但我留下什么供她们声请分散呢，此其三。因此，我并不曾买一条航空彩票。

1934 年 3 月 7 日

《北平晨报·闲谈·十六》

署名闲人

新生活

"你对于新生活的感想如何?"朋友这样问。我说:"我过的是旧生活,我这旧生活,是我祖若父若师若友传给我的,克勤克俭,洁心洁身等等老套数。我拿这老套数去应用到多少方面,从没碰见一个钉子,所以我也就不大理会它旧不旧。我觉得这新生活标举的要义,仿佛在我这旧生活里,它才占据了三分之一,但就这三分之一,我马上也成了新生活运动的信徒了,你说侥幸不侥幸!"

1934 年 4 月 6 日
《北平晨报·闲谈》
署名闲人

市面不景气

　　以我所无嗜，独喜吃小馆。有时三角钱果腹，有时六角钱，则以为过小年，筵席捐不及我，小馆之掌柜皆相熟。近数星期来，掌柜争相告，市面不景气，客不猛满，馔廉，患无人，莫名其故，举问我，我低首思，仰首直视，慨然太息无以慰。有闲，掌柜低语我：岂所谓"有饭无人吃"乎？我颔首，我不知其何所谓也。

　　我家儿女多，恒用布，布店掌柜良熟。"老尺加一""冬季大落价，大牺牲，不顾血本……"都成过去，举不足以招徕。恒问我，我曰：王道崇俭，故一裘三十年，美德也。布虽贱，示俭，孰肯易敝袍？掌柜以其过去之经验，示不然，见乎色。我苦思不能慰之。掌柜即前附耳细语："有衣无人穿"，殆即今日之谓乎？我有所慨也，频摇其首而心不敢遽非之。

1935 年 1 月 11 日

《北平晨报·闲谈·五四》

署名闲人

江博士征出品

　　本月七日江亢虎博士在稷园水榭招待此间名流，为坎拿大华侨中国文化艺术展览征集出品事。事前由江与吴某等具柬，发柬不知若干，到者已六七十人，而列案具座才四十。时吴来稍晚，见客咸拱立伫俟，转怒，横击役，役不能忍，宣称："原定以三十人计茶资，故备位已四十具，初无开罪。"经排解，武剧告终，江始言征集之意。予既不蓄法书名画，又不能自为书画，居故都久，雅好搜集嘉道间之钓竿，乾嘉之蟋蟀盆、鸽铃、鸟食罐、蝈蝈葫芦。此在他人，或视为无足重轻，而当彼太平景象，故都人士乘其余暇，习为钓鱼、养鸟、㩗鸽、斗虫，而才智之士又复独出心裁，自为工匠，故一物之成，有费数寒暑者。吾有三钓竿，一为嘉庆三年制，一为道光元年迄五年始成，前者长三丈有六，后为漆且作断纹。鸽铃有曰"十三太保"者，乾隆年制也。因择其便于输运者，三五件作为出品。

1936 年 6 月 15 日
上海《大公报·非厂漫话》
署名非厂

我是穷人

　　向者予家中落，日断炊，先君子泰然不以为意，日饮酒，吟诵不较，病酒噎，百日不效。予曾百计求医药，竟弃养，迄今正十年，思之滋痛。时吾为教员，每月得六十元，薪金不按时发，不按月给，月凡三四次，每次三四成不等，至有发薪八厘九厘者。人口众，货其居庐，不给，继以典质，质肆因之由交易而友善。最困时，凡入古玩书画肆者咸空，则日招沿巷打小鼓者。打小鼓有孟姓者，且致富有，吾家乃益困，冬且无棉衣。时予能书细楷，学文徵明，隶书则参以乙瑛、郑固、张迁[1]。日间教书，教罢则为石印局写发帖酒瓶传单。维时名片盛行刘文清书，予效之，写一名片得铜元两大枚。晨兴，不能举火，以冷水洗面趋学堂教书，早课罢，向校长或同人借一两元钱疾驰归，市硬面馒首数十枚，时正午，一家嗷嗷得一饱，先君子致疾乃益深，今思之滋痛！

1936 年 8 月 7 日
《实报·漫墨》
署名闲人

---

[1]　指汉代《乙瑛碑》《郑固碑》《张迁碑》。

聊以解嘲

　　最近很有些人，以为我一定收藏着不少的名画，都要向我索观。这真惭愧得很，我家现在连零缣片楮都没有。固然，在先世也收得了不少的好画，但是到了我，不但买不起，而且买过来，反倒要替画儿想安插，而对我确没有大用。因为我自小习见了古画、古缂，先王父总是令我像写字一样地勾出副本来。自我家那些东西不存，戚友们知道我之所好，有些名迹——不轻示人的名迹，往往招呼我去看、去审读。我这时，若饥鹰，若饿虎，对于所见的名迹，拼命地去看，唯恐有一丝忽略，就这样二十四五年，我所见的东西，不太少了，而见一件，即将一件的意味吃进来。假如我若是收藏画的话，那我绝不会拼命地去看，以为今日不看，尚有明日拖延着，束诸高阁。这种道理，和穷人没钱买书，借书去读，反倒吃进肚皮里去一样。这是我聊以解嘲的穷办法。

1937 年 3 月 4 日

《实报·漫墨》

署名闲人

北京史料

　　北京这块地盘，在历史上，算是历朝最久且未中断的一个都城，长安、洛阳，都没有它长远未曾间断。我虽然是寄籍于此，但在最近我又仔细地研究考量一下，我觉得我情甘愿意牺牲我那仙境——蓬莱，而算是这地方一个安分守己、奉公守法的老百姓。北京这块地方，既有这么多年的历史，那么人文荟萃，无论任何一件事物，都有可以研究的价值。我在过去，很搜得些北京小史料，有许多都是不经见的著作。大约在光绪庚子以前，北京这地方，没经什么大变故，它那变化痕迹，不太十分显著。自庚子兵燹，变化得异常迅速，直至壬子，可以说是丕变得太烈。因为世禄之家和兴国同休戚者，骤丁此变，迁徙式微，都直接影响到这神京史料上。我在这时所得到的材料，都是很珍贵的史迹。这些东西，整凑了一竹箱，预备待我慢慢地整理。不幸去年老母病，我日间睡觉，夜里知更，小孩子们把洋火炉搬在中庭，不避初秋的闷热，连杂志带书，都拿起来塞在洋火炉里熏蚊子，蚊子倒是熏没了，我这数十年所搜集关于北京的好史料，竟都付之灰烬，您说可惜不可惜？

1938 年 11 月 24 日
《新北京报·哭之笑之随笔》
署名于非厂

玩旧纸

北京这地方，虽承凋敝之后，但是对于我们研究诗文、书画、金石，是任何地方也不如它方便。我虽不大会书画，但我自幼迄今，这四十多年里，我真看到了不少的好画。易代之前，看的画以庚子前后为最多；易代之后，直到民国十三十四年，又是公私收藏出来的好机会。自故宫博物院成立，迄去年南京全国美展，这些好东西，供我来研究参证的，更是一个总汇的好机会。我看了这么多年，有的借勾借抄，有的存有照片，有的在脑子里尚可回忆，有的在形诸瘼寐，可惜我买日为活，求养亲之不遑，更没有闲的工夫来记述这些过眼的烟云。最近我为因要考证武则天的《夏日游石淙诗并序》，自不免于翻检旧书。本来我这些书，都是些劫余的线装书，但是一经翻检旧书，它自然也要重见天日，而我竟于破书箱中，检出了几束旧纸，这纸有明朝的，有清朝的，还有几幅宋朝的"法喜大藏"。我这意外的检获，很使我忆及庚子兵燹后，先大父花了很少的钱，买了宣德玉版一大束，康熙的罗文，才合五个大钱一张（合今一小枚）。这一束纸，大概也是在那时所得。现在好画是看不着了，玩玩旧纸，也是北京这地方才能有，才能收藏，不霉不坏的。

1938 年 12 月 5 日

《新北京报·哭之笑之随笔》

署名于非厂

买书

我既离不了穷，穷与我也仿佛是不觉得怎样，倒仿佛没有它我就失其为人，退之[1]的《送穷文》，未免太沉不住气。有一天我见了一部小书，版框高才二寸七分，宽不及二寸，是杨用修[2]作的《历代史略词话》，薄薄的上下两卷。这书之美，就是不喜欢读书的人见了，也不期然而然地要翻检几下。我对于这明版小书，且不管它内容如何，就这书的样子，也觉得太美了。本来刻书这件事，也是我们敝中国一件不太容易的事，北宋那些传到现在的书，就那些版框和装治，还不用说那玉缕牙签，已使人爱不忍释。南宋的版本虽较后，而对成书的体制，更是格外的讲求。我们不谈内容，仅就书的版制来看，历元、明、清

---

[1] 退之，即唐代文学家韩愈。

[2] 杨慎（1488—1559），字用修，号升庵，四川新都（今成都市新都区）人。明代文学家。

也很够我们鉴赏把玩的了。道光以后，盛行巾箱本，这种便利，又不能不说是一大进化。自洋装书兴，印刷术随之进步，论便于翻检，自然是非木版可比，但木版书确另有一种引人入胜的味道，我虽穷，也舍不得见了这本史略而不买。因为我不买这书，我也不能不穷，所以我花他几块钱买到手，围炉快读，就是啃窝窝头，也觉得舒服。我最不明白影印四库珍本，为什么要用西法制成的连史纸？这和西湖盖洋楼，同一大煞风景。

1939 年 1 月 6 日
《新北京报·哭之笑之随笔》
署名于非厂

雇女佣

往者雇佣人，在予家者，多不过工钱两吊，"跟班"者，在当时才"六吊大个钱"耳。其时人心太笨呆，往往佣十年二十年不散。近日人心愈进化，雇一女佣，伊始入门，即左右顾，其意以为有无门房。至中庭，自瓦陇以下细审庭中物，其意似在睇视屋宇庭院是否整洁，房是否为自有。比入室面主妇，略颔首，目四瞩，相室中陈设新旧与主妇整理之方法如何。主妇询其姓名居址，辄打谎语，示其工作，则满口应承。反叩以工资，节赏，每星期请客打牌之数，主妇受其诘，皆一一告之，反身之"下房"，并相男伙伴是否可以合作，诸悉合，于未"试工"前，径谓主妇，每星期有否休假。在我之顽固卑陋家庭，我妻已活至五十龄，且为爱新觉罗氏，如雇此佣妇，彼安能耐，往往逐之出门。予劝其俯就潮流，潮流进化，人心且随之，我妻不悟，以为仍是光绪宣统年间也。奈何！奈何！

1941 年 9 月 1 日
《新北京报·非闇漫墨·卷三》
署名于非厂

打牌

　　我一向过着有规律的生活，除吸纸烟外，不嫖不赌不抽。不幸把我给沦陷了，家贫亲老，宪兵队又挨顿毒刑，结果才渐渐地学着打牌。最初是五块钱逛花园，还吃一顿有鸡有鱼的便饭。三十年后，涨到三十元，吃的仍旧。直到胜利前半个月，牌输赢到两千元了，但是办像以前那样的五六人便饭，则需要万把块钱。我们这些位同好，都不是赌，是借手谈而口谈的，并不是随便摆龙门阵，而是把所得的消息——国民政府和美国的消息互相转告，互相印证的。同时北平报纸写着"日本转进"，或是"日军目的已达"，或是"日军正在作必死的抵抗"等等，我们一面红中白板，一面在印证敌军的战败。这时牌打得并不起劲，而饭吃得盘碗精光。若是敌军把某地"陷落"了，我们却起劲地向桌子上摔牌，而饭确都吃得不大踊跃，只有拼命地灌上两杯白干，夜牌停止，预备在九时后（重庆时间）去偷听无线电。譬如攻长沙攻南宁，北平发表的消息，多么使人意气消沉呀！但是我们一有牌会，确能由牌友中印证出长沙、南宁陷落又复夺回的喜信来。

　　胜利之后，牌友各奔前程，我现在仍恢复以前的生活，只有吸纸烟，牌是打它不起，且失掉打的意义！

1946 年 9 月 7 日

《北平日报·太平花》

署名非闻

今届双十

　　友人嘱我写一篇庆祝双十节的文字，双十节我已庆祝过三十六次了，自武昌起义起，那时我是高等学堂的学生，在这三十六个之中，第一个觉得突昂，似乎晴天霹雳，以后我无论怎样笨，怎样写文，总可能凑上几句颂祷之辞。去年的双十来得痛快，十月二日盟友开始在街上受热烈的欢迎，"哈啰，顶好！"也开始在狂热地喊着，日寇都低了头躲起，满街上彩坊标语，燃放鞭炮，欢迎"突挺"的标语开始在张贴着。虽然窝头面已涨到六十元伪币一斤，但热烈庆祝的文字，写他几十篇都不太难。因为交通才开始破坏不久。

　　今届双十，虽然有些不好现象，都成过去，已成的现象，将来都会好转。但是我却老年丧妻，失掉老伴，对外的事固然是我，对内的事——煤米油柴电水捐……都集中在我一身，在这原子时代，我实在写不出好的文章。不过我一向不曾悲观过，我觉得我也许会活到下年度的双十，那么，此届的双十，我又何幸而际此呢！

1946 年 10 月 10 日

《北平日报·太平花》

署名非闇

登记资产

　　我家里破烂书，是先祖先父积下来和我随便买的。除了"高头讲章""八股""试帖"这一类的早已取消外，经史的书，现在都未能保留着，因为我不曾有产，为书赁几间房子，我实在没这力量。我自己弄了些书，只为我看，孩子们都不是"书虫"，所以我在四五年前又让给人一部分。本来我家够不上藏书，我更谈不到。自老妻故后，我很想把残存的这些破书烂帖整理一下，登记起来，但这事做起来太麻烦了，我还没这时间和勇气。昨天听说又将有新税课征（资产税），无论是固定资产，或是流动资产，全要登记课税。若有资产而不呈报登记者，法律将不予承认其所有权。我听了这个很欢迎。

　　他们若肯替我登记，我倒少却麻烦，好在这些东西，孩子们是不稀罕作遗产的。

1946 年 10 月 14 日
《新民报·土话谈天》
署名闲人

停电损失

　　我早晨起来，一面吃着茶，一面研盘墨，开始给朋友们画点画，吃午饭后，仍然继续着画，画到下午三点半钟。在这昼短的冬日，最怕来朋友，但是朋友冒着风寒来枉顾，我又怎好不招待？这一下，起码几十分钟，尤其是我正在着色，笔停不下来，非一气染成不可的当口。

　　三点半至四点的短短三十分钟，是在上报社[1]的路上，是在休息，是在想《谈天》的材料写法……至于昨天发的稿子有没有错误？多乎，少乎？要不要再加进点什么去？这都在走到天安门左右时才盘旋在脑子里。

　　到了报社，看信，看稿，凑稿，画版样，看大样，剔筋，添肉，

---

[1] 指北平新民报社，位于东交民巷西口外的瑞金大楼。

紧张干他一两个钟头。在这时候，接客，接电话，写绍介片，大家谈笑，如果晚上没人赏饭吃的话，马上"打道"回家。又在悠长而黑暗的马路上，一面替车夫留神别撞在十轮大车上，一面在喘这口气。好在我这肚皮练习得惯于挨饿，车徐徐地在行着，就此到了家。

晚饭之后，照例是写稿子写信，看看书，这是我每天刻板的工作表。可是这几天我们住的地方太不好，由下午五点钟就停电，一直停到九点半，停到十点，这样连续着好几天，在煤油灯下不能写信，更不能写稿子，看书也只好看看汲古阁刊本，或是殿版的东西，因为这种字大，墨黑纸白。不能写稿子，在我即是损失了稿费，在朋友的报纸上，却不要责备我不写东西。这笔账，只好留着慢慢地算吧！

1946 年 12 月 23 日
《新民报·土话谈天》
署名闲人

借光

我住的地点不好，前后左右没有要人，没有机关，不接近电力公司，停起电来，长到五个钟头。我是出钱买电的电费，拿不出不行，涨价不认可不行，什么什么一概不行，小百姓的我，自然弄不起霓虹灯、电炉等等"不法"举动，不会招"国营"商业的老爷们生气。可是电却不供给我用，我也只好"先天下之睡而睡"了。

我青天白日有我青天白日的工作，晚饭下肚，为朋友写些不三不四的东西。我写东西，向不用毛笔，一管特号派克写了十几年，若换毛笔写大字，在煤油灯下也许行。有电灯下还要戴起眼镜，每晚要写千八百字，电一停，马上搁笔，只好明天再说。这样自己牺牲稿费，自认倒霉倒没有什么，而对不起朋友，却使我钻进被去，先天下之睡而也睡不着。

花匠先生[1]是我的老友，这两天直催我写东西，他住的地方大概是不停电，他不知我停电后不能写东西。我尊重友谊，只好腾出青天白日的时间来，写这几段东西过年。开年之后，是否能继续往下写，全视"国营"先生的衣食住行由我们小百姓供给满足之后，而肯不肯使全市市民也普遍借点光！

1947 年 1 月 3 日
《北平日报·太平花》
署名非闇

---

[1]　指《北平日报·太平花》栏目主编陈慎言，以笔名"花匠"为该栏撰稿。

怕戴帽子

　　我每日至少在四万三千二百秒钟里，总是要用我这迟钝而将要硬化的老脑筋，至多在三十秒、四十秒的时间内，稍微停顿些。因为迟钝，因为要用这迟而且钝的脑筋，所以它总在发热而怕戴上帽子。

　　我很喜欢中国旧式大红风帽，在这冰天雪地之中，戴上顶红风帽，既和暖，又避风，并且也很入画，只是那个颜色太热烈，我还不够。天津人把这风帽的大披肩改小，两旁也有护耳，用元青缎子做，纳成盔铠式的花纹，冬日戴着既轻暖而又灵便，色尚元青，没有红光照眼的毛病，但我仍不愿戴，因为它的名儿叫"将军盔"，这也实在怕人。

　　我有一顶美国呢帽，是事变前买的，相当轻软，虽然曾被虫蛀。我偶然遇到举行仪式时才戴了去，为的是要合乎脱帽鞠躬。一个英国式黑皮帽，是事变前二年在天津买的，现在上报社就戴上它，它有可以放下来的皮护耳，我最怕爆竹，多半把它放下来行路。

　　我平日居家或借趁电话、买两盒烟卷，走出街门老远，无论是风是雪，从未戴过帽子。我只有我最喜爱的一顶马聚元[1]瓜皮小帽，红结子久已改成黑的，因为"青衣小帽"自古即是小民的帽形，所以永远留着它不戴。

1947 年 1 月 6 日
《新民报·土话谈天》
署名闲人

---

[1] 指马聚源帽店创始人马聚元。老北京有句顺口溜叫"头顶马聚源，脚踩内联升，身穿八大祥，腰缠四大恒"，即早年间大栅栏的马聚源帽店、内联升鞋店、八大祥绸缎衣饰店及四大恒钱庄的繁华景象。

我玩风筝

　　我喜欢玩风筝，我也会扎架子，会糊，会画。我曾做过七尺的"瘦沙雁"，全身满画上墨蝴蝶描金，背上三道"琴"，用丝绳放起来，很美，虽然丝绳勒得手生痛。

　　我也曾做过软膀的"蜻蜓"，四个活动的翅，可拆，可上，尾巴可以折叠，尾巴尖还能转，眼睛是活动的，滴溜溜乱转。最初是用绘绢做的，全染以洋红，在美的方面没什么缺憾，只是用"洋小线"放起来，尾巴摆动得太厉害。后来又加以改制，用高丽纸另糊上去，不改尾巴，只把四个翅子略事加宽，放起来又稳又活。那个"瘦沙雁"，在日寇占我的住房之后才取消（搬家无地方安置它），"蜻蜓"到现在还存着，因为是折叠式，不太占地方。我还弄了个一根提线的"鹰"，这只用"轴儿线"放，在春风扑面的时候放起来，放到几十丈高，觉得手里线有些分量，"抽冷子"一放长线，这"鹰"能在天空打旋转，很仿佛饿鹞子在觅食，在"打眼"[1]。这鹰的架子不是我扎的，我却另给它糊了一次，才能稳如泰山。

玩风筝要预备大风放的"排子"，微风放的"鹰""蝙蝠"，小风放的"蜻蜓""蝴蝶"，中等风放的七尺八尺带琴带镶鼓的"沙雁""哪吒"。而线也要预备"三股""四股""老弦""丝绳""洋小线""子弦"，现在我的线也朽了，我也跑不动了，只好谈谈。

1947 年 2 月 1 日
《新民报·土话谈天》
署名闲人

---

[1] 原注：打眼是养鹰的专门名词，就是说鹰已看见它可食之物。

人事可怕

　　我最怕不熟识的人，一块儿饮宴，尤其是主人请了两三桌，哪路的英雄全有，这固然是难为了主人，却也难为了坐客。"贵姓""台甫""恭喜""尊寓"接着就是"惊蛰后倒下这场大雪，真是瑞雪丰年……""这几天食粮煤烟……"甚至于妄谈国家大事、经济政策、外长议会，差不多都是各报近日的"头条新闻"，再不然就是谈到画画恭维一番，或是忽然提到了个陌生的姓字，问你熟不熟。我在这茫茫人海中浮沉了多少年，始终未曾预备一套最妥当而又自然的答词，来应付这普通的酬应。

　　在这种场合之下，自然需要谨言慎行，全副精神要应付这一时的环境，或者说是人事。似我这准时而至的，在这里所耗的精神气力自然要多。这样过了个把钟头，渐渐人等齐了，让座更是拉拉扯扯，叙齿找胡子。好容易坐下来，斟酒称谢，彼此又在恭维，又在谦让，举杯属客，喝口酒像是咽口吐沫，自是上一菜，举一次酒，饭菜一上，大家吃完，已弄得筋疲力尽，但还算好，始终保持自然的态度，而未至于局促放肆。这仅仅是杯酒之欢，虽可怕，尚可应付。若是在机关里服务，那种人事，更觉得可怕！

1947 年 3 月 9 日
《新民报·土话谈天》
署名闲人

卖书别解

　　论斤卖者，这是近些年来，北平常见的事。始而是《谕折汇存》《圣谕广训》，高头讲章的四书五经，闱墨试帖，至于内库档案，那更不消说了。沦陷之际，商务、中华等教科书倒了霉，报纸的是一个价钱，有光纸是一个价钱，洋宣纸是一个价钱，毛边纸又是一个价钱，有的比废报旧杂志贵，有的还不如。胜利之后，日本倒了霉，日文书、表册、杂志、报章，通通的都做了还魂纸，伪组织的印刷物，更不必说，我曾见某伪委员的诗文集，都论车论百斤送进厂子还魂，这本不值得啥子稀奇！因为这些都成了废物，还魂还可以致用。

　　去年春节，我在厂甸见到几个卖书的，他把《四部丛刊》《四部备要》《丛书集成》等零本叫卖，第一天每本卖一千元，第二天则增到两千元，第四天则全数卖光。他说："我们是借钱觅来的，不能压本钱，不能多出利钱。这样几天可以卖完，人工、资本、盈利都合得来，而买主也方便。"今转瞬一年，不知卖书的又出什么新鲜花样。

我因为租不起藏书的房子，出不起运书的脚力，在未迁居之前，很除掉了许多线装书和书画影本，它们所占的面积，至少要三间房屋，起码得为它们出一袋半面粉的租钱，我虽说不上忍痛割爱，但纵有几部值得浏览的东西，也无可奈何。生在此际，只有窝头是好的，是宝贝，是救命的恩人，实在顾不得那么许多！

1948 年 2 月 19 日
《北平日报·太平花》
署名非闇

眼

福

　　人的眼福，绝不是勉强得来的，美人、名马、法书、名画……虽都是些过眼烟云，但是一刹那的福气，总非偶然的。我在日观峰（泰山）看过日出，我登蓬莱阁看过海市，至于法书名画，金石瓷玉，人间稀有的东西，经我看过的，那更不消缕数。这种东西，大概非大乱或易代之后，不可得而见的。我在庚子，在壬子，在甲子这些大变动的时候，我幸生其间，不可求而可遇的东西，经我看见的，那真可说是眼福不浅。伦敦艺展，全国美展，我都幸在其间，窥见中国的奇宝，我不但看到了选出的东西，至于那些落选的东西，我也都幸而亲眼得见，且有替它们叫屈的。谭鑫培的戏，我一直看到他最后那出《洪洋洞·盗骨》，我并且和他赛过马。他父亲老叫天唱老旦，我确没听过，但他的《镇潭州》，要斩岳云那神情口白，《战太平》的"大将难免不封王"，却因此一改，而得了董福祥三百金的犒赏。这些个好戏我都看过。杨小楼[1]初演《冀州城》，是在庆升茶园，那时的杨小楼，已享大名，这和他初出茅庐，用嘉训的名儿，出《艳阳楼》的花逢春，《八大锤》的第四锤将，已大有不同了。自科学进步，有照相，有留声机，有电影，但是论到过去所见，那不能不说是一种眼福，非勉强得来的。

1939 年 2 月 5 日

《新北京报·哭之笑之随笔》

署名于非厂

---

[1] 杨小楼（1878—1938），名嘉训，京剧武生演员，杨派艺术的创始人。

我与烟

买 烟

我因为在北平居住的比较久一点，我晓得北平的商肆，"卖的是字号"，不会欺人，绝不是挂羊头卖狗肉的。虽见在商业道德堕落无遗，但是张起门面做起买卖来，都还是"一仍旧贯"，我并不曾被欺过。在王府井大街——可以称它作"现代"街——有一家公司，"一分钱一筒老炮台"，堂堂乎大张其广告，我那日专诚拜谒跑了去，我很怀疑的向他擎出一角钱，道声"先生，买十筒老炮台"。他也还我声"先生"，用手指那玻璃柜说，"那里有买法"。精妙美曼的洋烟盒，兜的转了我念头。我在想，我是不配使用的，我的老伴她，更不够资格，买了来送人，谁呢？我再看，价十五元，我鼓着勇气，掏出十五元，加上那一角毛票，递给他，道声"先生"，向他要十筒"老炮台"，一个洋烟盒。他又还我声"先生",又用手一指,您再看——每人限买一筒——我很忸怩地道声"谢谢",收起了十五元一角,踱了出来,跑回家去,咀嚼着这"现代"的味儿,觉得不如狗肉。

1934 年 2 月 19 日
《北平晨报·闲谈·十一》
署名闲人

土药店

鸦片烟的确玩起来是一种艺术。故都设立土药店,我因为三十年前曾逛过北京的"烟馆",听说这和"烟馆"的设备差不多,那我虽是门外汉,何妨去看看,用作三十年前回忆的温习。果然钻入土药店,在一大间房间里,排列着许多短的榻,同志们正在那里"寓禁于征,逐步戒除"地吞吐"官烟"。招待跑过来招呼我,看我不太高兴的样子,他马上引我上楼,领到一间比较清静的小房间,榻、烟具、靠枕、褥垫,都很干净。小壶茶、卷烟,都预备着,待我享用。我很不自然地烧起来,心里总是回旋着在想,昏昏的不知不觉睡了起来。一觉之后,那位招待由我按铃的声音走进来,笑吟吟地对着我:"你老吸这烟不坏吧?"我说:"很好,很好。不过我听说这土药店要取消?"他说:"听我们老板说,暂时是不会的。因这类事官家总是一松一紧的。"我抽了那未曾用的残官烟,慢慢踱了出来,还在咀嚼着这一"松紧"。

1936 年 5 月 17 日
上海《大公报·非厂漫话》
署名非厂

关东台片

我在三日那天，忽然觉得太不痛快了，胸膈填塞，小便血涩，两目红涨冒火，周身发烧，直不知是怎样才好。小孩子们回来说："学校停课一小时，我们都愿意把点心钱捐给灾民。"我一面奖励他们为善，一面给他们讲一些故事。我有一管旱烟袋，是很讲究的：烧猪皮的白玉嘴，建漆的杆，白铜锅儿，缂丝的荷包，宋时虬角印的坠子，这总不能不说是老家伙。但自真正的关东台片弄不到，我就暂为搁置。可是这一天因为太不痛快了，我拿出它来白吸着，同时他们都很惊讶地望着我，意思是：为什么白吸这种东西？我说："这种东西，是再好没有的。我今天不舒服，我很想得着关东台片顺顺气，开通胸膈，但是现在还弄不到，我只好白吸了，而希望你们知道它是好东西。"

1936 年 11 月 7 日

《实报·漫墨》

署名闲人

曾尝"白面"

先君子吸鸦片烟，辛亥革命，只用椒面盐即戒除，可见戒除嗜好，是要有毅力而坚决的。我曾尝过一"口"鸦片，弄得半天抬不起头。我为描写吸"白面"的神气，和它那何以足引人入胜，我也曾在三个钟头里，吸过一元钱的"白面"，这是在四年以前的事。但是也不见有什么趣味，而只是觉得腥臭，弄得好多天挥不去这怪味。日前我往同德医院去谈天，那位刘植源大夫是很能戒除不良嗜好的，方法是又简便又快。我曾把我上面的试验报告他，并且我说："我也是普通人，我为什么不容受这些东西，而尤其是一元钱的'白面'？"他说："如果心里明了这'白面'是毒的作用的话，大概吸十元钱也不相干。"

1936 年 11 月 8 日
《实报·漫墨》
署名闲人

辣与苦

我自己承认我脑子不够用，又要维持"穷家"，又要顾及"破业"，又要写东西，又要画花卉，而尤其要想做个人。我先君痛时事之日非，甘以酒浇愁，结果愁未浇成，却以酒病而弃养。先母以酒悬为家庭厉禁，我迄今不敢在家饮酒。我侥幸还活在这个年头，并且还要挣扎着继续活下去，那我为脑子不够用，我只好吸烟吃茶，茶是有位朋友赐给我，烟却非买不可了。"加立克""老炮台"都已吸光，上海烟，华北烟，美国烟，牌子弄得头昏眼花，本来脑子就不够，再加上辨认牌子，试验口味，真是件麻烦而不经济的事。我既得不到"加立克""老炮台"，而我又需助于烟的刺激，我只好弄个"大锅"，吸些关东烟用作帮助。美国烟丝是好的，只可惜太甜，我出门时带上它去应酬，应酬是需要甜的。在家吸关东烟，关东烟是辣而兼苦的，日在辣与苦味中，反倒觉得美国烟丝太甜了。

1946 年 11 月 4 日
《北平日报·太平花》
署名非闇

大烟斗

我本是喜欢吸纸烟的，我又时常要在街门外去行动，戴上口罩，觉得太闷气，而且为表示不是"匪"，也不肯再戴上，只好衔支纸烟，又消毒，又闭口。

纸烟这东西在嘴里，不吸，不好；吸，太不经济，只好弄个大烟斗衔在口边，里面有烟无烟，有火无火，先不去管它，且作个"衔枚疾走"。

这几天北平的天气晴和，只偷偷地逐渐加上点冷劲，并未狂风怒号，飞沙蔽天。假若天变到那样恶劣的话，口罩的需要，也等于衔大烟斗的需要。

我本有几个好一点的烟斗，只是烟锅小，烟嘴细，不能把嘴完全堵上，仍有丝丝的缝隙。

现在千寻万觅得到一只合乎理性的烟斗，锅大嘴宽，放在口边，只由中间烟管里可以透口气，而这烟管，又是积满陈油，绝对杀菌的。

1946 年 11 月 5 日
《新民报·土话谈天》
署名闲人

我在练功夫

《土话谈天》偶然写些感愤的文字，那时是我有些"感"，有些"愤"，现在也许是我的功夫又进一步，已练到冥然无感，泰然无愤了。在从前沦陷之人望天亮，抗战之人望胜利，憧憬着太平之花，胜利之果，现在事实把一切都粉碎，这正是自己克己的功夫太不够，所以觉得失望，觉得非常的失望，甚至于无望。假如你平心静气想一想，你如果还需要你这肉身活下去的话，那你不妨退一万步想，假如还是在抗战，日本人的铁蹄还是在蹂躏，这正是"该当如此"，"应有现象"，自然心气和平，无感无愤了。何况又不是日本人在作祟！

即如拿吸烟来说，我和我内人都吸烟，而且都是吸上等烟。日本人一统治，上等烟难得，乃吸中等烟，中等烟有真有假，有带锡纸有不带，有原装，有套包，有青岛制，有天津造，有吸得燃，有吸不燃，而吸烟所用的火柴，有硫黄，有放炮，有擦不燃……我内人她简直受不了，结果胜利之后，她撒手归西了，只剩我这孤孤单单地在受人罪。

美国烟如"红光""飞利浦"都好，但总觉得不如"加立克""大炮台"，结果弄个法国烟斗吸烟丝，烟丝又贱又好，以我这个年龄，衔个大锅烟斗，也够神气。因为我已受够了日本烟的统治，不愿再吸纸烟，这样吸了一年。我想烟丝马上就会再吸不起，那我用烟斗吸关东烟，吸易州烟，反正是"吹气冒烟"的一回事，何必非烟丝不可！

只可惜就是辟谷[1]这一层功夫，我还未得传授，如果我再能辟谷的话，那我更能"天君泰然，百体从令"，不受环境一切支配了。

1947 年 3 月 3 日
《新民报·土话谈天》
署名闲人

---

[1] "辟谷"，又称却谷、休粮等，源自方仙家养生中的"不食五谷"，即不吃五谷杂粮，而以药食等其他之物充腹，或在一定时间内断食，是古人常用的一种养生方式。

吸　烟

　　遇到了这种年头，真觉得已经死去的人，太没有眼福、耳福，——口福或者比我们强。内而战乱，外而强邻，可怜五强之一，用眼看看，用耳听听，精神上所受的打击，直不知置身何地才好。以酒浇愁，我又不愿，只有弄袋烟来吸吸，借以刺激刺激疲惫的脑筋。

　　我由二十一岁就吸烟，所吸是中等烟，"刀牌"和"粉包"。后来越吸越进步，由"前门""白金龙"，到了"炮台""加立克""三五"。纸烟吸到这个程度，每日也只十七八支，若较比我先母我亡室，她们每日最高额都吸到五十支，因为她们都是爱新觉罗氏，感触更比我多，自然只有用烟来求解脱了。

　　民国二十五年，我自上海回来，带来了几种雪茄烟，她们娘儿俩吸不来，我才开始吸雪茄。初吸，觉得"上海造"又便宜又好，久而久之，只好吸荷兰的"老美女""马掌"，就是马尼剌的出品都不觉佳了。吸烟之嗜，和吃茶一样，只有步步高升。

　　沦陷之后，老母由于我被捕，吓得半身不遂，这一下，她竟不想吸烟了，同时也不吃荤腥。家中吸烟的，只有我夫妇。始而好烟尚容易买，自太平洋战起，好烟难得了，我又改吸纸烟。那时的纸烟太"缺德"，有不燃的，有燃了又熄的；有随燃随吸而吸不出烟的；有纸包完整而烟已发霉的；有套皮的，有无皮的；有一百支装一盒的，有缺少支数的；有包皮与烟支不是一个牌号的；有天津造的，有青岛造的，有张家口造的，真是五花八门，极尽丑态。我于是改吸烟斗、烟袋，亡室仍受罪吸这坏烟，间或吸两三支好的。

　　我的烟袋相当讲究，白玉嘴，玉之白简直似假的，尺寸也好，这是我在火神庙买的。烟袋杆是"虎皮鸟"，很有个样式。烟锅自然是天成的白铜锅。最难得是缂丝的烟荷包，我居然有一对。衬上"双欢"的白玉坠，真够神气。本来我家是念书的，念书的最迂腐，最怕不雅，所以先祖先君总是用白玉烟嘴，绝不肯用翠玉。

吉林的朋友送我很好的关东烟砖，我因为这种烟砖，力量太大，乍吸起来，会使人头晕，我里边又掺上些"高白锭字"（烟铺卖，我不知是什么做的，很香），但是烟锅小，吸惯了纸烟雪茄，觉得"装烟""点烟"等等手续既麻烦，而且吸一会儿又须装，所以又想用烟斗吸。

烟斗，我有"EP'B"的，有点毛病，"LHS"的却甚好，一直到了胜利，我只是用烟斗来刺激疲惫的脑筋。

现在又赶上这眼福耳福而没有口福的年头，我究竟该当预备什么烟来刺激我呢？这实在是顶伤脑筋的事！

1947 年
《一四七画报·非闇漫墨》第 10 卷第 12 期
署名于非厂

我与酒

却　酒

　　友以佳酿见飨，其醇若中山松醪，而芳洌过之。吾敬谢，不敢却，亦不敢受也。吾于酒，在韶年且嗜之，屡为所困，而辄以为乐。今年且四十，日饮以浇愁，在吾亦得曰可。顾吾不饮且数年已。先大人为文有奇气，擅书，草法得怀素之精。唯一生坎坷，晚乃酷嗜饮，年日增，饮乃愈嗜，大有长鲸吸百川之概，正所谓满腔悲愤，一寓于此也。时吾教学童，所入乃不能偿酒债，至货田庐以为沽，卒病于酒，不能起。吾苦谏，辄笑置之，盖以吾不知其所悲，而吾之悲乃愈不得释。俗有所谓"酒嗝儿"者，每食必噎，噎辄废食，先大人遂病此，滴酿不能下咽，且亦绝不思饮。不百日（自病迄殁，九十有七日），遂弃养。悲矣！吾非如白石山翁之却饮，吾唯思先大人之以此不获享大耄，吾之恸每不释。吾视酒不啻若杀父仇，凡吾家于令节，及亲朋酬酢，概不具酒，戚友怜吾迂，颇肯成吾志，故吾于佳酿之赐，唯有敬志盛意耳。

1929 年 1 月 21 日
《新晨报·花萼楼随笔·八十七》
署名于非厂

麻醉最舒服

纵有诗酒，酒是得它的麻醉，诗是借它来发泄，这是文人之不得已。闲人不承认是文人——也不是武人，而只是闲人。闲人不能纵情于诗，是发泄不得；闲人只能纵情于酒，使它多多麻醉，醉得一塌糊涂，同销万古之愁。

闲人不能喝酒，尤其怕喝白酒。我在家里母亲不许喝酒，我迄今仍守着遗训，并不曾去买醉。我的眼花了，不但近处看着模糊，远看又有散光的毛病；左耳已失聪，嗅器官更退化，只有味神经稍好。酒不能常吃，但这年头最舒服只在麻醉的那一忽儿，在这短短的一忽儿里，浑然无觉，不但噩梦怕做，就是好梦也怕做。

朋友大概是怜我还知道有味没味，他送给我一块关东烟砖，金黄的烟叶，疏疏的嫩梗，积压得重重叠叠，四四方方。我用我千寻万觅而来的大烟斗，慢慢地装上一大斗，吸起来又香又辣，由喉而胸而膈，到了五脏六腑，通于四肢百骸。再进一斗，眼昏昏，头涔涔，舌麻口木，倒头一觉，直到天明，并不知电灯灭了多少次。

1946 年 11 月 16 日
《新民报·土话谈天》
署名闲人

我之病

阔　病

去年岁底，我在天津患病，经友人劝用医药，不好。回到北平，友人又绍介几位医家，他们皆曾给要人、闻人治病者。数医后，并不见效。有位至好朋友，他说："你是穷酸，肠胃自与阔人不同，他们治惯了阔人，似你这副穷肝胃，自然治着不大投簧。"我于是找了位刘大夫，请了位李医生，他们皆知穷人之为穷，所以不几天我这穷病也好了。最近有位朋友自海上来，他说："曾因跳火坑而致疾的要人，病得很沉重。据说是肝上有病，有位专治要人病的大夫，特发明了一种药针，是用真金粉来给打进去，马上那块肝就不痛了，一针的代价七十元。但是打到现在，肝上自然是鎏金的，但是病却是一天一天地沉重，恐怕有些个不妙。"我不大懂得医，我去年的病的确不轻，而穷得不能鎏金肺肝，这或者也是病好的一个原因。

1936 年 9 月 15 日
《实报·漫墨》
署名闲人

病

我原有很重的胃病，经过了十多年，从不曾治好。我一次经人绍介到东城某大医院去，经过了三星期的检查，结果现在不能治，非一个月再来不可。医生之不愿多说话，与我这不愿再问，一样的驴的朝东马的朝西而各自散开：这还是前年的事。今年我胃病又犯了，但不重，有位朋友给我一丸药，吃下去果然好了些，他还说了些金克木、木克土的话，我也不太理会。不想胃病还没好，脚病犯了，由痒而疼，由肿而烂，弄得秽恶熏天，艰难履地，每日蹲在家里，寸步难行。这样一个多月，直到现在，还是血水交流，令人掩鼻。很有人说："这是小枝节，并不是什么大不了，因是湿气下注，这是偶然的现象，一经疏解，不难痊愈。唯这十多年胃病，是要根本治疗的，因为这是营养所系，不在这根本上谋解决，似这种枝节的病，是不能免的。"我想我这病很像当前的国事，特把它写出来。

1936 年 9 月 23 日
《实报·漫墨》
署名闲人

养痈成患

我的脚病，真顽皮不堪，到现在已纠缠了一个多月，也使用过不少的验方，但是结果还不曾好，而且仿佛又加重些。本来在我这年逾四旬的人，脑子已经顽钝不堪，身体上若再没有一些小病来刺激刺激，那么，这种无聊，比有病还难过。如果有点脚气病，不太肿，不太不良于行，而只是串串脚缝，奇痒一会，这种痛痒，是足以舒畅我这疲敝脑子，而得到一种不可思议的一时之快乐的。我的两脚，在平常日子是这样，我不但不去取缔消除，而还唯恐它每晚不这么一痒。不想就这样的养痈成患，只图半日一会儿的快乐，而弄得一发而不可收拾。现在承读者不弃，写给我几个药方，我正在试验着。

1936 年 10 月 8 日
《实报·漫墨》
署名闲人

公园遛病

一日为"遛病"步入公园，洋玫瑰花犹顽艳，柿树三五株，实累累若丹火。来今雨轩之东有辟室为展览会[1]者，合书画雕刻为一，百十件。予以病须遛，又好观书画，径入之，举目四瞩，琳琅满壁。若徐君剑胆[2]，彭君溥臬，皆旧友，若杨君伴墨则新识也。

入门所陈列皆真迹，再进，则其中如张大千、汪慎生诸大家，皆有杰作参加，不才如小生者，乃亦竟有若干幅侧于诸大家之间，予心胆怯，乃不敢仰视，几疑置身梦境。亟燃淡巴菰，咽两口唾沫，眼观鼻，口屏息，沉吟再至，窃窥其署款，则明明辛巳年也，窃觑其图章，则明明"一字非厂"也，窃观诸大家之作，则觉者把西洋钥匙（？）是

---

[1] 此指中央公园董事会。

[2] 徐济（1871—?），字象辰，笔名剑胆、亚铃、涤尘、琴心等，籍贯浙江，生于北京。清末民初京津地区通俗小说家、报刊编辑，亦擅书画。

118

否仍需要鉴赏家之品定。予由是反转，悠悠然觉身轻，觉气不过促，鞠躬而退，病乃不须再遛，而渐轻松矣。

1941 年 11 月 12 日
《新北京报·非闇漫墨·卷三》
署名于非厂

闲人不闲

"闲人"雅号

闲人自这座孤城形势较为缓和的那一天，即患起病来。我在最近十年中，只有一种病——穷。但是这次来得凶，穷之下，又加上肝火上蒸，瘟邪入里，每日昏昏思睡，不思饮食，颐间浮肿，牙龈奇痛，自五月廿四日起，至五月廿九日止，浮肿还没有全消，因之那座孤城落日的公园，我在此期间，始终没去兜一圈风。

我本来不是什么有闲阶级，不过那些位真正地道的有闲阶级，他们那些逸闻轶事，我觉得很有些弃之可惜，我不自惭愧——非董狐之笔，马上很忠实地给传了出来，正如梁新会所说"吃闲饭，造闲粪"一样，于国家社会有什么益处！然而一般人却把"有闲阶级"的徽号，硬加在我的头上，以我这病痛之身，如何消受得起！再我这"闲人"

的雅号，是用"天放闲人"之意，因为我穷，我又不想干阔的事，所以自号"闲人"，并不是瞎吹。

1933 年 5 月 30 日
《北平晨报·闲话》
署名闲人

闲人不闲

（一）

连日很有些位远道的朋友写信问我："怎样弄胡椒盐戒鸦片？"先君子意志坚决，友人以火炒胡椒盐，研末，重一两，掺五钱烟灰，以后三钱二钱，灰渐减，至于无有，不半月即断瘾。初无他法，秘诀唯在意志坚决。又有人问我养蟋蟀的，先后得信有二十五六封，我实在没法子回信。因为我虽号称闲人，但我每天要笔杆，总要耍十来个钟头，因此只耍得我左手麻木，右手酸疼，我给朋友们写信，连毛笔都

于非闇闲章"闲人长年"

懒得用，而只是电报式写几句了事。似这样一封一封答蟋蟀之如何养，如何选，如何斗，如何盆，绝非简单几句话写得出，这种困难，还请同好诸君原谅。假如我到了"冠盖满京华，斯人'不'憔悴"的时候，那我一定刻一本养蟋蟀的丛书，献给诸同好。

1936 年 11 月 25 日

《实报·漫墨》

署名闲人

（二）

奈何先生说我并非闲人，是的，我实在不闲，且不敢闲，尤其自内人故去之后，这一百天中，家内事无巨细，全得来一手，朋友要交，要往来，应酬只好画画，其他未之敢尝。

我起床之后，有几份义务报，要闻太伤脑筋，桃色又不愿看，只好画画。画到吃饭，无论饼、馒首也好，窝窝头也好，几分钟吃完，要和孙儿玩一忽儿，再画，画到三点钟。坐在车上往报社，看看稿，谈谈天，回家吃饭（非万不得已，不在外吃饭，因为"还席"太成问题）。饭后要预筹明日如何，要检点过去，要念老母仍浮厝在天仙庵，坟为日寇所平，不得合葬……想到想不出办法，神倦体惫，只好明天再说了。

1946 年 10 月 12 日

《新民报·土话谈天》

署名闲人

管闲事

有人说：你这号称闲人，是不是贾宝玉式的太平闲人？我说我做不到。是不是居家课子的燕北闲人？我说子已用不着我课了。是不是一旦退休的天放闲人？我说我始终在退休着，用不着天放。

有人说你是不是清客帮闲者流的闲人？我说论我的技能，除了相面、算卦、看风水、承颜希旨、灭着良心行事说话，我不会外，诗文书画，声色狗马，我全能来两下，只是赋性憨直，闲帮不起，客也懒得做，我只会做些闲事。

我这"闲人"的雅号，只是好做些闲事，是对于忙人而言，这已有十多年的历史，也曾在敌宪注过册。在"七七"前很久很久，北平市很注重卫生，运秽土，重清洁，禁止小贩食物，那位老大人对于平市人民，爱护的连烤白薯都注意它是不是合于卫生。那时的那些忙人，没早没晚没夜地在忙，我见到了整个的卖大豆腐的挑子，被投到高亮桥，这小贩竟以身殉。同时执行的诸位老爷，更过火地干，对于烤白薯的售卖，也下了肃清工作。我那时还不太麻木，写了几篇"有闲阶级"，借以超度以身殉豆腐的小贩。这位老大人很客气，白薯照旧烤起来，市政的清洁，遗爱在民，迄今为平市人所称道。而"管闲事，落不是"这句土话，我用它来作了我的笔名。

1946 年 11 月 14 日
《新民报·土话谈天》
署名闲人

闲人不好做

从前我虽也称闲人，而我却实在不闲。每到下午，不是跑趟琉璃厂，即是隆福寺书铺。在沦陷的时候，我又加上找朋友清谈或手谈[1]，晚间还要听无线电，更忙。胜利之后，隆福寺首先停止不去，琉璃厂也日渐减少，老朋友既已四散，阔朋友又巴结不起。消息，报上有的是，用不着从朋友打听，从无线电收听。直到最近，反倒怕见朋友，因为见了要谈，要清谈，要长谈，要痛快淋漓地"穷聊"一气，这最不是卫生之道，听了还会发生肝气病、脑充血病和半身不遂。莫如闭门却扫，只做窝头打算，旁的不闻不问，实实在在要做我这地道闲人。但是我还不能无所接触，倒水的要涨钱，自然我没有卫生设备；淘粪的也要涨钱，在九月一日那一天，他们还举出报涨钱、电涨钱、电车涨钱……作理由，我倒觉得他们思想进步了，除依数照加之外，我一痛快，反倒多吃了一个窝窝头。我又在一个只有一师一徒的小理发馆去推平头，那位师傅说，他们刚刚把安家费缴上去，我怕这窝窝头要出毛病，只好送了一千元小账，默默地走出来。我这才觉得闲人也实在不好做。

1947 年 9 月 8 日

《北平日报·太平花》

署名非闇

---

[1] 手谈：指不出声，不使用语言的交谈，广见于棋类。

舞文弄墨

漫談

華嚴樓隨筆

教学生涯

读书幸福

吾尝谓："读书幸福，天所予吾人者，乃至有限"，其自甘抛弃者无论已，为身世，为环境，为社会……之不良，因而不获享此幸福者，思之可惜，言之亦可恨。吾家世业读，吾之福乃特大，自幼迄成人，不废读书者，约二十年，然不知读书之乐也。遭大故，家藏荡然，因衣食，牵执业，佣余归来，不自逸，辄就灯下读，时已知读书之乐与其要，乃特苦于无书，乃于戚友中假之读，亦不肯假善本也。吾时在二校教书，于小友中假一二本，虽图书等馆已可阅书，格于时与力，亦莫得读，人之见知者，审吾好，知吾之困，始稍稍以较善之本见假，吾始得读，吾又能如约以还之，善本亦间见。遭父丧，境愈困，知者愈多，吾渐享读书福，吾乃不自足，迄今仍未偿吾愿也。吾以为居今之世，读书当较易，当予有志者以特便，而孰知乃竟不然，吾故曰："读书幸福，天所予吾人者，乃至有限也。"某博物院中所予吾人以学术上、艺术上之考征者至大，对于特别研求者，初无一便利办法，而时间，经济……与普通游人同，往往出数元之代价，仅博得遥遥望见，初不能考量审查，如古人所谓"摩挲碑下"者。某图书馆之善本书，其限制亦复类是，转不如信誓旦旦，拜手稽首假之友朋者，较为直截了当也。此或吾未见变通法，或吾见之太迂，姑书于此，以就正于理其事者。

1929 年 3 月 5 日
《新晨报·花萼楼随笔·九十六》
署名于非厂

辞教与任教

吾自辞去教员生活，计今已十有五月。溯吾自师范毕业，入二校教人书，役役十四年。脱然离二校，国家岁糜巨万，所以教育吾毕业者，吾在此十四年中，差觉尚不负国家教我之资；吾以一小民，因辞教职而博反奉之美名，吾觉欠吾薪数百元，尚不敌此之值也，吾因之每用以自豪。友朋中之见知者，辄要吾复其教员生活，且数倍其值，隆高其称谓，昔吾仅仅为教员，今将一跃而为教授或讲师，呜呼！倘吾再充所谓教授或讲师，则将来之结果，乃更不堪问。盖仅一教员而尚罹反奉之罪，若教授或讲师，不将断吾腰，刲吾胸耶?！故在此十有五月中，每不获友朋之谅解，吾皆谢绝之，唯吾友苑君又生颇韪[1]吾

---

[1]　韪（wěi）：是，对。表示认可。

1928年2月9日《晨报》刊登于非闇启事

也。京华美术专门学校者，乃一私立之学校，负其责者，多吾辈不识进退之青年，两肩承一喙，欲于偌大之故都中，成立一研求美术之所，初无大力与的款[1]，不亦太不自量欤，唯是吾国今日，吾仅能识社会之一小方面，就所识以为言，则私立学校之重要，乃较国立者为至急。吾本吾之所识，认为私立学校宜小竭其绵薄，是乃吾平民之所有事，吾于是竟不避罪过而为教授，复度其义务教员之生活矣。是不可以不告吾知友者。

1929 年 3 月 23 日
《新晨报·花萼楼随笔·九十八》
署名于非厂

教学记

教员、讲师、教授……一至苦恼之事也，而吾且久久不能脱。年二十为小学教员，三十又兼中学教员，四十为讲师，为大学教授，迄于今在吾之历史上为晋级，在吾之灵魂上为苦海，而吾不能遽脱，则开岁以来，吾不得不随吾之穷而为文以送之也。向之教小儿女学为人，小儿女无有不愿为好儿女好兄弟姊妹者。论书学为文，皆可掖之使即于好，而小儿女从未有以不好为好，好为不好者。吾昼夜以思，计其使即于好，祛其勿即于不好，每一人为一事，合数十儿女为一炉，法先尝试，术必有征，如是者历十余年，教之而能学，学之得其善也。入中学，言必自称兄弟，批必意兼可否；口滔滔，言之务谆谆；教精

---

[1] 的（dí）款：确切的款项。

130

详，征引必赅博；讲者之倦不倦视乎学童，学童之习不习任之便也。校之制，有长，有主任，有监，吾以教学之余，尚能镌图章，画扇头，故不致为长若主任若监所不喜。一擢而为讲师，再擢而充教授，国子先生入太学，皇皇乎不自禁其品位之高也。曩之所学，皆非所知，讲小学则先訾许氏[1]之陋，讲文学则先论桐城[2]之失，所为说必迎合青年好奇之心，夫然后始获专家演讲之号。当其未登讲坛之前，掖览新闻，如数家珍，登坛之后，先谈国家大势，要人逸闻，用以笼贯学者精神，借俟学者之迟至，高谈玄理，易厌听闻，间打科诨，调其岑寂，及其既倦，敛书早退，勿取厌焉。学院有长，有主任，有学生会，有系级会，长与主任与系级会，皆关紧要，倾其心力要结之，而左右系级之全权者，尤必倾力结纳，盖不蒙打倒之忧。吾年事既增，求如吾乡咸备之朴学者，自分已不能跻其万一，而日出入于学院，身为国子先生，转不宜以好为好，则吾心之刺谬，其苦恼为何如耶？虽然，吾自涉世以来，屡蒙不白，卒亦未得奇祸，则颇以为幸。曩者吾不能受穷，故役役于教人学而自荒其学。今者吾且安于穷，而自求其学，今而后或能稍戢其苦恼乎？长夜多暇，著其二十年教学记，将以就正于世之同吾苦恼者，辄疏其原委如上，并标其目为三，条举如后。

小学教学记

甲官立　起民国二年迄民国十五年

乙私立　起民国二年迄民国五年

中学教学记

---

[1] 许氏：东汉经学家、文字学（小学）家许慎，著有《说文解字》。

[2] 桐城：清代文坛上最大的散文流派"桐城古文派"，代表人物有方苞、刘大櫆、姚鼐、曾国藩等。

甲官立　起民国十二年迄民国十五年

乙私立　起民国十三年迄民国十五年

大学教学记

1932 年 1 月 29 日

《北平晨报·艺圃》

署名非厂

为师难

当我之求学也，有贽敬，有束脩，有冰炭敬，有三节礼。先生馔，不厌精；先生寿，举家必以礼，待先生不可谓不恭且敬也。而先生之遇我，乃逾于家人父子。

当我之乍为人师也，学生之遇我者且不问，我之欲拉拢学生使为我用也，不必以所知所能与之，而独恃夫手段。于是我在学校中，俨然有保卫之队，傲然与同侪相对抗，校之长侧目且不敢问。

假如我以受之师者予学生，学生且哗然目为不足为人师。遇考试，豫授受，不特深博学生欢戴，考成绩，校长院长且以为优，引手加额为办学得人庆。而脩脯所入，积之久，欠薪不能偿，不偿而竟取消。

我有我性情，此何能堪！退而休，学生自谓积果饵之资，年按三节，以时馈聊将意，此胡可拒，收录为弟子。学生予师者吝，而责于师者贪，讲文、论字、说画、摹刻，遑遑然横吞直咽不少休，师于是乎大困。

师召我以学诗，我则毛诗，注疏、经解、经义述闻，与夫程朱之说罔不读。授我学文，于是由韩欧论文之文，以上窥左孟庄骚迁固蔚宗欧阳之作。授我书，起运笔、用墨、养气、存神，以至于三代鼎彝唐宋简牍，殷殷焉，恳恳焉，皆若不及。心唯纯，不知有修饰、有男女、有嬉戏也。

为人师，口痴音喑，手倦神疲，言者谆谆，听者郁渺。大学生有不知赵岐[1]注《孟子》，《七发》[2]为何人作者。有时以耳食之说，遽斥许慎不识字、姚鼐不通文，脱有辨，体愈头昏，心中愤懑，至食饮不能进，久且瘿肝气之病。执贽来学书，鉴其诚，嘉其志，授焉。每值休沐日来，自囊中出临《石门铭》一叶（十八个字），折痕宛若曹衣之出水，横铺案上，洋洋然以为直袭南北碑。问心不敢稍敷衍，辄批改，嘱多写，则力摇其首示不可，学校科目忙，无暇及此。试与谈电影，色舞眉飞，盛道昨日所观为最惬意也。

久久未来学，忽飘然至，不得不笑迎，寒暄，请茶烟，不敢扣所学。少焉，出手卷，请鉴定，真赝定；又请市价，市价明，不曰同学，即曰同乡欲出售。登车去，又若鸿飞之冥冥。有时不待寒暄，出素笺为书画，则三五日后又一来也。

学生非不良，徒以环境嗜欲……致为学不专，好高骛远，欠实际功夫。境较艰窘，为学亦较奋勉，有时入歧途，安龌龊，穷学生为状绝可怜，对之唯悒悒耳。

学院有图书之馆，所有书虽不多，尚堪供学生参考。口讲指画，板书某典籍，学生乃瞠目不知馆中有此书，比告之，反诧先生何以知有此！

---

[1] 赵岐（约108—201），字邠卿。东汉经学家。

[2] 《七发》：汉代辞赋家枚乘的赋作。

男生谈电影院、咖啡馆中原公司最详赡。女士唯理发馆品第技艺如数家珍，有时举一物、掬一名以示师，师且瞠目不能解。

中等学校教书，市立教薪等于私大，私中则以"毛"计，有等差。为中学之师，唯一要诀，除与校长、教务主任……必有相当关系之外，第一，必游天桥，详考所谓大金牙、云里飞其人者。第二，则谈骑车，必举小李三；谈摔跤，必能举沈三已、老宝三方强；谈电影，则飞来伯哈代劳瑞；谈篮足球，则大将陈盛魁、神腿陈家驹。此外，猥亵市井俚俗之言、北调南调江湖黑话之语，俯拾即是，有句皆香，此所谓多方之兴味，最能博中学生之欢迎者也。代数几何，真若通衢粪车，闻之心恶。

师昭告我如何可以为人，循循焉，谆谆焉，我受之履之无或疑。我受学校教育，起光绪廿有九年，迄民国二年，其时之教师，亦无不以如何为人昭告。我为人师，本乎师之予我者，小试以予人，小学生勉受，中学生多报我以笑，大学生则直告我以时代不合，顽固陈腐。

有时与大学生谈做人，调首不愿听，则曰：请先生讲学课。比讲，滔滔然旁征博引，则打呵欠，看小说，写情书，与女生挤眉眼，逃席而退。不讲学课，不谈做人，专一说要人闺阃事，或国内倾轧阋墙与夫谣言悯恍之辞，此不外中外报章截取作蓝本，然后加以揣测、粉饰、演变、臆造……于是大博大学生欢，无有不倾耳而听，报我以热烈之欢迎。有时来稍迟，课堂人已满，临室之学法制经济者，亦群来听瞽说。学校当局以为我有"叫座能力"，厚我以待遇，预支我以薪脩，倚我为"台柱"，而借以大摧其学生使注册。我原冀以所学所心得期成就一二学生，其结果，乃与天桥之云里飞，通河轩之海文泉相等，而同人之艳羡，以为我独蒙学生之欢迎，亦太可怜矣！

校长召集教员报告，我往恭听，全室敬肃若待决之囚。校长庄容宣于众："今日承长官召集谈话，长官嘱同人安心为教育服务，教薪一项，自可按月发放，绝不短少分毫。"同人聆之若甚慰。"唯若故扇风波……匪特教薪不负责，且有万余名警察，与尔等周旋。诸君其凛之。"我聆毕，狂吸淡巴菰。校长且叮咛，切嘱。我惴惴然默尔而退。

教书历二时，音哑口燥，腰酸腿战，腹绝辘辘作雷鸣，一角钱一餐馒首豆腐汤饭，腹胀若肠胃骤遭食忐忑不能和。校役传谕，校长请谈话，相将入会议之室，举目瞩校长，面青苍，气咻咻至不宁。各据位，静听校长言。校长喟然叹，长吁，起立言：今日承长官召，长官势峻厉，若关东军奏凯旋。长官言："误人子弟，男盗女娼；本市教育者，则泰半误人子弟。"诸君宜自省，盗欤？娼欤？……校长言未讫，我腹痛，不待辞毕，疾如厕，大泄，未遑一自省也。

我在大学教书，其难已如彼，退而思其次，其受气挨骂、担忧欠薪又如此。问我所学，虽不足比数，而于人所不能者，我则差堪曰能之。而我之为我，徒感受为师之难，转不若彼为穿窬者[1]，日息夜作，取不义以为济也。特惜我非女性，尤惜我于思于思[2]，争缠头，取夜度资，遇大官人垂青，金屋供奉，俾拜倒裙边，甘心为奴役，斯则只好期诸来世耳！然则男盗女娼，不益令人艳羡，而愧对之耶？

"得天下英才而教育之"，孟夫子此语实误我。我不幸而"吃教育饭"，尤不幸而直"吃"至国难后之教育"饭"，英才遍天下，而我竟懵然无所遇，"倒霉"至于如此，乐尚云何！而又何况此中有未足为外

---

[1] 穿窬者：偷盗之人。
[2] 于思于思：胡须长而多的人。

人道者乎？

我每晚饭后必读书，迄十一时止，二十年来持之以恒，无有或辍。书为我读，久久且不忘，已读书烂熟每视为废物。家寒，缩衣食买，读后辄又卖去，此天之厚我，亦所以使我穷也。学校每易教员，书随教员进退而易，每学期教员不知易几许，学生书往往才易新者，而教员又去矣，故"收买旧书"之书肆如林，利都数倍。然此特其中之一原因，因看电影，因游泳费，因划船，因涂雪花膏，因……而卖书者，我乃不忍言之。

1933 年 8 月 29、30 日，9 月 2、11、15、19、22 日
《北平晨报·艺圃》
署名非厂

代课生涯

鼓楼北有某中学校，我之母校也。前岁弟子某为国画教员，偶有他事，我代之，我之不入中学教画也垂八年。比至，学生济济，皆可造材，徒以篮球将若干员，口谈"云里飞""大金牙"若干人，哼哼"大太保好似忽雷豹""芍药开牡丹放"者又若干人，而看小说读剧本者尚不可计，故一班中肯携带笔墨来者，为数绝寥寥。教员室中亘巨案，沙发、靠椅、四足凳列四周，坐恒满，有时且不得一把交椅坐。仰视墙，墙悬巨牌，牌中罗列教员姓字，数达六十余人，所网罗不可谓不全。我所庖代为国画，每周四小时，四小时同于我者尚夥。我窃有疑，闲中默计高初共若干班，学生共若干人，滋惑。时教薪两次发，每次发四成，我历一学年，从未见一次拿到十元钱，而每月平均总有一次

"我俩结婚"之公份也。

1934 年 7 月 30 日
《北平晨报·闲谈·二三》
署名闲人

不足为人师

我教书数十年深以为苦，曾为《为师难》一文述之，皆指在学校度教员生活也。去岁不自持，重以友朋之谊，书又教，驯致所学者不暇学习，已能者未能尽其能。而友朋之嘱书画篆刻者，视年终搪债尤为难，甚有屡蒙催讨而卒不克呈教者。而教书所入，究何所补？朋友子女兄弟从我问字习画者，我导之数年，皆有小成，而我在外教书，荒我友朋子女兄弟，负疚尤深焉。

我不懂教育，我尤不懂摩登教育，以我之性，只有在家课徒，或者数年或十数年可以教成一两位迂腐如我者之人，为国家社会上聊备一格。我虽不足为人师，而人之师我者，或者不致误入歧途而已。

1935 年 1 月 28 日
《北平晨报·闲谈·五六》
署名闲人

女子学画

在津时，至友以其戚某女士嘱教画，予不可。予转询，女士家素丰，高中将卒其业，拟来京考大学，便习画。予笑谓：习画，习乞食耳，在我，学书不成，去学剑，又不成，为官吏，其术特奥妙，自审无其天才人事，基于饿，方始雕青嵌绿乞食人间，自律綦严，不敢小有纵逸。究之我之画如何，我且不屑郑重视之，故寒家无拙作，有一两幅张壁间者，备娱亲耳。我有二子三女，长业商，次在学，女则日学针黹、烹调、浣濯、簿记诸事，无一学画者。盖我不幸，既厕身读书人中，则我之女若嫁，可以为君子蒸窝窝头补破衲，不必用仆役也。友以予言为激，翻问我何以教俞致贞诸女士画。予谓唯其然，所以不再使人误入歧途也。何言乎尔？俞女士者，其父早故，母携子女八九人，子幼，女士幸有成，获时誉，其前途予实悲之。他若王学敏者，与其父为总角交，父走四方，母早故，鲜兄与弟，孑然从予学，品端方，与俞女士皆非时代女子，而以画误其前程，则予之罪过实相等。转不若习针黹烹调作贤良女子也。友以予言迂腐，至不欢。时予适得明钞本《图绘宝鉴》，因翻至卷五视友，道士而后唯僧，僧而后为管夫人，为张氏，为刘氏，为蒋氏。蒋氏而后为外国人，因指谓曰："君辑画传，将若之何？傥天下太平也者，女子之事正多，安用画为！"友竟悻悻而去。特书于此。

1941 年 6 月 10 日
《新北京报·非闇漫墨·卷三》
署名于非厂

写作编余

吾之所谈

近有投书于吾，谓读吾文，知吾精于鉴赏，颇以为誉，吾乃滋愧。吾非文学家，于文，尚未能窥其涯际。吾之所谈，特常识耳，为人人心目中所有。吾多暇，吾胆至巨，吾尤敢以常识实吾篇，塞报余白，兼以提起吾人之旧观念，非所以自诩其多识也。投吾书者，并以王摩诘[1]《桃源图》照片嘱鉴定，谓海上某画报曾影印，而甚疑其匪真者。摩诘《桃源图》早见著录，吾深愧不能详。唯投吾书者之质疑，吾特敬以慧眼报之。

1927 年 10 月 1 日
《晨报·非厂漫墨·九五》
署名非厂

---

[1] 王摩诘，即唐朝诗人、画家王维。

吾之随笔

月来，艰于材，故随笔时辍，乃不为一二读者所弃，径函督吾惰，是诚可感也。吾性不好自逸，作息均有定时，执笔事涂乙，颇亦郑重视之，不敢或苟。吾不自量，辄取以贱名署报末，所取材，虽间有蹈袭，要其大体，无非逞迂说也。吾所得材既有限，向壁虚构，抄袭成说，吾又耻为之。故吾之随笔，宁缺毋滥，深惧有负于一二不弃者也。今者吾小有得材，不敢自秘，书于后而以迂说弁焉。

1929年5月10日
《新晨报·花萼楼随笔·一〇七》
署名于非厂

《艺囿》编余

（一）

昔娄东二王（时敏、鉴）求大痴《浮岚暖翠图卷》，卒不遇，引为毕生憾事。以二王之力，搜求之难若此，甚矣名迹之不易靓，靓者至诩为眼福也。

黄君懋忱言："为临抚故宫某仕女画，费入门券十余元不为多。"今人眼福，诚不浅哉！

故宫书画，其聚历数百年，虽不能尽美善，然而学书画者，尽可循类而求之，不虞枯。

或曰："不有玻璃版套彩版乎？"曰："书则可，画则无所用。"曰："奈何！"曰："从此可以诩眼福矣。"（1932年9月9日）

（二）

秋高气爽，觅句最宜，故圃中连日极富有诗的趣味。可惜冒充老圃之编者我，只能于菜畦蔬垄间，为之去蛀编篱，分根布种，至于吟哦推敲，则自恨未能。

可巧，蓬山先生赐下一篇梨园丛话。偏巧，槐隐先生又正在话诗与伶。在我分如园丁，当然要合拢来作为本圃应时小卖。不想甫经上市，偏偏又遇到久已不鲜之灵芝来凑热闹，其巧乃不可言。而本圃又何敢贪天之功，实行捧之哉！

本圃并非纯粹诗化，各大诗家辱赐嘉章，容当陆续刊布，半亩之园，唯望原谅。（1932年9月24日）

（三）

《满城风雨》，不日结束，兹承恨水先生以《水浒别传》见贻，先生为小说家泰斗，今别出心裁，描绘南宋之政府，金元之蹂躏，草寇之跳梁，而以萧恩之穷愁，桂英之聪秀，花逢春之豪侠，穿插其间，古色古香，尤饶风趣。以之当古装戏看可，以之作国难镜看，亦无不可。特赘数言，用为绍介。

非心先生《赏奇室文选》，正如打渔杀家之教师爷，好莱坞之哈代劳瑞，置之《艺圃》中，若秋英竞艳图中斜插一枝红叶也。唯先生自"九一八"后，自谓心死，选文工作，辍置已久。今由编者检其余文，陆续刊布，想亦读者所欢迎。（1932年10月4日）

（四）

本刊承诸大吟坛不弃，珠玉纷投，敢拜嘉惠。不过其中有几位诗家，经拜读大作之后，竟使我"不敢"发表，不仅关乎文苑一栏，地盘太小。

本来有些诗化的文字，在中国文学上是另有它的美。而不能因为诗，竟把《艺圃》全化了，因为《艺圃》尚有它的个性化。同时我敬谨声明，《艺圃》非诗化，并不"门罗"。

"答问"是最近顶摩登顶有趣味之事，尤其是编者对于"问"，更不敢不忠实致答。现在承读者见问："为什么非厂作品少？"嘿！非厂近来不断发表作品，即如本段"编余"，也算是他作品之一。（1932年10月19日）

（五）

满洲人之文学，在中国二百余年中，颇亦有其特性。其文多坚实，善吸取唐宋文法，是其特长。

富察氏礼臣君，名敦崇，满洲望族也。好读书，为文有奇气，尤喜为街巷习俗之谈，所著有《芸窗琐记》《皇室闻见录》《燕京岁时记》诸书，而尤以《燕京岁时记》最为脍炙人口。

今承寄梅君寄来君之遗著，多散佚之稿，未经梓行者。君当日每有所作，积稿久，往复审择，然后挟其手稿，诣书肆，指其版本，择其镌缮，督其装订，躬亲校阅，皇皇焉，翼翼焉，一若饭可不吃而稿不可不印者。及其颓废，曾不知其何以死，而孰又知其遗稿尚盈尺哉！（1932年10月26日）

（六）

邵次公先生学问、文辞、书法，本无庸记者绍介。最近（十月二十七日）由河大寄来一文，题曰《永年武公家传》，亟为刊出，以飨读者。

"斯文人"将随黄花蔫谢，老境颓唐，不禁有斯文将丧之感。不过在电影院惯例，"巴斯祁登"或"陆克""贾波林"，巨片之后，必继以风情绮丽之作，用为调剂。本圃连日以滑稽古装武侠大片，敬饷阅者，而其余又多文绉绉谈诗说故，霜露既降，木叶尽脱，大有三径就荒之感。

以描写青年情绪擅场之小说大家慎言先生，既欲写尽斯文，复鉴于青年男女，彷徨歧途，苦无出路，近特撰《流水落花》一稿，描写现代青年，补偏救弊，特为老圃平添生气不少。（1932年10月31日）

（七）

本来承办报屁股之编辑，为迎合读者，使读者抓到全报，先不去看由山东秋操一变而退回原防，由川中鸦片再变而停战调停，便欣欣然翻转来，曰美矣哉报之屁股也。

屁股之好不好，在乎作者，不在编者。而作者之原稿如何，则作者知之，编者亦知之，而读者则完全不知。

作者皆专家，其学术文章，不特为读者所倾倒，而且尤为编者所十三分佩服。然而编者对于作者，只小心翼翼，如童蒙读左国史汉之文，随读随为之勾乙，如学生对于老师之诗文集，随读随为校阅，如是而已。

自来谈宋椠者，多归美麻沙本，但麻沙本之鲁鱼豕亥谬种相传者，尚有待于勘正。作者有时误鱼为鸡，误猪为羊，读者不知，而编者有时能知，有时且不及知，唯误是正，是为编者绝对义务，有时为易一二字，便觉锦上添花，倍觉精彩。此又编报屁股者，不敢贪天之功，而又不得不表而出之者也。（1932年11月9日）

（八）

桐城姚先生所为《曾文正》一文，已由本圃发表。在近二三十年来，最不可得者，乃为如曾氏之作育人才、陶铸人心。中国之所以糟，端在此。

顷得友函,谓前记理学某谒见一则,与姚先生所书,微有出入,兹两存之。

理学某谒曾,献《我四十不动心》一文,长及万余言,请求评骘。曾之弟子某在幕府,见其文尤"卧我于粉白黛绿二八佳人之侧,曰动心否乎?置我于红蓝大顶尊官显者之旁,曰动心否乎?"数语,某年轻气盛,不觉大笑,援笔题曰:"二八佳人侧,红蓝大顶旁,此心都不动,只欲见中堂。"一日,曾阅其文既竟,乃召某入见,语之曰:"子有杀身之祸,其知之乎?"某愕然,曾掷文与之,曰:"饰世盗名者,最忌人讦其私。子之题诗,讦其私矣。苟为所见,衔恨何如;抑亦非君子忠厚之意也。"某大折服。曾氏平生谦蔼接物,谨慎持躬,其修养之方,于此足以见之。(1932年11月15日)

(九)

刘振卿先生对于清代掌故其娴熟如数家珍,本无庸编者妄为绍介。本来以最富于同化力之中国,清人之所以入关,与其所以消失,自各有其致之之道。自其消失后以为言,则其所以入关,亦自有其足供探讨者,振卿先生《清代冰鞋》一文,即其一也。

每当风清日暖,携二三爱人,于水晶板上,大作其雀儿登舞,支溜支溜,倏然远举,若列氏御风而行,飘飘乎不复羡天上神仙矣。孰又知白山黑水间,尚有数十万健儿,御"乌拉滑子",以与彼强敌拼热血、掷头颅而大溜其冰哉!(1932年11月18日)

(十)

松风阁话旧,戊戌六君子只举五人,承铁衲子函问,兹由著者答称:"拙作原只说个人经历,即偶涉时事,亦只叙述个人经历。……只以谭林杨(叔峤)三公,与寒门有年世谊,刘公为业师至友,长素与

144

先父为文字道义交……是五君子直接间接皆有相当渊源……故行文时随笔举其名号，无他意也。……"

谈杨翠喜作者，署名揖唐，乃近代历史学家谢兴尧先生之字。先生名与字，典用唐尧，与民国八年要人王先生实非一人。唐尧之典，数千年来乃为公器，人人得而用之，无所谓冒牌，更不用其声明。非如太古白糖、王致和臭豆腐，与夫三代老王麻子与汪麻子之争而谨防假冒也。(1933年2月6日)

（十一）

新出土石经

前于某处挖掘地洞，以避爆炸。工人于十八地层之下，发掘石经《周易》一段，为历来收藏家所未经见。已有某君将此石于本月十四日派千五百名壮丁，秘密运往海上矣。有好事者钞得原文，为录如下，用博读者一粲。

一、骗卦

骗，亨，初吉，终凶，利见愚人，不利见智士。象曰：骗，天下大而其情同也，故亨。初吉，入于玄也。终凶，骗不可久也。利见愚人，多迷信也。不利见智士，识其妄也。象曰：天下滔滔骗，小人以欺社会。初六，入门有喜，笑言哑哑。象曰：入门有喜，利有攸往也。六二，骗，妇女无咎。象曰：妇女自甘受骗，又谁咎也。六三，探其微，或测其机。象曰：探其微，恬口言也。或测其机，言偶中也。九四，饰言如簧，以娱彼心，乃获南金。象曰：饰言获金，相率为伪也。六五，屡用骗，包羞。象曰：以骗欺世，宜其羞也。上九，民智大开，行骗有悔。象曰：

民智开，天下昌也。骗有悔，小人不可长也。

汉石经宋刻本，乾嘉诸老尚视同球图，诩为眼福。十数年前洛阳出土汉石经，上虞某逸老得最多且精，自诩设令翁覃溪阁学，黄小松司马……见之，其惊诧为何如。不意在古物南迁、古城日暮、危亡无日之今日，而竟由垃圾中又发见此石经，且此石经，足补《周易》所不足。人第知孔圣删诗书，孰又知唐人写经而竟大刀阔斧，大删而特删耶？则此经之发见，其关系治经考古者为何如乎？独惜乎上虞逸老不能收得也。

二、饭卦（卦象取震，"震仰盂"，能盛饭也。）

饭，元亨饱贞吉。象曰：水火既济而成饭，功在疗饥。早饭，点心，稀饭，午饭，利在果腹。夜饭肥鱼大肉，食饱而后归宿。饭之时用大矣哉！象曰：生米已成熟饭，君子不素餐，故贞吉。初九，饭桶，凶。象曰：饭桶无用，是以凶也。六二，讨饭，利有攸往。象曰：讨则得食，利小人也。六三，荷包饭，食之吉。象曰：荷包饭，香冽消暑，利夏日也。九四，八宝饭，烟客食之利于腹，吉。象曰：烟客嗜甜，利用八宝饭也。六五，断炊，凶。求吃白食，利在小人。象曰：往求白食，饭为害也。面皮要老，利小人也。上六，干稀饭，食则吉。象曰：干稀饭毕，台面散也。（1933年3月20、21日）

（十二）

近来承读者不弃，投到了些关于"惩膺"这一类的文字。本来在这样情势之下，自不免于愤激、兴奋、谩骂等等激烈、充满血性的文字，不过，时代越严重，压迫越厉害，在我们应处的态度，要愈坚强着忍耐，要愈努力着自己的工作。逞一击以为快，似乎不是彻底的办法。

我们承人家不弃，两次三番在"惩膺"着。我们不能说没得着人家给予我们深深的"教训"：这"教训"，似乎在军事方面尤为显著一点。

编者不学，岂甘生成自外！对于激烈，对于充满血性……愤激、谩骂、兴奋等等文字，自然表十二分同情。不过这种"热"的作用，要沉潜着，忍耐着，努力作一些检讨自己的工作，似乎比较有效一点。（1933年5月31日）

（十三）

《惜道味斋集》，为贵州姚大荣君所作。君年八十，日事丹铅，著述不辍。

本栏地盘犹嫌过小，对于来稿，不免积压，唯祈谅之。（1933年8月18日）

（十四）

近来得到几篇很应当珍秘的稿子，但我觉得并没有什么新的发现，不过时会所趋，弄一些惹人注目的东西，在这变态的社会里，容或受人们欢迎就是了。

我所收到的，有《肉蒲团考证》《金瓶梅考》《野叟曝言索隐》……其中尤以《肉蒲团考证》的作者，可谓博览群书，凡关于性的著作，在他老先生自谓，穷研殆遍。但是植之《艺圃》之中，总觉得不大妥当，只好原件退还。

在这人欲横流的变态社会里，我希望爱护《艺圃》的先生们，当您在意欲见赠佳章借光篇幅的时候，顶好您不要被时会所趋给笼罩住，因为您确定了目标，努力的方面，编者虽不能完全了解，大概是不会落选的。

在"文学"刊物上，登过了郭先生一篇《金瓶梅》的考证，编者不才，也得到了一部《金瓶梅词话》，我读了郭先生那篇东西，我觉得赅博之极，那么，关于《金瓶梅》是王元美作的……这一类的考证，我想见投大稿的先生，或者也不愿意再发表了，而同时那位郭先生，我的确不认得他是谁，但是看那篇东西，我又的确认识的。（1933年8月19日）

（十五）

排子房的工友，白布小裤褂都斑驳驳地被油墨给布满了。尤其是那位高高的鼻子的工友，他那鼻孔的两旁，腮颊的上下，那油墨反映着他那雪般的白牙，闪闪地发光。

他说："在要闻的第三四版，溃决，暗礁，辞职，合作，绝食……在第六版，杀，抢，劫，盗，参议会，死亡……这些字差不多每天必要用的。"

"甘地为什么屡次绝食？先生！"他这样问。他说："我排'甘地绝食'四字，不晓得多少次了。"

我看看他那黑眉乌嘴，我只是哭笑不得，哪还给出什么答案来！（1933年8月25日）

（十六）

很有人问：刘振卿先生的作品怎么许久不见？在最近因箱尸案弄得满城风雨，本圃为趁闹热起见，也登了一大篇名作——《箱尸案》，因之刘振卿先生的作品就中断了。我这样的回答见问者，见问者瞠目地说："在箱尸案前，何曾见有先生作品来？"那么《内务府匠作考》那一篇东西，试问除了刘先生，谁会写得那么详尽！

《流水落花》小说，已写得落花流水，不日将要归根到海。现承慎言先生特撰一篇，名曰《朱门酒肉》，取朱门酒肉臭，道有饿死骨之义。一方面要描写朱门怎样臭，一方面要描写农民怎样苦，两相对照，用以警醒高喊口号空谈爱国者。以先生生花之笔，写此有关世道之文，编者不敢自秘，特先掬以告我亲爱的读者。（1933年9月4日）

（十七）

送　岁

二十二年过得太快了，模模糊糊，糊里糊涂的明天又是廿三年的元旦了。我于此先向读者诸君："恭贺新禧！"

在过去的三百六十四日中，本圃所贡献给读者的东西，很像受了"时"疫的传染，无精打采的，只讲求敷衍，因循，对付，苟活，拉拢等等政策，弄得人头晕目眩，脑瓜子痛。不过我有自知之明，我明知我的才力，太不胜任，太不能处理这繁复错综、四通八达的《艺圃》。无如我弄到这无冕之王，我也曾煞费了些心力，巍巍乎占据了编辑者的一席，这是我有生以来最光荣的一页，而又何况每月现大洋，不折不欠，借此蓄势，借此招摇，无论怎样，于我都是有利的。笑骂由他，权利归我，借以压榨投稿穷人，谁管他弄得是东西不是！

现在，在最后的一天，这对于我有权有利的旧岁，我是要与它诀别了。新的岁方兴，我之事未艾，我感谢它，我表示十二分敬意来恭送它！（1933年12月30日）

1932年9月9日—1933年12月30日

《北平晨报·艺圃》

署名编者

读者先生

本栏目去年五月迄今，其间宝文数变，始终未臻佳境。

最近与《学园》《红绿》两主者商洽，凡是新文艺作品，请《学园》尽量容纳，凡是——这话很难说，干脆，凡是与《红绿》性质相类似之作品，请《红绿》尽量收容。本栏则专一刊布如最近所登的一类文字。如此，界划清醒，各投所嗜。

本栏遇有关于金石书画……有价值作品，亦将尽量与读者相见，读者如果肯以此一类作品见赐，本栏更格外欢迎。

1934 年 4 月 21 日
《北平晨报·艺圃》
署名闲人

怕人挑眼

我随便写一点文字，我是谨慎小心地写，但有时因为捧人，反倒招出了麻烦，这是我写文字太随便、太不经济的结果，不能说"大爷难伺候"。但是我在这十多年的经验里，它告知我的是：大人老爷容易伺候，少爷小姐最难，因为不知因何，而他们总会挑起眼来的。我根据这经验，所以在报上写文字，大有惊弓的鸟儿之势。年前（十二月二十七日）有位同乡的朋友，他邀我在《北平晨报》帮忙，我很审慎地答应他是临时的。于是我又在我从前坐的编辑室里编起来，我非常盼望早些找妥了人，我好退下去。最近他们已找妥了人，要从新的方面编辑起来，我如释重负般地不再在那里写文字，这样我除了这特别包厢^[1]外，我被人挑眼的地方，或者会减少一点？！

1937 年 1 月 6 日
《实报·漫墨》
署名闲人

真性情

我在这里写东西，再困难没有。板起面孔，过于庄重，不可；油腔滑调，过于诙谐，也不可。捧人，给人家舐屁股，我虽不惜舐到痔疮上，但是给他老人家舐疼了，倒许挨上三脚。我既不好名，肯替穷人说话，而人们不是说我沽名，就是说我发牢骚。本来我因为病不大喝酒，但是人如果灌进几盅白干酒，喝到醉醺醺的，那么，人到了这个时候，他自然把假面具揭下去，把真性情显露出来，说的话，总是言为心声，自心坎上发出来。可惜我既不敢喝酒，而我又怕把真性情的话写出来，弄得人不痛快，而我也不免于罪戾。所以我在这里写东西，真是千难万难。

1937 年 2 月 6 日
《实报·漫墨》
署名闲人

---

[1]　指在《实报》副刊《小实报》中发表《漫墨》系列文章。

不敢随便写

有人说:"你这两天的《漫墨》,太没劲儿!应当利用偏锋,写一点辣味的文字。"这话未免太重视了我这文字。本来未免生在这言论自由、文网稀松的今日,什么都可以写,什么都可以拿来作研究,这已是上天有好生之德,不把喉舌给挖掉割去的好处,您还想要看什么辣性而有劲儿的文字!那种文字,都是在"耳语者弃市"的耳语里,这如何是随便可以写得!张三的椅子坐腻了,王二大喊一声:"该咱老子玩玩了!"其实聚义厅,聚合了这些好汉,谁不是天罡星转世、地煞星临凡,借以替天行道呢?只要黑旋风不把杏黄旗砍倒,自然而然的什么事都没有,天下太平,百姓安乐寿考。又何必我用劲儿写些辣味,招人不痛快!

1937 年 3 月 6 日
《实报·漫墨》
署名闲人

"画商"之名

我对于艺术界诸前辈、诸位先生、诸位道兄,诸位正在研究者,除非至熟极稔之人,从不敢在文字上去批评。偶尔对于至熟极稔之人,用一些玩世不恭的语言,写了出来,博大家一笑,但也从未站在艺术的立场,而轻于指摘。至于恭维人,已竟因舐屁股而误撞在痔疮上,侥幸老爷没觉得太疼而生气,那我一样地照常向屁股上舐:这本是我们要笔杆应尽的天职，更用不着大惊小怪！上元节前，济南关君友声[1]来游厂肆，他站在同乡的立场，看在同道的面上，他说："您以后还是少写关于艺术的文字，您如果没有陈慎言[2]的勇气——写艺林新史等等之类，您最好是避去这些。我已竟被人呼作'双料主人'，而您这'画商'之名，自然也免掉了。"我听了这名词，觉得甚为新颖，所以把它写出来，用以自炫。

1937 年 3 月 7 日
《实报·漫墨》
署名闲人

我只是懒

我又许久未在本园[3]写稿，与其说我太忙，毋宁说我自己承认太懒。本来我居住在"状元凿井"[4]的北平城里，闹哄哄的旸台看杏、西沽看桃，崇效寺看牡丹、社稷坛看芍药，已使人懒洋洋地不愿意开口，更如何有兴趣写文章！新闻记者的生活，我幸已脱去一年，大学教授的头衔，我既迷离扑朔地辨不出左和右，因而早已躲在家里，辞"官"不做。我除掉和几位知己的朋友，谈谈天，画点画，整日价昏昏地只是思睡。不过，本报总是络绎不断地寄给我，园地的主人，似乎不好意思来催写些东西寄过去，这种劲儿，真使我兴奋，使我感愧！那我

---

[1] 关友声（1906—1970），原名关际颐，字友声，号嘤园主人，山东济南人。书画家。

[2] 陈慎言（1887—1959），室名天和阁，福建闽侯（今福州）人。作家，报刊编辑。著有《天和阁联话》《说不得》《故都秘录》等。

[3] 指上海《大公报》副刊《大公园》中发表《非厂漫话》系列文章。

[4] 原注：刘春霖状元任凿井委员长，刘居与我就近。

除掉写一些东西——马上就写去之外，难道我还有何话说？

1937 年 6 月 12 日
上海《大公报·非厂漫话》
署名于非厂

犯　瘾

有人谓我为本报写文字，嘲为犯瘾，我不敢辩。性憨直，笔后多锋芒，时触忌讳，重且得罪，纵有瘾，戒除且不遑，何敢犯！我文字书画，遇至友不吝，重其人，奉贻乞正者，初不少犹疑。本报介友为言，报主人又多年至友，论情论理，我何敢自秘。自事变来，人不以文字嘱我，我虽有瘾而莫可得而犯。今既重以友谊，则犹之乎索我书与画，我自不得不勉应雅令。无背景、无作用，求我者殷，不敢拒，亦不足拒也。当此天高气爽，秋令当时，敛锋入里，书所以过瘾者，则且言吃。谭篆卿[1]君家厨最美，但可偶一为之，不敢常。东兴楼名字既响亮，菜亦时改。丰泽园于丰与泽二字，可谓名副其实。之二者只宜做客，不便做主。春华楼淡妆浓抹，攸往咸宜，可常吃，而楼主最不欢迎我做主。至若成吉思汗料理，则安儿胡同老五，终属第一也。我之瘾乃在此而不在彼。

1938 年 10 月 17 日
《新北京报·哭之笑之随笔》
署名于非厂

---

[1] 谭祖任（1871—1943），字篆青、篆卿，广东南海人。学者、鉴赏家。其独创的谭家菜是中国的官府菜之一。

己卯开场词

　　人就怕没钱，"有钱能使鬼推磨"，那么，果真有了钱，那种得意，在人生上是多么痛快，所以开岁第一声，我就是"恭喜发财"。花子拾金和乞儿乍富，这味道虽有些不同，但是同为发财则一，何况典房子卖老婆，一旦大发其财，其为快不更足以骄人么？因为他这一发财，马上地位就变了，人对于他也是另眼看待，很足以吐一吐被人蔑弃的恶气，所以像我这穷措人，总喜以己度人而恭颂人们开岁以来大发财源。这几天很冷，我在家向火读书，我本来有一部原版初印的《品花宝鉴》，可惜被朋友久假不归。这部书很难得，后来的版本太坏，我不喜欢看，不意我在无意中又得了一部，这部书和朋友所携去的一般无二。我既畏寒，当此一元复始，万象更新的新年，我亦不敢冒昧去贺岁，坐在家里读读这部书，虽不见得凭空掉联银，使我立即发财，但是捧书度岁，也是我们书生的本色。《新北京报》的主人，为读者谋幸福，不惜工本，增加篇幅[1]，这真不愧为报人，使我也不得不放下书本，来写这篇东西。我愿自我这篇《开场词》写出之后，社会上不见有穷人，有饿殍，有贫寒求助，有因贫自尽，有……而全成了富翁，全因发财而恭喜，那么，这二十八年己卯，不更是我们努力的一个念头么？

1939 年 1 月 5 日
《新北京报·哭之笑之随笔》
署名于非厂

---

[1]　1939年1月1日该报头版刊登《本报增加篇幅启事》，其中文艺版扩大，移在第二版。副刊版发表了于非闇《恭喜发财》一文。

声明几句话

本刊自十四期始，已由我胡诌到这二十九期了。我自叹缺乏世界的艺术研究，里边所选，仍不免于偏重于本国的艺术，这是我于学识而莫可如何的。不过，这个小而又小的刊物，虽谈不上什么多大的使命，但是希望友朋们帮忙，把这艺刊使它光明些，这是本人所祷祝的。

本来在这座古城居得久了，觉得一草一木、一砖一石，都有些艺术的味道含在里面。而环顾这座城中，求一个比较完善而为纯艺术的刊物，实在还不曾看见。本刊地盘既窄，纸又不精，其难使人满意的地方，实不太少。不过，本刊自十四期以来，不曾有一篇捧角的文字、刊一幅时贤的书画，这一点我愿长远地保持着。

我因为心绪欠佳，两年来不写文字，虽至友相强，也不过略写一篇塞责。唯独对于本刊，不但是每期必写一篇，还要搜寻材料，写几段"编者志"的考证。有一次，我和管翼贤[1]先生在孙之儁[2]先生的宣布结婚的筵席曾谈起来，除了管先生他能谅解，其余只有付之"天晓得"。

我预计我所有材料，大约还可以支持二十期，若加以续得的材料，大约这二十八年度，我可以安安稳稳地度过去。那么，我这"清客串"的"玩票"，也总算是很长期的了。

我本来收藏了不少的颜料，我也曾用过一番考证的功夫，我自下

---

[1] 管翼贤（1899—1951），湖北蕲春人。报人。

[2] 孙之儁（1907—1966），原名孙信，河北藁城人。画家。

期起，打算把我考证所得，写出些来，用塞篇幅。今日此篇，就算是个楔子。

1939 年 8 月 6 日
《新北京报·艺术周刊》第 29 期
署名于非厂

吾之白开水

连日于报端写文字，颇蒙读者不弃，喻我为"白开水"，既不让热，亦不冰冷，只如冷灶上蹲一只水壶，内贮半壶已开过之白开水耳。此喻予敢不拜受。予何尝不能加些许糖而使之甜，加些许醋而使之酸，加胡椒与盐而使之辣与咸，加茶或咖啡而使之富有刺激，顾皆不如冷灶上之白开水，性既温驯，即忌食生冷者，饮之亦无大碍，特太觉平淡无"刺"耳！（刺，土语）予文素不工，非自谦，实然。唯予于书画题跋，偶然兴之所至，载一二语自以为颇有趣。辛巳画展中，予作兰花便面，写厅养兰，先君子皆经为之，予每愧不能继先志。丙子岁以后，间写兰，一尊家法。便面写茎兰一丛，间以坡石，题云："惜郑所南写兰，根不着土，今作此兰，愧先贤多矣。"窃谓此题，于白开水中，已加许多黄连叶矣！

1941 年 8 月 13 日
《新北京报·非闇漫墨·卷三》
署名于非厂

"闲人"笔名

我这"闲人"笔名,虽不同"王麻子",确是用它已二十年了。那时是在《晨报》,后来在《北平晨报》,直到"七七事变"前,还在《华北日报》《实报》用它来写东西。等到用它的资格来入宪兵队,来挨几顿"洋揍"才完。

当华北局势正在紧急,《北晨》已停刊的时候,先母曾训诫我:"不要再写东西,这是无保障的事。"煤渣胡同一游之后,我实对不起我的老母。

胜利之后,我却不曾死,而老妻却物故了。但我仍不曾写东西,偶写,也不肯用它("闲人")。胜利一年之后,据说言论自由可以有些保障了,我在本报才开始用它来写东西,但只用于《土话谈天》,其余为朋友写些不三不四的东西,仍是用我真实姓名,却不曾用它一次,这是要向朋友们郑重声明的。

1946 年 9 月 2 日
《新民报·土话谈天》
署名闲人

怜北京人

我在这八九年来,因为专心学画,懒得出门,一些故旧,也多不通闻问。去年内人患病,直到今夏,她才得到大的解脱。我虽仍居住在这北平文化城,但是离群索居疏懒已惯,承朋友们的关切,只有心感了。

昨天有位朋友见访，还承他投刺，我连说不敢当。因为我和他是极熟的朋友，且是我二十几岁时就交着他的。我们同处在沦陷中，却是不通闻问到现在。

"你画画的生意不是很好吗？干吗又挣起薪水？"他是问我编《北京人》。他仍继续说薪水阶级之苦，他并且是"留用"的雇员。闹得我只好敬烟敬茶，听他再说下去。他说："北京人太苦了，太可怜了，七七事变时的那几炮，直把北京人打入了地狱。"我马上擦着"洋火"，再敬一支烟。

我本来不大爱说话的，朋友的关切，我只得说画儿是我的生命，在这里边也可以找出窝头。不过我是"脸熟"的人，对于朋友，只要我可以勉强做得来的事，我一向是努力的。本报的主者，觉得北京人太可爱了，也太可怜了，才找到我来干这一版。我想凡是爱怜北京人的人，一定都想对《北京人》尽点力，那我又何敢后人。

朋友去后，我数数"烟头儿"，才吸了八支。

1946 年 9 月 6 日
《新民报·土话谈天》
署名闲人

《北京人》

近来接得几位投的稿，似乎对于《北京人》这个刊物[1]有些误认。《北京人》正如《小巴黎人》《南京人》那样的刊物，并不是北平过去那

---

[1] 指《新民报》副刊《北京人》栏目。

些位北京人，如何的讲排场，坐大鞍车，梳两把头。

《北京人》一切家国大事不谈，就着本地风光，说些各个角落里当前现在和过去不久一些静的动的。譬如说，我们要知道近几年来北平每夜十二时，甚至一二时，总有吹笛或敲"报君知"的瞽者串胡同。他们是干什么的？是算灵卦？已深夜了，是办案拿贼？时间又似乎早一点，又太显明了。是与梁上人作帮手？是秘密有什么买卖？是卖卜归来，顺便敲几下？

在如此北平城里，发奸擿伏不是我，我愿意找一些有趣味的东西，贡献给读者，使这个刊物，有它的个性，有它的风格，有它的味道。

1946 年 9 月 11 日
《新民报·土话谈天》
署名闲人

我用钢笔

我写东西是用钢笔，差不多有二十多年了。第一我性急，用钢笔比较快。第二我写字自幼即用紫毫，紫毫笔太贵，随便写东西太可惜。因之我总是用钢笔写文字。

最初是用"瓦特曼"笔，民国二十年才用特号派克笔，这支派克笔一直把我送进宪兵队，我才封笔。胜利之后，虽然已有五十一号派克笔，我直到史迪威噩耗传来，才又用这支秃笔写一篇文字。这期间仍用我那支地图牌的笔。

我这多少年从未用过日本墨水，就是敌伪时期，我一样是用派克和瓦特曼墨水。但是经过十年八年的时期，这墨水是会变淡的，不如我国的墨，能渗到纸里去，经过千八百年是不会变的。我因为我写的东西，自己不留稿，人家拿了去，用完之后，向纸篓一丢，就算完事。

可是我为朋友写个扇面，写个楹帖，却是用几十年以前的好墨好砚，慢慢地磨，毕恭毕敬地写，这是我的私心，希望朋友们多看几年。

1946 年 11 月 14 日
《北平日报·太平花》
署名非闇

我的笔

闲人本不想再写什么文字发表，因为我正在专门研究书画，这迟钝的脑子，只被那些"气韵生动"（六法）、"雕青嵌绿"（绘画十三科）……占据着，啃窝窝头也觉得和吃洋面馒头一个味道，至于旁的事，均如过眼烟云，随风吹散。

日前我会到了《太平花》的主人和编者，自然都是我的老朋友，至要好的朋友。他们要我再写点东西，来趁热闹，我当然无法拒绝，而也不好意思拒绝，因为在《太平花》问世的时候，我也曾憧憬着太平，写了些不三不四的东西。

特号派克自来水笔，它和我是接近二十年的伴侣，金红色的笔管，灿烂而宽大的笔头，管中的水袋，我最近才换了一个容量不称的胶囊。我想把它封起来，作为我在写文字上的一个纪念物，而不再用它。想不到现在又要吸进派克速干的墨水，再来给《太平花》写东西，而且要不断地写，它是何等的不幸！

它有一管姊妹号，就是派克的自动铅笔，这是我永不离身的东西，因为我是画花鸟草虫的，我随时见到了异卉奇葩珍禽彩蝶，我都要把它描摹下来，倒不像这管水笔，总是写稿子用。可是我既不羡慕真空管嵌宝石的派克笔，我也不羡慕那五十一号派克笔，这样，我也很对得住我的老派克笔了。那么，我只有坚牢把握着它，使它再卖卖老气力，和读者们相见。

1947 年 7 月 9 日
《北平日报·太平花》
署名非闲

敬献稿友

承稿友们不弃，赐以佳作，这不是《北京人》版值得稿友们爱护，正是《新民报》，整个的五社八报《新民报》值得稿友们爱护，并不是专专的《新民报》北平版，至于闲人，那更不敢"贪天之功以为己利"了！现在趁着打鬼的期间，特向《新民报》的稿友们陈诉几句话。

闲人二十多年前，也是投稿人，八角钱一千字（文言），很希望篇篇都刊出来，可是事实上不尽合编者的眼光，也一样丢进"敬惜字纸"篓里。好容易蒙人赏识，聘为副刊主编，我因为是投稿的出身，第一稿费不受限制，绝对公开，第二我宁可多花些时间，代添进去可以刊出的，或是代涂去免得找麻烦的，我总设法以不丢入敬惜字纸堆为原则。此次重为冯妇，承稿友们对《新民报》这样爱护，我自然一仍旧贯，轻易不肯丢弃。譬如那篇《每日一吃》，有的还不到时候（如玻璃粉、果子干之类），有的名重而做法有异，只略搁一搁再刊出去，除了非北平吃法所有者外。

关于北平各街区，我很想征求些特写的稿子。可是我除掉发表过的"花儿市"几篇，我这里还存有"花儿市"几篇，这地方又显者特多。而西郊新市区和西北城、东北城最是小百姓居住的地方，竟得不到一篇街景，更不说街景的里面。

《新民报》添辟《北京人》版，自去年九月迄今将及半年，假如一年之后，《北京人》版可以做成功一部新的北平指南，那么，这半年里我实在感觉诚惶诚恐。

《新民报》致送稿酬，数目实在太薄，时间实在太长，现在凡写有地址印鉴的，希望每月三日至五日，枉驾本社如何？

1947 年 2 月 20 日
《新民报》
署名闲人

"七七"后数日的文字

日前因为找东西，居然找到我在二十六年六七月份写东西的底稿（复写本），那是自北平《晨报》编辑下来一天后，为《华北日报》《大公报》《实报》写的第四册。这东西幸而我藏得严密，不曾烧掉，现在看起来，我那时太不自量，太不会灰色，结果自讨苦吃，几弄成大不孝。《老亲犯病》一文，是刊在七月三日《实报》第四版特栏《漫墨》的，笔名闲人。他老人家那时已七十岁，而我在"七七"开炮之后，还要写那些"不友好"的文字，固然"危行言逊"是不适于对外的。而那时也不能说理智全被感情操纵了，但究竟是为着什么？我现在见了这底稿，越发使我糊涂，竟忘了我那时跑不了。

这本底稿，至二十六年七月十六日止，自"七七"算起是十天，刊在《华北日报》的是《闲人之言》，《实报》的是《漫墨》。七八九三日的没有什么，十日《漫话》是《喝野茶》，说："喝野茶不管炮声，不相惊扰……祖胸跣足，'出车''跳马''拨炮''支士''挂角一将'，大有胜算已操，不觉屦齿折之慨。"十一日《漫墨》是《卖菜者言》，先说到关闭城门，又说卖菜的女儿还在大井村（距卢沟桥甚近），他如何在惦念。十二日《漫墨》是《卢沟桥石狮》，这篇东西写得够悲壮。前半是说战火到了石狮："……这次的炮火是不会有一些客气的……那些艺术的石狮，敌不住无情的炮火，它那些创痕，是要永远地给我们留下大纪念，这纪念和守土的长官、忠勇的将士，永永不会使人忘掉，永永地受到人们的尊敬！从前岳忠武他说：'河北视天下如珠玑，天下视河北犹四肢。人之一身，珠玑可抚，而四肢不可失。'何况这卢沟晓月，正是北平的拱卫呢！"同日《华北日报》的《闲人之言》里，题目是《也是纪念》，因为那时说卢沟桥被炮击，已毁，"这次的摧毁，虽可惜这古建筑的破坏，但是给予我们的认识、给予我们的教训、给予我们永永不忘的纪念，已建筑在那残破的卢沟桥上。供我们去吊凭，去自励……我愿意把这些伤痕，永永保存着"。十三日《漫墨》是《奸商》，这是说米面涨价的，但文里有"我们当局这种镇定，坚强不屈，真足促'友军'的反省"。这"友军"一词，大概是当时的称谓，犹之乎称"友邦"。说当局镇定，也有微词。十四日《漫墨》是《沉住气应付》，十五日《漫墨》是《没有》，十四日是讽当局，十五日是说粮商把食粮藏起不卖。《实报》至此，遂不再写东西。十六日为《华北日报》写《闲人之言》是《耍大刀》，这是描写我军夜间去"摸"——只拿大刀去偷袭。

至于上海《大公报》，在这几天里只写了三篇，《卢沟桥石狮》《听说是》《关城后》。这当然比在此地发表的，更为激昂了。但我既知道老母在堂，我跑不了，而我却写这些个"不友好"的东西，所以宪兵队游笼归来，闲人遂隐了起来。现在我这《漫墨》[1]，也就此结束。

1947 年

《一四七画报》第 15 卷第 10 期

署名于非厂

---

[1] 指1947年《一四七画报》第9期开始连载《非闇漫墨》系列文章。

序跋一束

《非厂漫墨》卷一序

年来猝遭大故，惘为神伤，哀毁悲愤，夜彻不寐。因掇拾见闻，随笔漫记，而秋窗霪雨，益助凄凉焉。丙寅八月非厂记。

1926 年 12 月 29 日
《晨报·非厂漫墨·一》
署名非厂

《非厂漫墨》卷一跋

非厂非好弄墨笔者，非厂之所为，亦无所谓笔墨，更何言乎好弄？吾之遇至奇，吾卒能安吾贫素，日营营求致斗斛之粟，足以养吾亲，虚吾家用，于吾愿为赡足，吾更不必出风头，沽己誉也。知非厂者，乃不吾审，反谓吾恃所凭借，而大弄笔墨，用以自益其声价，吾诚自愧，吾诚不敢承。吾于《晨报》，犹工厂之于商肆耳：吾之所作，一有不合，商肆即不肯顾吾，转以售诸求者，吾兢兢唯吾质量、色泽、种类、花样之绝精，俾得以售诸肆，而得吾工料之价。商肆出血本，蒐购吾货，以实其肆，以供诸求者，交易而退，各得其所，初无所谓凭借也。吾为北京一细民，吾就吾之艺而卖之，与世无争，与人无忤。人于读报之余，即其尾间，而稍一寓目，借以观吾所卖之艺，吾艺之小可者，仅博观者之一粲，或浮一小白，而一转瞬间，即可用以拂油垢、裹什物，吾之声价，乃以得入于字纸篓，为幸，不亦大可笑耶。抑吾之为此，自律极严，模糊影响之词，猥亵毁损之论，初不敢用实吾篇；即抄袭之辞，亦必确悉底蕴者，始感劳与吾供辛苦之笔墨。十年前，吾曾有笔记之作，耳闻目见，胥笔诸篇，都两巨册，友人不吾察，竟携之沪上，转署焉，吾诚自幸。盖吾本失学，不才，不能读书，为识绝浅陋，举所言，均吾之一知半解，精与专尚未足以际其涯，以非赏鉴家、非文学家，而尤非艺术家也。吾力足以养吾亲，赡吾家；吾日与青年小友嬉戏，耳闻目见，一片天机；吾退而息，从事于吾之工作，借以为吾市图书纸笔之资，审吾前此之所遭者，当知吾无事乎声价也。吾感于人之厚视吾，适吾卷已足其一，辄不揣其迂愚，书以殿之。中华民国十六年十月十九日非厂于照。

1927 年 10 月 22 日
《晨报·非厂漫墨·六三》
署名非厂

《非厂漫墨·卷二》题记

吾前草《漫墨》，幸不为都人士所深恶，吾已受宠若惊矣，唯积之久，殊少归宿，乃不得不以一二卷系之，吾非著作家，初不敢比隆卷帙也。吾多闲，吾幸生都门久，人以吾为细民，为书生，每不惜以其所藏，所闻见，昭示吾，吾取其细者，尤邈小者，笔而出之，用以实报余白，借为吾积资购图书纸墨之用。报馆用吾稿，度其宜，用刊间尾，以贡诸阅者；阅者得吾说，拉杂肤浅，缘于吾之学，莫如何也。识者倘不吝而教之，岂特幸甚。中华民国十六年十月二十四日于照识。

1927 年 10 月 29 日
《晨报·非厂漫墨卷二·一》
署名非厂

《非厂识小录》序言

非厂，一北京之细民也。幸居此人文荟萃之邦，耳目之所接，心意之所触，其足以盘旋吾脑际，挥之莫去，纵之莫弛，乃非国家之荦荦，风俗人心之伟业。吾虽自恨吾识之不广，学之不宏，而吾颇能自安于细民，营营然求吾之所以为小者。鸡鸣而起，从小儿女之后，以嬉以游，以得吾之小乐。夕阳既匿，篝灯火以从事于吾之所事。性喜钓，吾乃为之说焉。性爱兰，雅嗜鸽，吾乃又为之说焉。日以是自课，稍暇，又复从事于狂涂横抹，闭门造车，仅求自适，际此世界，亦差足豪已。日者画报主人，嘱吾随诸君子之后，而欲吾有以补余白也，要吾曰"以关于北京者为限"，夫北京吾华之首都也，有数百年之历史，有数十万之大人、先生、王公、贵介，吾一细民，将何说乎。吾于是小放吾之目光，少扩吾之心志，兢兢焉就吾之所识者实诸篇。所谓国计民生，人心风俗……者，在吾乃不能识焉。因名其篇曰《识小》。中华民国十六年十二月二十日非厂于照记。

1928 年 1 月 1 日
《北平画报》
署名于非厂

《花萼楼随笔》叙

叙曰：吾自束发受书，吾师召于我者，吾皆不克一一行之，独吾胸中浩然者，差幸尚未汩没。士生今日，宜务其大者远者，吾独敬谢不敏；吾乃戋戋焉寓情于虫鱼花鸟、书画金石，在吾，亦自笑其徒甘暴弃矣，吾曾尽吾全力以从事于培植人才，吾又曾出其余力，以倡导艺术，兀兀十余年深以不获罪戾为大幸。友朋中审吾之所好尚而为吾言之，或举其物以示之，吾之闻见乃日广，吾之性灵乃冲淡。钓鱼、灌花、读书、作画之余，辄笔而出之，投诸报末，以为读者于国计民生之外，得以借事排遣，傥亦读者所不深恶乎？十七年八月一日于照识于花萼楼。

1928 年 8 月 5 日
《新晨报·花萼楼随笔·一》
署名于非厂

《花萼楼杂缀》叙

叙曰：生今之世，辄不自揆，日以迂说腐辞，纷投各报，虽其为说，有时或为一二人所不弃，而又未尝不自勉自愧焉。唯吾之说，向不识所谓荦荦大者。吾稍读诗书，自律不敢或放，淫诐毁誉之辞，复不肯劳吾笔墨。故吾之所欲言，所恒言者，唯愚夫愚妇之所识，与夫吾所好之金石书画而已。吾幸生今世，吾尤幸而食息于北平，使吾得以成迂说。故吾之爱北平，吾之不惜日形诸笔墨者，以颇适吾性也。《北平画报》李君乐天，谓吾之说可以实《画报》，吾诚不自揆，草斯篇以应，因书于端。十七年九月十九日于照识于花萼楼。

1928 年 10 月 7 日
《北平画报》第 10 期
署名非厂

《非厂识小录》序

叙曰：非厂一小民也。小民而不识所谓大者远者，乃其分；小民而竟识所谓大者远者，且重得祸。呜呼，小民之识小，岂非宜乎！吾于是有此录。吾之录此，在吾且以为至宏且大，以吾所识者仅此。而在大人、先生、学士、贵人，则以为小之又小，吾于是则亦小之。虽然，吾生也，四肢百体，初未尝与大人、先生、学士、贵人异，即吾之心灵脑气，且已不必后于大人、先生、学士、贵人。夫安知吾之所识，在彼辈且不能识耶？然则吾之识，乃吾之分，小民而识小，宜也；非所望于大人、先生、学士、贵人也。吾之性，非如小丈夫之戚戚。吾曰即小室中，读小文字，画小卷轴，小儿女四五辈，日即吾前谈小故事，玩小嬉戏，吾之乐且不以为小。结小友数十百人，日往来于吾门，与之言小文学，谈小艺术，皆如其欲以去，小朋友亦且不以吾为小，而乐就吾以为师，吾尤乐得此。吾自居小民，凡事物之来吾前，吾皆觉其中有至理，愈么小，其理乃愈奥。所谓"到民间去"者，乃其既到，觉此间乐不思返矣，而大人、先生、学士、贵人，小之且不屑为，为之者翻以笑其小，而不知吾之所识者，乃吾之分，吾翻自识以为至宏且大焉。慎言先生来寄庐，观吾所为，以为可以披诸报末，吾窃笑慎言之自侪于小民而亦识小也，特以此录嘱襮之。十八年一月一日于照识于花蕚楼。

1929 年 1 月 5 日
《新中华报》
署名于照

《非厂笔记》

叙曰：非厂何幸！竟以其所为说，上干于大人先生之门。大人先生有显晦，非厂之笔，乃随之而作而辍，一若其笔之断续，为附丽于大人先生也者。夫人获附丽于大人先生，乃天地间至幸而无可再幸之事。某也不才，竟躬逢之，荣矣！虽然吾之说，非有所冀，以干于大人先生，而大人先生又不必以得吾说为重轻。吾殷殷以求，兢兢然笔而出之，闾里委巷，琐屑不经，在吾且不敢以上干，而人之见识者，其位之卑，且与吾等。吾之断与续，若隔岸之火，见识者之续与断，若镜中之花。吾徒留此断痕续迹，快然无累，是尤吾所引为大幸者也。今者《北平晨报》主者，辟艺术之圃，使吾续其所为说，辄不自量，又以其说就正于人之见识者。览时势之推移，独怆然而泣下，则适以自形其小，非厂岂其然乎？中华民国十九年十二月十日夜书于花萼楼。

1930 年 12 月 16 日
《北平晨报·艺圃》
署名非厂

《哭之笑之随笔》小序

予草此时，适客以八大山人画册来赏。昔张浦山谓八大山人署名，类哭之笑之。此册笔墨极精，合走兽飞禽虫鱼花木山水为册，予赏其画，因以名吾篇，非必有哭有笑，可笑可哭，不哭不笑，亦笑亦哭，时而哭时而笑，哭不得亦笑不得也。报主人要予写文字，予不获辞，随笔漫书，或文言，或白话，或庄或谐，取足供读重要新闻之余，即以破闷而已。秋丁祀孔日书于玉山砚斋。

1938 年 10 月 6 日
《新北京报·哭之笑之随笔》
署名于非厂

写在《艺术周刊》卷首

我在本周刊帮忙，已数期了。自维才短，弄得《艺术周刊》非马非牛[1]。本来在这种小米面卖到一毛多的年头，实在不好意思再谈艺术，

---

[1]　自本期由于非厂正式接手《艺术周刊》编辑。除撰写专题论文外，尚有署名"编者志"的图版注释文字。

172

何况我对于艺术又不太懂呢。不过报社要我来充数，我只好每期敷衍着写，就这样写下去，直不知要写什么，好在对于材料方面，我有存着的老陈货，虽已益显破旧，但是拿来充数，也可以聊作画饼。当代多是大艺术家，什么不曾看过！我所供给的东西，不是请大艺术家鉴赏的，而乃是使普遍的平民也有欣赏研究的机会。因此，我在过去的数期，凡是有关的，必有说明。这说明的后面，凡是有"编者志"三字的，都是我写的。我在过去帮人家干画报的时候，很注意到学理的探讨。现在这刊物，我则力求其普遍化、平民化，不专事在学理，同时对于说明，都要求其明了清晰。中国书法，是有它独立的存在，且须加以整理提倡的。所以我在接手本刊，首先即把那中外驰名的《平复帖》刊出来，假如那篇钟元常[1]《荐季直表》果不存在的话，那么，这卷《平复帖》，真可算"墨皇"了。现在我又把非三希堂本的《快雪时晴帖》印出来，并加以说明，如果要是疑三希堂非真的话，这篇东西也可算是一半真迹（详见编者志）。光明皇后麻篇写经，在唐人法书中，是多么骏整！中间加上陈老莲"何以，只因"那一联来凑趣，书法要在这小小的刊物中提倡下去，我想报价虽略涨了些，看看这几种东西，也总抵得过那一二分钱。关于刻印，也是我们固有的艺术，乱极思治，选些规规矩矩的东西出来，比较提倡狂怪，总觉得没有流弊。此外关于绘画，关于金石，关于世界的雕塑绘画，我都想先搜集些，整理它一下，作一个有统系的发表，可惜我的时间来不及，我只好逐步求其实现。

1939 年 5 月 14 日
《新北京报·艺术周刊》第 17 期
署名于非厂

[1] 钟繇（151—230），字元常。三国时期曹魏书法家、政治家。

《非闇漫墨》题记

五七年前曾为《漫墨》若干卷，植之报尾。虽所为说，迂拘不合时宜，顾以识小之我，目所见、耳所闻，衷之所蕴蓄，曷一非迂拘不合时宜！唯其然，虽我之能小合于时者，则我之为我，恐将不复为我有矣。今我自审而尚为我之所有，则赓前说为之，于读者茶余酒后，用之以为排遣，或者不甚嫌其聒聒。时宜之不合，明知之，以有我在，不恤也。

1941 年 6 月 1 日
《新北京报·非闇漫墨》
署名于非厂

《北京人》开场词

北平这地方，在我们全国中，可以说是历代建都最久（辽金元明清），不曾间断，不曾遭到破坏的一座古城。不用说什么"人文荟萃"，不用说什么"书籍识录，艺术玩好"，就是下至于"陶冶性情，顺适嗜欲"等等的玩意儿，也是形形色色，美不胜收。有人说："此地的风土人情，是上海汉口各大都市所没有的，而尤其是和善淳朴之风。"

"闲人"仍是抗战前的"闲人"，对于北平也曾经在笔头上介绍它的一个人。经过八年东洋鬼子捣乱，越觉得这块地方一切的一切，更有再认识的必要。不过我虽愿把此地认作第二故乡，但是北平的里面，只感觉它的神秘，未能多所窥知，以前所写那更是幼稚得很了。

今天换上"学徒"我来，伺候您这一场"京音大鼓"，唱得好与

"非闇漫墨" 题端

不好，请您多多原谅。将丝弦弹起来，"学徒"我就伺候您这场《北京人》[1]，就请您"上眼吧"！这是杂耍场中被人"戳活儿"[2]的大鼓妞一套刻板的开场白，末一句我是引"快手卢"（变戏法的）一句话，而把大鼓妞"请您赏下耳音"那句怪词给删节了。作为我应朋友的"戳活儿"而再和读者相见的开场词。

1946年9月1日
《新民报·土话谈天》
署名闲人

《土话谈天》开场白

土话不是我所能说的，也不是我所宜说的，尤其在这年头，你如果挂上口子"干啥仔吗""硬是要得"，起码人家要另眼看待，以为你是什么什么，走在哪儿都"吃香"。何必用这腐败不堪的《北京人》，北京土话！

不过本报主者硬要辟为一版，把北京的本地风光，似《小巴黎人》那样的介绍给读者，使您读了"司马"，读了"小组"，读了"涨价"，读了"舞弊"等等，弄得您期待澄清的贵体，头晕眼花、悲愤填膺，拿它来开胸顺气（北平一小堂特制药）、清解和肝（北平西鹤年堂最好的药）调剂调剂您的心情。

本来我们日常所说的，是官话，够不上"土"，土语和土话，若是

---

[1]　《北京人》：《新民报》副刊之一，由作者主持并发表了《土话谈天》系列文章。

[2]　戳活儿：旧时听大鼓书，选定某曲，并指定某人演唱，称为戳活儿。

运用起来，写出一篇上好文章，这在技巧等方面，都非闲人所能胜任的，何况还有伤雅不伤雅的问题。譬如现在夸功课作得好叫"棒"，球打得好的也叫"棒"，歌儿唱得好也叫"棒"，夫棒也者，象形的土话也，谓局部起兴奋作用勃然而兴也。又如"泡蘑菇"亦土话也，不动作而使对方感甚大之不快谓之"泡"，蘑菇其形也。这两句不但通行于士女之口，且有写在文字上的。闲人不敏，实在觉得有点"那个"！

1946 年 9 月 2 日
《新民报·土话谈天》
署名闲人

《非闇漫墨》题记

这《漫墨》我写了三卷发表，现在又用这名堂来写，内容或者与前三卷有些重复，但我保证文字绝不会重复。因为过去是用文言写的，现在文言太难写了，用土语（不敢称国语）来继续写下去，比较方便。三十六年元月元日非厂记。

1947 年
《一四七画报·非闇漫墨》第 9 卷第 5 期
署名于非厂

研习书画

我用毛笔

毛笔这东西，在年幼的时候，实在没有铅笔方便。但是我在八岁学习字，那时是光绪二十三年，没有铅笔，我家又是对于习字很讲究的，自然在执笔的方法，有着特别的研究，对于我期望既深，然在教授方法上，也用着基本的练习。研墨是帮助习字的，这还不算，执笔之法也是用拇、食、中三指执着，掌内要空虚虚的，这三指要实拍拍的，这样执着，不用说是写，执一会儿就觉得手酸了。但是看着祖父这样写，人们诚敬地来求写，祖父与客人在谈文谈写，耳濡目染，有时拿筷子试，有时拿笔乱写，渐渐成了习惯，写小字由这样执笔，自然而然地知道用腕在动作。写大字，自然而然地非用肘不能使转了。

我小的时候，我家全讲究习字，我叔祖我先君还讲究作画，小孩子学习字的笔，自然是硬尖水笔如"文章一品"（笔名）之类写小字，纯羊毫如"巨细"（笔名）一类写大字（那时还没有小楷羊毫一类的笔，小楷羊毫仿佛记得是由汉口酆正泰来的），但我却偷着用"乌龙水""紫兼毫""长条紫颖"（皆笔名），因为先君认为羊毫非古法，古法只有兔毫，所以我自幼年即养成用笔奢侈的习惯，用紫毫，以迄于今。

1946 年 11 月 15 日
《北平日报·太平花》
署名非闇

研 墨

我会写字，虽写不好，却是自八岁写起，一直没有间断到现在，整整五十年。我家是讲究念书的，对于子弟学习用品的供给，那不但是充足，而且是相当考究。即如用的笔砚和墨说，砚是用歙石，墨是用紫玉光，未从学写字，先要学研墨。用水匙舀上两匙水，墨是用拇、食、中三指捏着，和执笔的姿势差不多，捏着墨缓缓地研，研时不许把墨汁溢出去，也不许弄一手墨，并且不许把墨磨偏。这一研，只有打瞌睡，出恭，抓抓头，挤挤眼，弄得非常不舒服。好容易把这两匙水研浓，墨一浓，也有丝丝的香气，送入鼻孔，精神也稍好了，但是手腕只有酸痛麻木。我受这样训练，自八岁起始，至十二三岁，居然一气能研五匙水的墨了。先祖先君写对联，写匾额，写屏，写堂幅，我一面侍砚，一面看。后来养成我的习惯，每日起床盥漱之后，不管有无应写应画的东西，总是先坐在案房研上一匙墨，然后再说。我自有生以来，除了上学应考之外，在家从未用过墨盒。遇到好砚好墨，

179

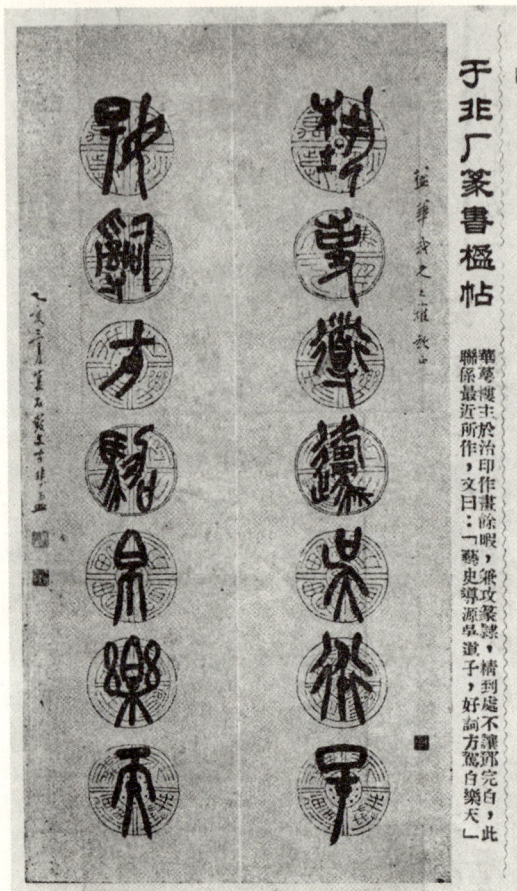

于非闇为穆蕴华篆书楹帖（1935年）

磨起来，不但是馨香满室，而且手的感觉，有"熬盘榻蜡"[1]之妙。

1946 年 11 月 16 日
《北平日报·太平花》
署名非闇

吾于治印

吾胆特大，复不自量其力，辄以一得，以就正于世之读吾说者。吾之识既小，吾之说，往往与人异，人之见责者，遂纷呈吾前，愿安承教，颇亦不敢后于人，顾仍有不敢默然以为合于心者，辄书之。吾于治印，所学极浅，刀锋笔致，尚不足以有成。此吾敢谓尚有自知之明，无容深讳。吾腕虽有鬼，而吾目实有神，美恶当前，吾一见，即立辨，不或有所疑，举以证诸人，人亦不以吾美之者为恶，吾恶之者为美也。向者，吾论治印，于浙徽诸家，以为不足学，不若就古鉨秦汉印以取之，誊诸报末，以就正于深明印学者。吾说既出，非笑乃时至，甚且诋为文妖，为狂易，吾既不文，妖何由作。新会梁任公之雅号，举以畀诸吾，吾何人斯，讵宜当此！若谓吾为狂易，吾诚然矣，盖吾人数百年来，习闻于浙徽诸派靡靡之音，一旦举黄钟大吕，闻者且却步，骇而走，吾不知积习之如此也，辄举古鉨秦汉印以为言，非狂易而何！吾往者刻"白石翁"三字朱文印，以就正于齐白石师，师谓是丁黄之精品，吾乃大耻，盖吾实无取乎丁黄，岂偶然似之耶？语

---

[1] 语出计楠《石隐砚谈》："米（南宫）赵（孟頫）诸公皆谓发墨之妙，如漆如油；又谓下岩之石发墨直如熬盘榻蜡。"

云"取法乎上，仅得乎中"，下取浙徽，不若上取周秦，此所以大胆，逞迂说者也。

1929 年 5 月 29 日
《新中华报·非厂识小录》
署名于照

学刻图章

刻印，自小即好弄刀摹仿，因为我家有几方明朝何雪渔、文三桥、胡正言和"西泠"八家丁龙泓、黄小松、赵次闲的图章，并有几部印谱。我不但能刻石头的图章，我还能刻木头的戳记，我因为用刀劈杜木，曾把左手食指斫伤，深至骨，迄今留有瘢痕，这是我十五岁时的故事。

民国十四五年，我刻印学赵㧑叔（之谦），广东颜韵伯（世清），他供给我不少赵㧑叔的材料。我家本讲求金石书画的，古印和谱录，自小习见，自遇韵伯之后，更得了不少印谱，以迄于今，可以说是存谱录，我泰半寓目，其中很有几部孤本。去自民国十五年之后，专一研究汉魏的古铜印和封泥。对于汉以前的古玺印，自认为难于学步。

自民国二十年"九一八"之后，亲老家贫，不能逃避，乃改习瘦金书，研究勾勒画法，刻印之朱文封泥，已不适于自用，于是请王福厂张樾丞诸君为我治朱文印。我所刻的朱文印，也改为融合赵松雪（孟頫）邓完白（琰）为一，以整洁圆融为尚，白文则仍由赵㧑叔上溯汉魏，单刀拟凿印，双刀拟铸印，于整齐中求瑰丽，平正中求流动，以迄卢沟事变。

我既沦陷，以艺为生，但那时刻印，动辄加一"章"字，如某某章，某某某章，概为朱文，一姓两名外加一"章"，共为四字，不许回文，千篇一律，最为讨厌。又日本人姓名，尤不愿为之奏刀，所以自民国二十七年之后，即托言目力已花，不克奏刀，把润例撤销，自是亦不留印痕，今已逾十年，只自用的刻过几方，朋友泰半方命。我刻印，初颇自视甚高，等到年岁越久，见闻越多，越觉相差太远，从此不刻，未尝不是藏拙之道。这和我画画一样，越画越觉不是，初画山水，不行；改画写意花卉，又不行；改画勾勒，加上我养虫玩鸟的所得，仍然不行。我知艺术是最难于达到上乘的，所以我曾刻了一块图章，文是"画又次之"，朋友们以为是文第一，书次之，画又次之；又说：书第一，刻印次之，画又次之。其实我自己知道自己，我是吃第一（我有"只好吃饭"一块图章），玩次之（玩花、玩鸟、玩虫、玩狗），画又次之，刻印简直谈不上。因为我到现在，活了六十岁，而我只能勉强刻白文印，朱文印，我实在没有把握，何况又生疏了这多年！

1948 年 2 月 21、23 日
《北平日报·太平花》
署名非闇

学画山水

吾学写山水，治印章，向无师承，吾每以"向壁虚构"自解于众。人之邀吾入会、结社者，吾皆敬谢。良由吾之为此，纯若乡野人之唱俚歌，辄以意倾吐其胸臆，初不计其见赏于大人先生学士贵人也。自

梦朱赵君要入会[1]，吾格格[2]，人之视吾尤村野，自审莫有得，迄于今莫敢再求教。吾与白石山翁言之，山翁辄笑哧哧也。日者，朔风凛冽，吾访山翁于寓庐。观山翁写雪图而喜其法之善，归而试之，颇有悟，吾之向壁虚构，自是乃有师，吾特作雪图以志之。此皆吾学画中之堪述者也。至治印，吾乃特向吾之壁而力构之，以保吾真焉。

1929 年 1 月 23 日
《新中华报·非厂识小录·八》
署名于照

于非厂自白

　　非厂不鬻画，承《艺林闲话》为我剖析，条列五大理由，甚盛甚盛。设再加以为读书而不鬻画，其理由适成半打。闲话先生既要我自白，则我亦何妨借此大放厥词，大吹大擂，恭谨回话也。所谓"为增润而不鬻画"，非厂实不敢承。

　　非厂画润，值已至昂，无可再增；况落落寡合如非厂者，将来又将倩谁请我出山、为我增润耶？所谓"为拒打秋风而不鬻画"者，非厂客屋，既未挂有"凡我六亲，一概要钱"之挡驾牌，则凡恭维我几句，拜上我几揖者，皆可如其意加快为之。试问闲话先生，非厂是"有求必应"者否？拙作《印概》，大体已告成功，所以不敢发表者，惧

---

[1] 赵梦朱（1892—1985），名恩熹，号明湖，堂号拂云楼。原籍河北雄县，生于北京。毕业于北京工部学堂图案科，1923 年入北京中国画学研究会，受业于金北楼，曾任评议。此指由赵梦朱介绍加入中国画学研究会。

[2] 格格：阻碍，隔阂。

被宋元印打倒耳。将来藏诸名山，传之其人。所谓"为著书而不鬻画"者，乃非事实。郑虔[1]三绝，此何等事，岂非厂所敢望者。非厂不特无此心，亦且无此壮志。至如谓非厂"为深造而不鬻画"，非厂实愧甚。非厂之成功，既不能严冬不袜，又不能使姬人缠足，浸淫于习尚之中，浮沉于风气之内，囿于所见，蔽所希闻，虽欲深造，其何能得。凡兹所述，在闲话先生为我闲话，诚可感也；然而其曰"与于君不熟"，斯真不熟矣。当非厂之始发《启事》也，心维意度，攒眉闭目，口喃喃而胸鹿鹿，若大难之来前。继而心舒意适，眉飞目畅，傲然长啸，曰为读书，不鬻画也。故径述其故，而《启事》已出。今承闲话先生之过问，述其所以为读书者，幸观览焉。非厂患穷，已历有年所，货真价实，童叟无欺，久已驰名中外。迩来居故都，觉褴褛其身，菜色其面，正乃适如其分。拙妻蠢子，糟糠成习，精美转易致疾。穷命穷身，穷家穷室，日优游涵泳于穷之中，颇亦获其穷之乐。故画之不鬻，转足以长保其乐；唯学识之穷，则实有足患者。脱长此不竞，将并其乐而亦影响之，于是毅然决然，径以鬻画之时间，为读书之工作，期之一年二年，以至无穷，终其身而已。总之，人不读书，其画总能，未为得也，故《启事》中以一"暂"字活动之。叩承闲话先生之剖析，谨唱个大肥喏曰："下下（谢）侬！下下侬！"

1931 年 1 月 26 日
《北晨画报·艺林闲话》

---

[1] 郑虔，字弱齐，郑州荥阳（今属河南）人。天宝间官广文馆博士。擅书画，当时有"郑虔（诗、书、画）三绝"之誉。唐画家。

我是白石弟子

或有从吾学画虫者，吾辄曰："不必学，不必学。"固问，若吾甚秘者，吾曰："每当悲愤无聊，戴箬笠，持竿，即山边水涯以息以钓，游其目于丰草浅水间，以与点水振羽之虫相接，且甚深，吾之悲愤愈亟，接之愈密，不期而形之，人虫俱化，浑相忘也，故能得其真。君从吾以纸笔上求之，格格且不入，所感之悲愤无聊不如吾，终无以与虫近接，则观之不真，亲之不密，无以状其静动，人当志其大者，故曰不必学也。"或曰："今世画虫者，当以何人为佳？"曰："白石齐先生最精，此外尚未见。"曰："然则子若何？"曰："我是白石弟子。"

1931 年 11 月 13 日
《北平晨报·非厂短简·三五》
署名非厂

往事皆非

我于读书刻印之余，喜学书习画，用以养心。自"九一八"之后，不觉有孤城落日之感，因之书学瘦金体，所见道君皇帝书，零缣片楮皆收之，不求似也。迻来闭门习画，收明陈洪绶画稿，临抚其枯枝寒雀，所谓悔迟之画也者，日日习之，不入时趋，别存古意，初不必求人知也。因于开岁以来，即将书画润单撤回。朋好中有知我者，遗我佳楮，索我书画，我则不妨书以瘦金，画以悔迟乞教。我曾于析津，见陈洪绶所书一联，文曰："何以至今心愈小？只因以往事皆非。"可诵也。

1936 年 2 月 18 日
《北平晨报·闲谈》
署名闲人

所谓全国美展

友人问："此次所谓全国美展，你参加多少作品？"我说："以这名儿来论，我无论作得怎样不好，我一定也努力的送去一两件，备当代大法师的法眼审察——这固然功力是一个问题，而审察的法眼，又是一个问题。但是我知道主持兼审察的大艺术家，都是曾经在法兰西鋈过金——鋈之与镀，自然也显有区别。因为这些位大艺术家，是世界的，是不拘拘于我国唐宋以来死板板的画法的。在我不过守着一两种卷册，既没有世界的知识，又不懂东西洋画法，土头土脑，墨守成规，所读又是些线装书，所书又不是汉魏六朝，这种'乡下人'所出的'土货'，不用经法眼审察，我自己也已觉得太'阿莫么'了，这我如何敢拿出去请审察？似我这样的自惭形秽，听说人数很多……"友人也嘿然不响了。

1937 年 2 月 25 日
《实报·漫墨》
署名闲人

谈　画

予于画喜写生，顾予所谓写生，非近日洋画写生之谓。予喜莳花、养鸟、笼虫，以其神搜入笔端，然后考之往籍，征之士夫，必其堪入图谱者，然后写之，非如一条王瓜，两枚茄子，就其形色而摹写也。予向不好谈画理，尤不愿于报尾闾谈予画之如何如何。近顷观某画院，学者已历周岁，而所学之贫乏，以医理言，是贫血症而兼神经衰弱也，故吾为此说。予喜养蟋蟀，予尤喜搜集关于《促织经》之书籍。冬日喜畜蝈蝈、油葫芦之属，于虫之动止喜怒哀乐……皆熟知之，所谓神也。虫之贵在形，虫之奇在色，眼如何，腿如何，翅项尾须又如何，养虫者皆应知之，所谓形也。以之入画，自然生动。翠微山后蝴蝶多瑰丽，每当新秋，予必往观，闲为童子捕捉，携之而归。观童子捉蜻蜓，因得窥其飞翔之疾徐。好泛舟，特辨蜻蜓与蜻蛉之有别。至如养鸽笼鸟，皆为于读书作字外之癖好也。予多所参证，而予之画仍未至于小成，绘画之难也如此。

1941 年 9 月 22 日
《新北京报·非闇漫墨·卷三》
署名于非厂

我之习画

国画是由写字来的。古时山字画成山形，水字画成水形，这类的例子很多，所谓书画同源也。所以习画者必先习字，不习字即不成为画家。油漆彩画的画匠人，他们是先学调颜料，描稿子的，那不是我所谈的画国画。

　　写字这种功夫，是要随绘画的功夫与年俱进的，并且欲要学画，必先习字。而习字成绩之好坏，也就是直接会影响到绘画上去的。至于读书行路这两方面，也是构成国画必要的条件。盖习字是技术方面的功夫，读书是理路方面的功夫，行路是观察方面的功夫。所谓技术，是包含着用笔用墨；所谓理路是关于题材以至于题跋款识；所谓观察是事物之写生，三者缺一不可。

　　《国民杂志》要我写这篇东西，就是说学习国画，要怎样地开始学下去。这本来不是几句话可以说得清楚的。至于昔贤巨著关于学习国画的书籍，也是如同医书一样的那么各成为一家之言，头绪纷繁，不胜其征引。我只就我习画的经过，很简单地叙述一下，作为初习绘画的一种参考。

　　我是进过学堂的，也喜欢习字，什么"天对地，雨对风，大陆对长空"的也曾对过对子，什么"仄仄平平仄，平平仄仄平"的也曾诌过诗。家里的断碑残帖和破字烂画，自幼就浸淫在这里面。先叔祖先君子都是能写能画的。我曾随祖父遍游过山东全省，曾坐过帆船，自天津至德州。这都是我在未曾学画之前所受的陶冶。

初习山水

　　我初学画山水，是用写小楷用秃了的笔画石头，画些个披麻皴折带皴的南宗画法。作参考的是一部黄尊古[1]的墨笔册子。先君子说："先要看明白《芥子园画谱》，认清了宗派。什么是正锋，什么是侧

---

[1]　黄鼎（1650—1730），字尊古，号旷亭。江苏常熟人。清代画家王原祁弟子，善画山水。

《法宋人山水》(1933年，私人收藏)

笔。"我很研究这"石分三面"，居然用笔一提一顿一厌一抹地把石头画得有凸有凹。画石之后，再去画树。画树之法，先画树干再添枝，再去点叶，初以为夹叶树不易画，后来渐渐觉得点树非秃笔不可。而五七株杂树要分出前后远近，含风宿雨，这不是一两下子就可弄成功的，而尤其草木华滋中来他一株枯木、几个枯枝，这更需要用坚卓之笔，聚精会神地来他几下。山水之境，是有平远、高远、深远的。这种景致，很需要相当的布置，有来龙，有去脉，有虚，有实，有揖让，有衬托；有时间，有风雨晦明，有朝烟，有暮霭，有坐雨，有雨余，有积雪，有雪霁；峰有主有宾，水有泉有源；题材要有寄托，要有省余不尽之味。用笔用墨要渴中求润、淡中有味、润中万毛，熟中要有生，渲染要厚而活。就这些干下去，大概有十七八年，才明了了什么是气韵生动，什么是宋人笔，什么是元四大家，什么是"文沈"[1]，什么是董文敏[2]，什么是"四王"、吴恽[3]、八大[4]、石涛。这样地学习下去，直到现在，有三十多年，还是不能成家。同时还多读了若干书，多跑了若干路，在中间还学了西洋画等，仍是无有成就。仅仅用倪云林[5]的骨子，渐江和尚[6]的面子，画一二小幅山水也不过聊自怡悦，不敢见人。

---

[1] 文沈："文"指文壁（1470—1559），字微明；"沈"指沈周（1427—1509），字启南，号石田。明代书画家。

[2] 董其昌（1555—1636），字玄宰，号思白，卒后谥"文敏"。明代书画家。

[3] 吴恽："吴"指吴历（1632—1718），字渔山，号墨井道人；"恽"指恽格（1633—1690），字寿平，号南田。清初画家。

[4] 指朱耷（1626—1705），谱名统𨨗，号雪个、八大山人等。清初画家。

[5] 倪瓒（1306或1301—1374），字元镇，号云林子。元代画家、诗人。

[6] 渐江（1610—1663），本姓江，为僧后名弘仁，字渐江。明末清初画家。

学画草虫

在秋天养蟋蟀，冬天怀蝈蝈、油葫芦，这是我很喜欢玩的。在宣统末年我从王润暄师学画草虫，王师初仅令我看古画、看生物和调制颜料。王师是以画蝈蝈得名的。他和我讲的是画花卉，讲的是养蟋蟀，是养蝈蝈，是怎样地调制颜料。我本来好玩弄这些昆虫，又加上王师的指导，我很彻底地明了蟋蟀的须，不但是触角，而且是它表示喜怒哀乐的工具。它那六足，前二足是有什么作用，是要什么颜色（《蟋蟀谱》谓之小足），中二足是有什么作用，后二足（《蟋蟀谱》谓之大腿）是有什么作用，怎样的才可以入选，同时蝈蝈、油葫芦也都明了它什么叫"长膀"，什么叫"左搭翅"。就这样干下去对于秋末的斗蟋蟀，三九的笼蝈蝈、怀油葫芦，都不算是太外行了。同时对于调制颜料，很得了王师的许多妙法。但是从师六年，始终未画过一笔草虫，而草虫的所以然，确已得诸心了。

调制颜料

我是世家，我家四世在京，虽不曾擢巍科，确都是榜上有名的。因之对于写字画画上一切用品，自易于求精。国画的工具，只有一管笔一块墨即可，并不是像画油画那样的繁复。到那时要考究起来，国画的工具，并不是如此的简单。即以墨而论，这一块墨，要浓如漆、淡似水。这浓如漆，在嘉庆道光时制的墨，就有此妙处，要是说淡起来似水（画山水尤需要），这并不是普通墨可以成功的。因为用墨要分五彩，这淡虽似水，而要有光彩有神韵的，自然非名工制成的墨不为功了。至于颜料，在画山水，本可以不用，若是画草虫，画花赤翎毛，非有比较精制一点的颜料不可，苏州的蒋思序，是以制颜料出名的。但是他是以制颜料牟利的，颜料的原料有美恶、制法有精粗，在这一

192

点上，我们欲要好的颜料，只有自寻原料，自己调制，所谓不惜工本，加细炮制，方能色泽鲜艳，历久弥精。古昔的画家，没有不是自制颜料的。我在宣统末民初从王师学艺，对于调制颜料，自有一番心得。民国元年而后，内府的颜料，不时地流落民间，我很得了不少的上等朱砂石青石绿，尤有一种红色，红中透紫、紫中透亮，原来盛以瓷瓶，签题一品红，据说是宝石所制，这都非外间所恒见的东西。至于调制的方法，我已于前年随便写了几篇东西，刊在《新北京报》上，现在不便再谈了。

改习花鸟

我是光绪己丑生人，久住北京，对于北京"没出息"的事，差不多都曾玩过。养鸟是北京一种"没出息"的事，我也好喜，养花更不谈了（拙著有《艺兰记》《豢鸽记》等单行本）。除了虱子这一类的东西，它吮我的血于我不觉不知之中，我一旦发见，必要两个指甲一挤，很脆地叫了声，使它身归那世之外，差不多一切生物我都要很精密地观察它一下，看它怎样地成长。我家有宋朝的缂丝赵子固[1]的水仙，和那不甚值钱元朝的宋元黑绢心画。画山水之外，间写几笔秋海棠、破荷叶、古木栖鸦，这不过趋时尚的一种风气，也算是应酬之作。自从张大千来北京打泡儿[2]，一唱而红，再唱而紫。我才渐渐觉悟，要自立门户，宁流于匠人，勿沾时习。在这时我才开始研究陈老莲的工笔花鸟，从而上溯宋元，专门从写生入手。所谓非三代两汉之书不敢观，非圣人之志不敢存，元以后之画，扫数不去理它。至今整整十年。我有我

---

[1] 赵孟坚（1199—1267前），字子固。南宋画家。
[2] 打泡儿（dǎpàor）：北京土语。原指京戏剧团新到一个地方试演，有观测观众是否欢迎之意。

《万岁菊》（1936年）

那些"没出息"的经验，我有我便宜的好颜料，我有我家历世所收的"黑绢心"的宋元画，而我写字的工夫，确整整四十年，无稍间断，只可惜我的"天分"不够，所以至今迄无成就也。

最后的结论

欲习国画，先要习字；已习国画，更不可不习字。

要多读书，要作诗，要多游历，要研究生物。

要明白笔的刚柔、纸的生熟、墨的浓淡、色的调制。要看画，不要临画。

1943 年 2 月

《国民杂志》第 3 卷第 2 期

署名于非厂

谈学画

有人问我学国画怎样才可以学成？我说这并不是偶然的事。我国现尚谈不到怎样帮助学艺术的人们，尤其是国画，还在唱改良。就我个人，我是遭际着上三世收藏书画的孩子，我们家讲写、讲作、讲画，我在家庭受着这样的熏陶，出学入社会，又和当代画家后近，自己唯日孜孜的学画，自懂得写字看画到现在，竟有四十多年了，现在还在研究，还在学习，还在搜集资料，还在寻觅画本，线条是我的线条了，着色是我的着色了，而构图上，还在研究怎样简净，怎样有趣味，怎样是我的构图。为了画鸟，曾自己养鸟；为了画牡丹，曾托朋友自曹州运来牡丹种起来；为了画荷花，曾在烈日下站过四小时；为了画草虫，曾自己拿着网和胶竿捕拿；至于养蟋蟀、蝈蝈、油葫芦，那更是每年必干的好玩意。听说琉璃厂有一张对我感兴趣的画，我总是设法辗转的看一下。上天津、上海，都是先看看收藏家的画或缂丝。从前还是普遍的看，后来简直"非三代两汉之书不敢观"了。以我这家庭的培育，师友的启迪，公私收藏的帮忙，社会的指导，而我又好之不倦，用工夫这么多年，究竟在国画上有什么成就，这简直是件可怜的事！更不用谈学用品的供给了，画要学成，谈何容易！

1946 年 12 月 22 日
《北平日报·太平花》
署名非闻

由封印谈起：我也封笔

北平在帝制时代，如腊月是大建，则二十日"封印"，翌年正月二十日"开印"。如系小建，则十九日"封印"，翌年正月十九日"开印"。照例是由钦天监择选吉期，颁示天下。封印之日，各部院掌印司员同僚燕饮，酬一岁之劳，这是放官假一个月的盛典。北平市面，无赖和乞丐等，都在这时，大肆活动，抢人掠物，毫无顾忌，这种恶俗，固随着帝制而消灭了。

梨园也在封印前后有封箱封台之举，封箱戏照例是硬而且整，演毕还放出火彩，扮出四大元帅，即行封箱。封台是戏院在年前不再演戏，既封，必明年元旦方才开台。

饭馆饭庄在封印后一二日，也有封灶之举，这或者是借这年终调整内部，也许是年终岁逼，生意减少，各家都忙于过年的缘故。

独窑子我不知该叫作封什么，但也是随着印而封的，而归之于

"姐儿"的身上，叫作"上车"，明年开市，又叫作"下车"。这些饮食男女娱乐，大概都是为着惹不起封了印的无赖横行，避免出乱子，才封了起来。

我从来没借着本报而自我宣传过。不过，本报的地位有限，登一广告，实在麻烦，我并不是避免什么，我由今日起，封笔大吉，暂不卖字卖画。

1947 年 1 月 4 日

《新民报·土话谈天》

署名闲人

宋元花鸟

本报读者金鲁、吴本植、李灿三君来信，信中说："您与其发牢骚，何如把您所倡导的宋元花鸟，该当从何处画起，写点出来呢？"因为三君的盛意规劝，我敬谨地接受。北平在从前研究勾勒花鸟的，只有赵梦朱先生，我在赵先生之后。但我家两世藏画，都好玩绢画，那时绢画叫"黑绢心"，不值钱，无人要，确是很好的画稿，十之五六是宋元人的东西，先祖先君物色了不少。我很见过些宋元名迹。家教对于写字督课极严，我经过两位老师，都是喜欢玩碑版字画的。那时是念经书、作文、作诗、习字，我在不知不觉之中，受到了很大的教益。

北平这地方，最容易造成国画家，名人、名画、名笔、名墨，下至于古代的颜料色墨，访求起来，都很容易。我在民国十六七年，对所谓宋元花鸟，根本一笔不会。那时画花卉的有陈师曾、金北楼、齐白石、王梦白、陈半丁、姚茫父诸人，画山水的有萧谦中、萧屋泉诸人，后来张大千来北平，画坛里更显着活跃，人才辈出，如徐燕孙、吴镜汀、胡佩衡、溥心畬、溥雪斋、惠孝同、王雪涛、刘凌沧、赵梦朱诸人，真是极北平画坛之盛。我以前也东涂西抹，却是自愧弗如。

光绪三十二年遇王润暄师学画工笔草虫兼学调制颜料。自民国二十二年之后，我家存有不少的石青石绿，我才"闭门造车"，不管合辙不合，开始学画宋人勾勒花鸟。由是一面养花养鸟，一面向各方去参考，努力在写生方面着手。即以画牡丹而论，我曾花去很大的代价，画叶画花，有时却专画牡丹枝干。北海公园静心斋前的白荷花，我曾泛舟晒太阳、冒雨去写生。颐和园谐趣园竹林里有蓝蜻蜓，池里荷花特别的花朵大，叶大，我曾住在该园里画上几天。西山的红叶，去年虽在地方不靖，我也曾冒险去画了两次。我宁可在生物方面多看多画，明清的名作，我倒不大注意了。我觉得画宋元花鸟，第一要生动，第二才是勾勒的线条，您说是不是？

1947 年 3 月 13 日

《新民报·土话谈天》

署名闲人

漫游山川

漫談

新的農　東風

中華民國十七年八月二十五日　星期六　　廈門大學國學院編輯發行

華芋薈樓隨筆

（一）

（二）

子一

登泰山

　　忆余幼登泰山，山之左有大刹，庄严华丽，倚山为殿宇台榭，今逾二十余岁，不复忆为某寺观矣。寺有大松，不甚高耸，而枝丫四张，若藏龙之探爪，荫可半亩许。下置石几数事，颇可纳凉，相传为六朝时某人所手植，当不诬也。过松折而东、而北，一小院绝精雅，屋三楹，面西筑。庭前有碑，护以雕栏，覆以亭。碑高约四尺，宽尺余，字之稍可辨者仅九字，盖李斯泰山刻词也。寺主富收藏，好书法，出所藏温凉剑见示。剑为玉质，上半色碧，下橙黄色，状如圭笏。以手扪碧色，则寒凉彻骨；扪橙色，则温暖若燠，究未审何故也。记之，以待世之格物者。

1927 年 1 月 7 日
《晨报·非厂漫墨·三》

领略塞外山川

日前随友人赴南口，借以领略塞外山川。计自京至南口、至张北，为时虽仅五日，而所益于吾者，固别饶风味也。吾恨无力遍览名山大川，吾游齐鲁，见泰岱之高，抚秦碣，想见斯翁运笔之妙；入嵩山，登鸡公山顶；南入汉皋，望长江之奔放；东游琅琊，卧蓬莱阁下，观日出；凡所见，皆印吾脑海中。吾于此行，乃别具冥想，深欲以塞外山川，搜入笔端，借以小助吾画。至南口怪石嶙峋，崩驰偃仰，为状至雄伟。群峰起伏，土石羼错，骨干多奇，绝少幽秀深蔚之致。自南口而北，若康庄，若怀来，山石峻伟，沿途巨石，怪状向人，瑰奇不敢逼视。至张北，山行尤雄，绝少林木，望之若观山形稿本然，无皴染苔点为之文。吾观此，乃不敢回忆吾中土所见，盖一华一朴为态至别也。吾因谓塞外山石，骨干雄伟，一若召人以勾摹稿本者，而石之状，尤足具昔贤所谓丑字诀也。吾曾遍游张家口，疮痍满目，唯鸦片烟室至发达，共七十余处。吾以至非其时，土产物俱未上市。吾终日行市肆中，无可持归作纪念者。于下堡某肆见一砚，百余年前端石也，以过重，不便提携，弃之。得印章七枚，皆寿山之较佳者。见两蛮夷君长印，皆最近归化出土，索值昂，愧不能致，记之于此。

1928 年 4 月 1 日

《晨报·非厂漫墨卷二·十七》

郊游之乐

　　吾性喜嬉戏，迄今莫或改易。月前集子甥辈十余人，徒步赴西郊，沿途或歌或舞，或捕昆虫，或采野卉。择林木翁郁处，团坐猜谜，小儿辈无不乐，而吾之乐乃滋永。既倦，缓步归，吾前行，儿辈之幼弱者，乃不能及，吾稍稍励之，无不奋勉，此乐有未易言者。

1928 年 8 月 12 日
《新晨报·花萼楼随笔·七》
署名于非厂

游卢沟桥

　　春间赴卢沟桥游，乘人力车，车夫年二十许，健步如飞。出阜成门，自城西迤逦西南行，时无风，日映嫩柳，作金黄色，心旷然神为之爽也。车夫不谙途径，径至莲花池，路尽力渐疲，喘息作牛吼，汗涔涔衣裤尽濡。越小岗，沙砾不能行，吾怜车夫绌于力，数下，至是遂步行至卢沟桥。车夫居西郊，数往来门头沟长辛店，彼视此仅及卢沟桥，固易为力，当其疲于力，辄为吾言往返门头沟状，一若今日之疲，乃彼始料所不及者。吾相彼躯体，硕健亦似能胜，故乘之，而不知其外强中干，未抵卢沟桥即败而已。吾特嘱勿慌，予以钱，俾果腹，俟吾归，吾遂西去。及吾游毕，经时可三句钟，度其腹已果，力或可归，吾又乘之，坚嘱无遵原路，以原路多沙砾也。自卢沟桥而东北，经大屯小屯，行愈缓，力愈不胜，吾跃下，不复乘。不数武，遇垤而车覆；不数里，越小土岗，扑地，吾助推之。始行十余里，吾乃转以车为累，思之，真堪绝倒也。息后，缓缓行，吾见春树映桃杏，红绿如画，村妇蒙蓝巾，衣浅红小衫，杂三五农夫，间立麦陇间，不禁神为之往。吾步行渐疾，吾车不能及，驻足观吾车，彳亍作蠕动。灌园辘辘，时发俚歌，均以力食，而苦乐相形，吾乃不暇为车夫悲。吾因就与言，叩其何如是颓败，彼因言昨日遇优客，得元有五角资，快极，欲大动，半日不复力于车，就流娼宿焉。比晓，度尚无以交车租，腹空空作雷鸣，勺饮无力以入口，因又来卢沟桥，利于资之丰，遂不复顾力之不胜，言际若不胜惭愧者。行近郊，吾即舍之，计此游往返才六十里，需时十时，步行且半，覆车二，跌扑四，吾上下车近六十次，可笑，亦复可怜也。

1929 年 5 月 10 日
《新晨报·花荨楼随笔·一○七》
署名于非厂

游什刹海

　　吾所居既湫隘，复西向。今秋较热，午未之后，即不得不出户，因之下半日之光阴，泰半消磨于绿荫深莽间，至可惜也。日前于天安门旁邂逅赵君梦朱，梦朱为教育家，终日忙于桃李之培植，不得暇，一旦遇，乃相将入公园，共谋所以消闲。时园中尚未有游人，徜徉于花畦翠柏间，得佳趣不少。至园北，又谋所以游观。君曰："什刹海市场虽不足游，而民间所谓豫游者，当有可观，况其地清幽，不妨一往也。"吾笑从之。既行，为吾言："其地菱藕美而廉，临河为芦棚，凭而东望，万顷莲波，使人顿爽。"滔滔然口讲指画，为兴至浓，君盖初未一履其地，君夫人昨曾游此，故君言之味滋永也。吾每岁必一至其地，今随君往，已为重游。自南门入，汗香酒气，重以叫嚣，锣鼓琅然，声动天地，热汗涔涔，心烦口渴，则唯有即芦棚而坐，啜苦茗，面莲塘，小事休息而已。吾两人鼓勇入，直薄北端，北端皆酒肉肆，轩然拓数丈为棚，列木为台垒然高，役十余人，其前列巨釜，火熊熊烹猪尾羊腿，汤深黑，肉以烹之久，发异香。沿釜布饼饵，有巨案，案头置两瓮，瓮口蒙彩布，以木盖合之，朱红斗方附瓮上，一书"闻香下马"，一书"酒国长春"。案旁有木柜，中置炉釜，釜以马口铁格为二，其一实猪骨猪皮，其一则为滚水，盖用以煮馄饨者。棚之内有坐而食者，有立而饮者，目灼灼皆注目女招待。女招待年可二十，短而扁，披发，御白色红绿之衣，鬓边斜插白兰花，两足若飞以伺应，客皆陶然醉。稍暇，口衔淡巴菰为爱情之曲，客及铺伙从而和之，驻足观者多木立。棚临茶肆，为隔仅短席，坐而望，尤历历，故茶肆座恒满，后至者皆向隅，幸吾两人来尚早，得据地以观颇亦为人羡羡妒也。少焉，疾雨骤来，一泻如注，芦棚雨泄，衣物尽濡，辍食停饮，亟谋一避。吾两人幸已播迁，得一安全地带，而东望莲塘，红莲摇曳于烟霭间，碧荷承水，若走盘珠，珠由小而积以大，大而汪然则倾盖泻，泻则复积而复泻，雨愈亟荷盖之倾泻愈数，雨缓，则荷盖若擎巨珠，久久始泻，观之使人神往。棚之制皆平，其隆然为三角者，则为避雨之棚，吾习知之，故与赵君独先据此地。而士女之来游，则十九衣履尽濡焉。雨既止，女招待又易衣，浅蓝衫，青短裙，俨然一中学生也。观者复聚，且窃语，吾与赵君步而归，入北海公园，转觉另一世界。赵君曰："是不可以不记也。"辄书之。辛未八月十七日。

1931 年 8 月 24 日
《北平晨报·艺圃》
署名非厂

天津的一角

　　我趁着照例庆祝实行休息的年假三天，"逛了一趟天津卫"。这次我虽未履城市，但是那几条租借地，赐予我不少的印象，我于是把这倏忽的观察，写了出来。

　　我于暮色苍茫中在河北那条新大陆踽踽地走起来，雪是比北平大一些，剪刀般的寒风，横吹了来，使我腰肢要挺一挺，步履要紧一紧，鼓着气，沿着笔直的路，像猫鼠般的四下视察，觉得并没有什么。不过卖肉的门前大灯笼，闪闪的光，和肉一样的能诱惑人。那些位蓝布袍青马褂的洋车夫，衬上他们那没有暖篷，灰白靠垫漆光剥落的东洋车，总是"胶皮吗，你老?"这样地喊着，而走起路来，却是安步当车，斯斯文文，带着狂喘，很不艺术。但是过了金刚桥，渐渐地觉得有一些天津化，而商埠味儿也比较着浓厚些。

　　我乘又宽润，又不拥挤，又快，又廉的电车，投止在交通旅馆，于是软绵绵颤巍巍的大铜床、温馥馥的绸被、衣橱溺盂……使我颇忆起我那三块板两支凳的木床，下面铺起草荐来，果然有一些不同。大概是因为它太温软松暖了吧，却使我不能成梦。

我在家总是七点多钟起床，生火，扫院，提篮入市。这样一觉醒来，转觉得没办法，我于是信步闲游。永安饭店时贤书画展，我是顶要观光的，马上跑了去，太早，还没有张挂。而一声一声的"胶皮""你老""吗""怎么咋"，他们总是抢着问。天津的豆腐浆是顶好不过的，我到天津，总要吃一点。那"油条卷饼"，抹上黄酱，撒些葱花，我从来是不敢领教的。我绕过了大日本租借地，我兜回来，刚刚的九点，全没见着什么，只予我以清冷和洋楼高耸遮蔽可爱的朝阳。十点以后，旅馆才渐渐地有些生气，街市上也比较热闹些，这是我太"八艺"[1]的结果。

时贤书画展，在永安饭店二楼，古的画不见得有什么出奇，但是赝品却与真迹相半，这已是难得而可贵了。时人的画，有萧谦中、胡佩衡君，都是些精品。闲人也有几幅画在那里凑热闹，我自己看看，也还不错。肚皮空了，找了一家傍在大日本租借地的小馆，和黄君子林吃起"锅贴"，不饮酒，要了一味"雀脯带铃钟"，纯粹天津菜，吃起来倒也有味。

刘宝全大鼓书词，那时多么能诱惑人！我来到天津，如何可以放过？我被诱惑了，我唯他的魔力支配了我！我早场听《关黄对刀》、晚场听《审头刺汤》，一文一武，元气淋漓，真使我过瘾。当我是"谭迷"的时候，我逃了学，我站在夹街里，领略他那甜美的味儿，我玩

---

[1] "八艺"，即"八邑"，指京东八县。自嘲为乡下人。

味，我涵泳，我咀嚼，我摹拟，我至于废寝食忘饿苦。这位鼓国霸王，在那时候已侈夺了我不少迷谭的心志，现在他老态日增，我也马齿加长。他的艺术如同王玉峰的"弦子"，已入化境，而他的气力精神，大有听一次少一次的感慨，那时我抛却了许多酬应，破工夫夜以继日地听，这或者在津戚友是肯原谅我的。

天津的市面，比北平活泛得多，而追随着包围着单套大敞车，由运秽土的车轮下拾煤矸子的，也是到处都有。不过本地的穷人谋生较易，不必定群趋于拉洋车，而街市上拉车的人，反倒是四乡的"怯八艺"[1]，故此他们的拉法，也就不大艺术，这是应该原谅的。

我在北平，鹣鹣翼翼的一对一对的情侣，是司空见惯了，以为是青年们理应如是。但是走遍了这几条"外国地"，却是很少看见，这或者是学生少的缘故？或者是未曾走到大学区，而她俩他俩都在假期里？

天津的姑娘，再阔一点的，总是满项珠宝，围起斗篷来，这与结婚的仪仗排场，同是表示着阔。天津的老爷，多半是团团的脸、肥肥的身躯、便便的大腹，这虽不能说是喝茶用大碗的缘故，但总不出心广而体胖的定律，与那吃菜要喊一声，也或者不无影响。

我自西开教堂旁小巷里出来，斗[2]地见着一片广场，由那皑白辉耀的雪光里，才见到了几株疏树、几所平房。这洋楼味儿霍地洗清了，我深深地呼吸，我顺着羊肠小道，一气走到六里台，才看见几辆带篷套的洋车，我头脑觉得清醒多了。

---

[1] "怯八艺"，即"怯八邑"，城里人嘲讽乡下人的轻薄语。
[2] 斗：同"陡"，顿时、突然。

租界的街道，自然是齐整的、规则的。但是那一些小巷，小得使人难过，它那污秽的程度，确不在北平小巷之下。

马路上的警察，穿起外国的服装，很威武地站在那里指挥。他们对待人很考究，大概对于拉洋车的，总是在他那对待规程中，认为是第四等的待遇。我望着警察，看他那红而丰腴的脸，天津包子大小的眼睛，穿起深蓝色呢制服，张起那片大领，扣上一顶黑皮帽，襟旁缀起洋的标志徽章，很像一位外国绅士，使我不寒而栗。但是他对于我，倒很谦和，我如果问他应乘什么牌电车，他指点我时，不过带一点命令式的口吻，这大概在他那规程中认为是第三等的待遇吧？

我在金刚桥那里徘徊，我听人说，于主席是位硬汉子，他的家眷就住在省府，不入租界。当中原公司楼上架起大炮，向金刚桥轰炸时，他夷然不为动，真令人佩服。我听了这话，马上挺起腰板，竖起拇指来。我顺着省府的后墙，兜了一圈，那些位武装同志，兀自监视着，目逆而送之曰："干吗的？"我也自好笑。

天津的"四扒"——扒鱼、扒鸡、扒肉、扒野鸭——做法特别很是鲜美。至"子蟹银鱼"，尤其令人陶醉。可惜假期倏忽过了，我只得别了可爱的天津，赶了回来。

1934 年 1 月 8 日
《北平晨报·艺圃》
署名闲人

踏雪

前日降了竟日的雪，我因为早晨赴鼓楼去，在这蒙蒙霏霏清峭的空气里走起来，着实有趣。午饭后，自北城回来，道经北海公园，我游兴正浓，踱进园门，沿着东岸，踏着玉屑般的路，望着才融的春水，五龙亭、琼岛春荫，都在空蒙烟雾之中，上边的天，下面的地，左右前后的亭榭林木，仿佛都预备着供我来领略欣赏，除掉斜卧池边那株古木噪着两只寒鸦，只有这飘荡的雪花，随风飞舞着，并不曾遇着一个人。出了园门，沿着文津街走回来，进入澡堂，脱衣大洗，才觉得我那敝裘破帽，都已沾满了六出花痕，湿了个淋漓尽致。这场雪，无论趁赶元宵节的小贩怎样诅咒，农家的麦收，春耕，至少也有一半把握。不过农人遇到了这场瑞雪，他们虽然表示着欣慰，但是籽种、劳力、培肥、捐税……样样压迫着、挣扎着，勉强打上一石粮米，及至运到市场，所换回的代价，至少每亩要赔一两元钱，转不如三径任荒，一条枪杆，充起丘八太爷来，觉得干个痛快。您如果认我这话为故甚其辞，您尽可问一问乡间的老农，他必然说："地价贱，人工贵，捐税重，粮价低，土匪多，谁还种这劳什子干吗!"这真可惜前天这场大雪呀!

1934 年 3 月 2 日
《北平晨报·闲谈·十五》
署名闲人

消暑

　　日前我往游泳池观光，值星期，观者无隙地。我以初次往，举目皆新，尤以敷红粉涂丹唇，随便在池北偶然泡泡大腿者为新鲜也。

　　万善殿之水心亭，为我旧游垂钓之地，殿中供奉诸神佛，金碧辉煌，现庄严法相，然而总不及门洞所崇奉之大仙爷，香火隆盛，士女焚香者络绎。

　　太庙之灰鹤，就形状鸣声已知其误，其间柏桧苍翠，枝干夭矫，新雨之后发为奇馨，若置身幽林古涧间而忘其城市中者。登正殿，暑酷尽涤，俯视金砖，为"铁展"游人擦去莹泽之砖皮不少也。

　　北海红莲最畅茂，岸旁小立，观红衣女子荡小舟，隐现于繁花茂叶中，能使人顿忘饥渴，不过"炒肉末""烧饼""小窝头"，南北统一，无分彼我，而其味同嚼也亦然。

1934 年 7 月 28 日
《北平晨报·闲谈·二二》
署名闲人

阳台看花记[1]

　　二十八日晨十时半，与朱君允夫人、穆蕴华伉俪、林仲易先生，驱车出西直门，至大觉寺赏玉兰花。时阴云四合，玉鳞烂熳，所谓"韵友自知人意好，隔帘轻解白霓裳"[2]，含苞初放，吾人此游，正恰到好处也。徘徊花下，约一句钟，摄影十余帧，犹恋恋不忍遽去。出寺直指管家岭，管家岭植杏素有名，十里燕支，于山势伏起，沙原映带中，绛雪初肥，弥望无际。过管家岭登山至七爷坟，青松翠柏，绛蕊飞辉，使人顿忘山路崎岖，困人饥渴。云渐重，春雨沾衣，已忘路之远近，归途经赵老坝子，沿途杏林，巨干绯花，衬以青石赤壤，觉管家岭不如也。午后七时始归。

1935 年 3 月 30 日
《北平晨报·艺圃》
署名闲人

---

[1]　指京西海淀阳台山。
[2]　此引明代沈周《题玉兰》诗句。

阳台看花后记

　　上月二十八日随诸友赏玉兰、红杏，出大觉寺后，沿山路行，路坑坎，石细巨间杂，履其上沙沙作响，防倾跌，俯瞰不敢平视，偶侧顾则山花笑人，照眼成彩。许仲芳夫人御平底锦鞋，至此觉底薄若纸，跨山公，徜徉绛雪林中，朱君允夫人每顾之而笑，以为于此景平添不少风趣，林君仲易鬓边斜插紫英花，相顾笑乐。管家岭产玛瑙红杏，久驰名，憩小亭下，与管家老妪谈。老妪生三女，咸嫁，无有子，所谓子息，唯恃此数百株红杏。妪言：长女嫁，山居，有军卒二，猝毙门前，女惊惧而痫，口作河间乡音，迄今数年不能愈，言下欷歔。前行径愈仄，愈高，村间小女闲立门前望，年可十二三，敷脂粉，绯红满颊，直越颧额至囟，双趺缠尖头红布鞋，不堪束缚，辄翘趾尖缓其势。结发为辫，不施油脂，风过飘拂若游丝，见两夫人装若不惯，目眈眈逆而送。此地距西直门迂回才六十里，温泉中学且矗立其间，乡农之质朴固陋尚如此。归途自高而下，雨已来，沿径唯见中法大学石界碑，邈远不可穷其垠界也。

1935 年 4 月 1 日
《北平晨报·艺圃》
署名闲人

游香山

八日随君允、仲芳、仲易、蕴华往游香山，出阜成门，过八里庄，道路视由西直门过海淀青龙桥为佳。至双清，双清者，瓮石为两泉，泉水汩汩自石隙顺流而下，水清浅。再上至森玉笏，峭壁巉岩，怪石嶙峋，于苍山黄草间得此，自觉别有洞天。出芙蓉坪，青松随山势而下，郁郁苍苍，清韵临风，寒涛数里，使人荣辱都忘。转道至碧云寺，碧云寺久不游矣，寺松虽不如戒台寺，而影摇千尺，声撼半天，如幛如屏，似幢似盖，于松已尽其态，极其妍美。君允、仲芳、仲易蹑登塔顶，予与蕴华出淡巴菰，箕踞阶下，长啸数声，心神俱畅。归途，君允、仲易指相告：塔后松柏尤奇绝，最是斜辉映落青鳞针时，声色之美，为之叫绝，而奈何闲人之不欲观也！

1935 年 4 月 10 日
《北平晨报·闲谈·八十》
署名闲人

析津宁园

　　日前偶以事赴津，与至戚游宁园[1]，宁园我未始游也。宁园位于天津总站之左，其始建在"九一八"，为高君任斿[2]任北宁路局时，由某煤矿公司负路余款数十万元所建。其时论者咸主以此款移于国防等费，独高君力排众议，因其地而布置经营之，池馆亭榭，辟为析津人士工余息游之所，故其园迄今巍然，非如徒美其名，借以吮吸小民脂膏，供"爱国"贼分肥中饱也。戚言此园经营布置，出于徐君济甫[3]一手，徐君有文纪缘起，盖在东北沦亡之后，而独不以余款救亡之用，殷殷以一憩一游是务，逸致闲情，辟此公园，其文颇难着墨。而徐君以轻

---

[1] 宁园，取诸葛武侯"宁静致远"之语，现名北宁公园。

[2] 高纪毅（1890—1963），字任斿，辽宁辽阳人。1929年3月，就任东北交通委员会副委员长兼北宁铁路局局长。

[3] 徐济甫，时任北宁铁路局秘书、改进委员会委员。

倩之笔出之，惜我未遑一读焉。予等自旁门入，曲径绵长，清漪弥望，园中胜处，端在于此。中有崇楼杰阁，楼瓦乃作惨绿色，颇以为异。比询，始知上覆非琉璃，以恒瓦覆檐，敷以色，泽以油，初成之日，碧鳞映日月，历岁时，色退油失，绿惨淡无光。是犹故宫博物院，曩日用洋朱敷楹柱，历风雨，色变退作草白，凄然满目，大有铜驼荆棘之思，转不如不涂饰之，尚存数十年前殷红色之朱砂油也。

1935 年 7 月 22 日
《北平晨报·闲谈·九六》
署名闲人

寒洞坐雨

　　星期日与友冒雨赴昆明湖。时暑蒸如洗，遥望碧漪青冈，仿佛不足以沁心脾涤燥热也。登万寿山，望西北诸峰，白云冉冉，如釜上气，皎然随风一抹而过，与黑云相撞，划然分明，映碧水，流走随漪上下，闪闪有奇光。友人约我钓鱼，值阴雨，钓无所施，废然坐龙王庙寒洞，观诸友游泳。随波上下，或俯或仰，一消夏好方法也。忽浓云自山后挟烟雾俱来，势倏疾，玉泉山顶白云，屯聚渐升腾，为浓云烟雾所掩，横扫而过，势低压，白云与浓烟不复分，昏然迷蒙。骤侵湖，雨声自远而近，湖水亦自西北而东，渐为烟雨所掩，诸人游泳水中不之顾。少焉，雨声渐淅沥，弥望烟湖，谓佛香阁尚余一抹，顿觉暑气全消。诸友私相谓："闲人年事较大，自不肯下水游泳。"而吾唯不肯下水游泳，故有得于此景者较诸君子为清晰，因记之。

1935 年 7 月 30 日
《北平晨报·闲谈·一百》
署名闲人

昆明湖

　　昆明湖是我十余岁常游的地方。碧漪漪的水，映着翠汪汪的山，沿着那条长堤，摩挲着铜牛，步上十七孔桥，在龙王庙小坐。有时在寒洞里，镇起西瓜，远望田田翠盖，浮着点点红荷：这是大堤未圈入禁地之前，西苑可以使人们领略的风景。

　　自从慈禧太后要庆贺万寿盛典，大堤圈入了禁地，万寿山的点缀增加了。我们现在到那里溜达溜达[1]，那一切的设计点缀……差不多都可以看出甲午前后衮衮诸公的那一些丘壑，而尤其是瀚苑诸人与夫如意馆的那一些"贴落"[2]，可以说千篇一律，蔚为别裁。我们坐在鱼藻轩，轩前的水，尤其在春冰已融的时候，那一种清澈到底，在北方是

---

[1]　溜达溜达（liūda liūda）：北京土语。散步，闲逛。

[2]　贴落：中国传统绘画的一种装潢方法。四边镶绫边，直接裱糊于墙壁或隔扇。

很少见的。不用说王静安要跳进去，我也很想踊身跃入，洗濯一回。大概水之可爱是如此的。皎月既升，望西南衰柳荒烟，往往将一颗心，涤得清澈透明，冷冷的物我皆忘；这又是在北平一隅，找不到的赏月之所。昆明湖活鳜鱼，是顶难得的一件宝贝。园中现在所售的，都是鱼市趸来而冒名顶替的东西。间或园中人捕出一两尾，它太娇贵了，受不了这恶浊的空气，出水即死，活泼泼的很难得。有一次，我有一位老友，他大概是很精于吃鳜鱼的。他用一根竹枝，拢弯了，套上一节木贼草，穿上小虾去捕。鱼吞虾，为竹枝支住口，轻轻地用水筒取出来，泼剌剌的，鲜美使人总嫌捕得太少。

我爱昆明湖，我不大喜欢那一些金碧辉煌的点缀。而后湖一带之风景，的确有自然的美，容日当再写出来。

1935 年 8 月 10 日
《北晨画刊》第 5 卷第 13 期
署名闲人

太液轻舟

　　在这个年头，什么也不用去谈，也不应去问，人家的屁放到你脸上，也只当作耳旁风，或者进一步要恭维他一句："您用的大概是真正地道的巴黎香水精！"如此，您或者可以免祸。也许他挑起眼来："混账！这是地道的国货真麝香。什么？你侮辱我——巴黎香水精！"唉，这是我时常得到的一点常识。在这秋风萧瑟的仲秋，我只好学学宣和时代的诗人，"是非不到钓鱼处，荣辱常随骑马人"。我泛起轻舟，跑到太液池，于那残荷败梗之中，作一些免祸的工作。

　　在上午八点钟左右，我来到了玉河桥，在那迷蒙半阴的天气，瑟瑟的秋风，由远远的水面吹拢来，使人感到仲秋的味道，是那样的爽脆。荡着小舟，持着必要的渔具，天上云翳，只映得水面上，忽地金光照眼，忽地白云射波。船触着半黄的荷梗，泼剌剌随着朝露倾荡了。在那萍藻之间，发见了待钓的鱼，它在那发见了钓饵，而迟疑的一刹那，它终于不胜饵的诱惑而吞食了。当它乍去吞饵，它未尝不在想：这是不是可食？它试吞一下，它又吐去，而那条钓饵，仍在无疑地诱惑着，它终于决定了态度，它竟自吞食了。于是竿儿轻轻地一提，这被诱惑的鱼儿，挣扎着出离了很自由的水面，入了我预置的小罟里。我虽是很喜欢这调调儿，但是我为鱼设想，我觉得像这鱼样的傻瓜，在世界上是多于过江之鲫的。那么，我也不惜多钓出几尾来。

太阳终于战胜了云翳，晴空一碧，映着绿水清波，举目看玉蝀坊[1]前熙来攘往的人们，我觉得傲然地得到了这半时闲工夫，才敢说这几句风凉话，而我毅然的一样的，同他们跑过来跑过去。南望瀛台，北望白塔，于烟尘封锁之中，冷静地矗在水中央，仿佛几经沧桑，增加不少的稳静态度，而那金流碧走，也仿佛铜驼荆棘，横添上不少的皱纹，而显示着衰颓的凄惨。

太阳总是作它那刻板的文章，渐渐地由东而转到西。水面上还余着在秋风里而竟存的黄蜻蜓，扶着败梗，在那里喘息。我驾着轻舟，慢慢地渡到了彼岸，因我无此勇气，再在瀛台玩月了。

1935 年 9 月 21 日
《北晨画刊》第 6 卷第 6 期
署名闲人

---

[1] 金鳌玉蝀坊：据《明宫史》记载："此乾明门之西也。其石梁如虹，直跨金海，通东西之往来者，曰玉河桥。有坊二，曰金鳌、曰玉蝀。万历间，每遇中元道经厂、汉经厂做法事，放河灯于此。桥之中，空约丈余，以木枋代石，亦用木栏杆。"石桥位于团城西侧的北海与中海间，现称北海大桥。

昆明玩月

　　昆明湖上的点缀，虽则在光绪甲午完成，但是以前关于人工天然的两方面，也有它相当的丘壑。我在这种"只谈风月"的念头原则之下，我已谈了一篇《太液轻舟》的风，现在我再谈谈昆湖闲眺的月吧。

　　这时间好像是乙亥之秋。八月既望，我同了一位朋友，乘坐燕京的汽车，步入颐和园。颐和园除了碧漪漪的秋水，最使我可爱的，要算进了大门迎面那块巨石，我虽不配比"米老拜石"那种的有意义，但我每次在它那左右前后，至少要瞻仰它几秒钟。至于颐年堂前那块因搬运上而有相当的历史的卧石，我看着倒不见得有什么可爱，而尤其是那上面生着的"爬山虎"，不知道使它那样生着，对于那块石头有什么意义？

　　我们到了园中寓公家里，自然，至少他们称得起有钱而又有闲。他们因为中秋节那一天风风雨雨的凄寒，他们都缩瑟着主张"吃火

226

锅"。马上开出车子，跑到正阳楼，弄他些纸般薄的羊肉片。"吃火锅"自然是正阳楼的鲜美，尤其是在那一天的凄寒，坐在鱼藻轩望着绿油油的秋水，这真是美极了！

酒与肉在肚皮里充满起来，太阳大概已行到外面地平线以下，烟锁昆明，只余着东方渐升的秋月，在湖中弄影。外面觉得暂得这一时的清静，在这种念头，那位饱经世变的月魄，想也觉得是凤毛麟角吧。

1935 年 9 月 28 日

《北晨画刊》第 6 卷第 7 期

署名闲人

逛天桥

　　连日因为天时之不正，弄得人只是头昏昏的，想着或是醉上三天，或是睡他两夜，总该会得到我所信念的那点安慰。而结果酒吃得似乎是大醉了，但是心头上总还有些不断的清醒，睡虽是辗转反侧之后，而似乎是睡着了，但是邻家的狗儿汪汪，檐前的猫儿夫夫，惊醒起来，倒赔出一身的透汗：这大有戏台上《祥梅寺》的和尚况味——撞钟也不好，擂鼓也不妙的滋味，我直不晓得我是什么心理。昨天同着两位朋友跑到天桥，天桥之感人最深，我们溜达了很一会，觉得我心里的愁苦，都随着逛天桥一天而云雾散了。那么，天桥这地方，真是我们平民，吃酒睡觉两办法以外的一个好去处！

　　附白：在某一种刊物上，有署名非厂的一篇大文，题目是《愿周作人先生能再作人也》，乃另一人，非闲人也。

1935 年 11 月 23 日

《北平晨报·闲谈》

署名闲人

宣南步月记

　　皓魄当空，在这月当头的严冬十一月，是我们无聊的人，在漆样黑的天气，砭人肌骨的朔风的古城里，仿佛举头望一望那一轮晶莹，觉得涤去了许多烦闷。前日我同着两位朋友去拜访北城一位画家，不值。我驱车绕过宣武、和平而挤出正阳门，跑到报馆，已七点多钟。我们正在举行我们五周年纪念，而一片喧声送到耳里，真是热烈。一直等到九点多钟，我一个人悄悄地进了西草厂，向东走起来，因为我粘有两撮小胡，不是青年打扮，很自然地溜溜达达步起月来。宣武门一片漆黑，步月不便。和平门火车当道，也不好通行。洋车子踪影不见，只气得我"迈开大步朝前闯"。好容易走到正阳门，那月儿总是冷冷地苦笑着，而沿途所见，多是些男女青年，向我问路。我很详细地指引他们。那月儿也就在它那一闪一闪的寒光中，现出它那清冷的光辉。

1935 年 12 月 18 日

《北平晨报·闲谈》

署名闲人

229

津埠旅行

日前以事赴津，津埠最使人注意之事，厥为各旅社之无空房间，数年来未之有也。天祁寒，为近十数年来所仅见，而人事浮沉，趁机会，赶人情，钻营奔走，蹲旅舍，有不得而见者数十日，是岂才之难？抑亦求才者之不易？故旅舍之生意乃特佳。予一日拟乘人力车，穿小巷，取其便捷。津埠雇人力车法，不宜喊"洋车"，喊洋车则拉者目为外行，索值昂。予不依其法，喊"胶皮"，车夫蜂拥至，择其如北平之壮健而伶俐者，乘之往，始也两足跺地铿然，继则步伍乱，汗喘，终则蠕蠕然时反顾，意若窃乘者之颜色。予窃笑，拉者顾愈频，安步徐行，久久始至，此犹求才者喊之不得其道也。

1936 年 1 月 21 日
《北平晨报·闲谈》
署名闲人

白云观跑驴

　　转年来，天气尚不太恶，白云观去跑驴，似乎比北海溜冰，又新鲜些。在这种年头，尤其是我们居住北平的人们，如果不趁着这冰尚未泮，冻尚未解的时候，去逛逛这些地方，只恐再要去逛，怕是白云苍狗，人事总会有变化的。城北大钟寺的钟，每年总是受着人们的瞻仰。城西的白云观，那一些老人堂中的老人，也仿佛在眉头上增加了几重皱纹。厂甸的大糖葫芦，琉璃喇叭，一个在那里仍是甜蜜得诱人，一个呜呜地吹起来，总是使人有四面楚歌之感。但是可以使人留恋的北平，它的滋味，全在这一些地方，时光如白驹过隙，这种滋味，虽在江河日下的趋势里残留着，而人事之推移，或者就此残留的余味，也许不能常常地尝着。因此我感觉白云观去跑驴，已尝过的可以再尝，未尝过的切不可不尝。

1936 年 1 月 28 日
《北平晨报·闲谈》
署名闲人

231

六郎庄

　　日前应友人召赴六郎庄，庄位海淀之西，遍植荷，绿柳垂荫，江南不啻也。友得地建小园，黄土筑墙，编茅盖屋，不事雕琢，唯宏敞。适雨稍霁，伫庄前闲眺，佛香阁辉煌在望，大好湖山，令人尤恋恋不忍舍。友谓："居此才匝月，迁之日，适两粤发通电，欲如何如何，中心已不胜其悲愤。予爱北平，尤喜海淀六郎庄一带，故以束脩所余，筑数椽于此，以为得在此居数月，则侨寓北平十余年为不负。不意甫迁之日，即得此噩耗，南岳风云，今且不知雄演至于如何，然则今日招诸君子饮薄醪，坐庭前看时雨，未必非一时之佳会也。况此地之'暂'为吾人食息饮宴，而不至于披发左衽者，吾人唯视之为'最后之一课'耳！"吾归途，寻绎友言，视路旁景物于新雨之后，尤可爱，不禁感慨书之。

1936 年 7 月 11 日
《实报·漫墨》
署名闲人

雁荡纪游

到南京去看看

这次全国美展，因为非审查不可，所以我这土头土脑开倒车的画法，不敢去请教，这理由，我已在前次声明过。前些日，很有些位好朋友和我说："所谓审查也者，是对于如何如何的，方始审一下，查一回。似乎你，可以无须乎经此手续。"我听了这话，又觉得味儿甜得要命。那么，这里边的情形，在我这已经下野而尚未敢出国考察的无冕皇帝，自不免要到那里看个究竟。因为我也是中华民国国籍之男子，我又居住在北方重镇的北京城，自然少我一人出品，好像于我这国籍有问题。所以我大胆地要上首都看看去，而同时拿了三张画，要面交给力劝我出品的朋友。于是我就在这种决定之下，跑到朋友家，告贷了些盘川[1]，搭上火车，要大逛南京。

---

[1] 盘川：旅费、路费。

到了南京

我们——张大千、方介堪——到了南京之后，街市上第一使我满意的是：电匣子[1]并无一声由广阔的街心，送进耳朵来。而拉车的艺术，确不如北平那样的伶俐。陵园的梅花，虽尚在幼稚，但是如果能够再经他三五年的话，那么，这里的梅花，因为选种好的缘故，一定很有可观的。"二届全国美展"正在拼命地审查，审查的名单，我虽已得到，但是会中人以为尚未至发表之期，那我也只好不再写下去。这次的美展，以国画中的"今画"占大部分，四尺山水中堂，而大画其飞机的，据说是岭南派，我看着倒有十多幅。

看看陋巷

我于所谓"新生活"中，除掉喜在路上吸香烟外，什么都做得到。来到首都，似乎也不见得太"那个"。不过我走起路来吸香烟，在十八次中，曾被宪兵老爷向我客气了一回。首都的营业，以旅馆饭馆为最发达，而一般僻陋的巷里，秽水横流，又加上淋淋的春雨，更觉不堪。"三一八"的纪念，此间谓之"北平民众纪念"，全市都下半旗致哀，有盛大的举行，可惜我未曾参加。周君养庵、高君奇峰、黄君宾虹……都是审查"今画"的要人，而审查金石的，有方君介堪、王君

---

[1]　电匣子：此指收音机。

福厂。我想"全国美展"的成绩,在将来一定不会错。据说:西画方面,有很多大名家未肯参加,而国画方面,也很有许多位大法家未肯出品。这里边一来是时间的短促,二来和我一样的"丑媳妇怕见公婆"?!

雁荡路中

我们坐三月十九日的夜车赶到上海,约程玉霜、陆丹林、陈波儿午餐,便中逛了趟城隍庙,买了些新青田图章。下午到了杭州,租妥小包车,在翌晨的六时,浩浩荡荡地向东瓯的雁荡进发。我们这一群人,有广东、有四川、有北京、有温州,因此我们这团体,我们称作东西南北之人。渡过了钱塘,青葱的麦垄和金黄的菜花,映着绿油油的杨柳、灼灼的桃花,这真是"到江南赶上春"了。当我们在出发前,我们很渴望的,是要看雁荡山的瀑布,而同时我们由形似而不免诙谐,于是东西南北之人,又美其名曰观瀑团,温州的方君,乃大受其嘲谑。就这样经过绍兴、曹娥、嵊州、天台、临海,渡过灵江,这时天越发黑了,雨下个不止。忽然在黑暗中,见了四位衣服一样,挂着丈八长的长竿,一字排开,立在路旁,直仿佛像电影中扮演的海盗,我们在那一刹那,只吓得心里突突地乱跳。这原来是四位渔人,他们不曾见过夜间行车的两盏明灯。我们在泽国站住了一宿,翌晨的九时,受着黄岩县长张君的招待,才到了以瀑布著名的雁荡山。

入雁荡之前

昨天说那位黄岩张县太爷，是乐清县太爷之误。当我们走进了黄岩县，那春麦长得有二尺来长，吐了碧绿的麦穗，大概麦花已经开过，而结了累累的麦实。黑色的鹦鹉鸟，成群结伙地踯躅在豆花（蚕豆）麦垄间。高大的竹树，掩映着雪白的李花。走进了山中，很仿佛春已老了，尤其是黑云翻墨隆隆的雷声。在那地方的女人，仍保持着古代的装束，头上围起青绢条，系在上衣外的裙，还缀着些很美丽的线织花纹；男人的装束，也把一条围裙紧系在衣服上。白白的粉皮墙，衬着墨黑色的屋瓦，那条弧形的屋脊，两旁翘起走龙的飞翚，这种境界，只有北宋人才画得出。南宋的马（马远）夏（夏珪）也只好画画萧山绍兴一带的烟云之景罢了。

倒插一笔

当我们由平而京之时，在京中央饭店承张善子[1]、张月寒两先生预备了车子旅舍，善子的岸然道貌，我们谁不敬仰！不过，我们一行人中，有一位五个月未尝肉味的先生，自然在需要上，不能不调剂一下。自从这位先生"刘阮到天台"之后，自京而沪，由沪而杭，自杭而温台，一路上说说笑笑，这位先生特别精神振奋，谈笑风生。虽曾被善

---

[1] 张泽（1882—1940），字善孖（一作善子），号虎痴。四川内江人。画家，张大千之二兄。

子先生严重地警告，有些不寒而栗，所幸善子正忙于美展，未暇同行，我们群居一车，自不免言不及义。何况是春天的景色，越发地撩人！谁知善子先生不惜旅费，已乘晚车赶到上海，知道我们未在上海过夜，径由杭转往雁荡山，他老先生方始放心。五月未尝肉味的先生，这一解馋不要紧，倒弄得我们都做了嫌疑犯，而平白地害了善子先生多花了京沪的来回票钱！

石梁瀑约如处女

我们到了雁荡山之后，先在雁荡山旅社休息一下，弄妥了山舆[1]，我们即开始游山。要按游程，至少须三日，方才可以窥其全貌。不过，我们既自号为观瀑团，自然除掉几处大瀑布外，我们也只好走马看花般在山舆上赏玩。雁荡的山峰俏丽，泰半由象形得名，如将军抱印、老僧接客、犀牛望月等等，都是神形毕肖的。但必须走到适当的地方，才看得出它那神似。于是在那适当的地方，立着一面字牌，写着峰名，还附一只铁制的指箭，遥指着那个山峰，这种建设，真省了多少游人的寻觅。我们的游程，是自远而近。先到西石梁，听说这地的大瀑"约如处女"，等我们走到邻近，却只听见水声，和孤悬峭壁的一座尼龛。及至山穷水尽处，回头一望，才见一条白练，自山坳一泻而下，高数十丈，觉得"约如处女"的形容，真来得曼妙。我们在此进午餐，水的清冽，得未曾有。

---

[1] 山舆：山车，代步交通工具。

雁荡铁城嶂合影，右起：谢稚柳、黄君璧、于非闇、方介堪、张大千，最左为县长
张玉麟（1937年）

雁荡大龙湫

本来雁荡山的美景，是在深秋。但是这二月（旧历，下同）中旬的景色，已足以迷人。沿路上遇到了一阵热风，这风很像中伏时的热气，土人称之为山气，吹在身上，很觉得舒服。沿路的景色，都被葱茏给罩着。茶树的新芽，已在萌发，这就是三月间平市所谓新龙井，其实是地道的温州货，真龙井，至少还得迟一个月到平。我们在山路上游玩，渐渐走入了大龙湫瀑布，自然先听到水声，走至切近，方始见到一股水，从山巅直洒下来。快近地面，变成雾縠，中间夹杂着许多水晶珠子，到得地面潭中，雪花四溅琅琅的声音，闻之使人心醉。据说："山风来时，将这股水卷起来，有十几丈高，真像龙在那里摆头剪尾。"可惜我们没福气，龙只在那里打瞌睡，一动也没动。

峰与瀑

"东南之美，固当以水胜"，这话固不仅雁荡山为然，但是雁荡山之美，水尤胜于山石，大龙湫既如彼，小龙湫也自然要记。两峰之间，中夹一股水，蔓草杂树，在那两峰点缀着，特别奇怪的是在瀑布的对面，总有一个天生的山峰，矗立云表，远远望去，似座浮图。在大龙湫的对面的叫独秀峰。真是天造地设的奇观。在独秀峰的上部，山石的皴法，很像倪云林的横文解索皴，中腰一断，忽地肥壮起来的一节，又仿佛拇指套的"班指"[1]，下面（距地还有七八丈）很有些大小的窟窿，这窟窿是太湖石般的玲珑。本来这地方，在西晋的时候，才见于载籍，我们看那山石，知道在古时，是全被海水冲没，后来陵谷变迁，才有这许多奇景。这是多么值得留恋而保护的呀！不要像东北的"窝集"（森林），我们涉足都发生困难才好！

雁荡小龙湫

　　我们穿过密密的竹林，陡地立在面前的圆柱形的孤峰，正是那有名的天柱峰。灵岩寺，就在这天柱与观音岩之间怀抱着。我们既有以前西石梁瀑、大龙湫瀑的经验，我们既发现了这天柱——怪峰，就知道这小龙湫就会发现的。果然，再经过灵岩寺，穿浓密的竹林、灼灼的桃花，已自落叶缤纷的，在我衣帽上平添了斑斑的点缀，而山茶花、杜鹃花，也正在石隙水边，含笑迎人。转过几重怪石，在窄的山坳里，发现了细雨蒙蒙的水点，再进，水声越大了，方才看到了小龙湫下部淌下银的水来。再转，小龙湫自山巅两峰之间，直泻下来。论宽大，当在大龙湫之上，不过没有大龙湫摇身剪尾之奇，于是死板板的不得不退居于"小"了。而试一回头，则天柱峰总是蠢直凝视着。

---

[1] "班指"：指"扳指"。为满族男子套于右手大拇指上之短管状饰物。

三折瀑

雁山的三瀑，既已观毕，时已日暮，回至旅社，那位乐清县张大令，已给我们预备很丰美的肴馔。我们仅具大嘴一张，捋起袖子，只有一字诀——吃。殊不知，这顿盛宴，有些"好吃难克化"，县太爷拿出些纸墨来，令我们观瀑团团长张大千画画，结果，张画两幅，我和谢稚柳、黄君璧各画一幅，时已至夜二点，这顿饭幸未停滞在肚里。翌晨六时起来，县太爷又要我们同观三折瀑去，我们欣然起行。及到了三折瀑的中下折，已经好得不得了。等到盘上山去，在石潭环绕着看到那上一折，真是和泻水银般的倒下来，回首一看，又有一孤立的山峰，在对面翘然矗立着，这瀑布并不高，而深远地一折一折地下来，淙淙的水声，真是天然的音韵。

历了春夏秋冬

本来雁山的美，就以瀑布而论，尚不止此。不过，我们还要赶回杭州去玩，苏州去看张善子的虎，匆匆别了张大令，我们马上登车，倒累得县太爷，还又送我们一程。当我们乍到了雁山，吹的是热风，开的是红杏，阴的是黑云，峦的是沉霄，热起来，总是要淌汗水，很有夏日的风光。及至我们登车，向杭州进发，吹的风变成了秋天的冷气，河里的水，流得湍急。到了天台，登杨梅岭，气候寒得又似严冬，昨夜已下了漫山的大雪，青青的修竹、灼灼的桃花，都被雪给压着，这种景色，真是千载难遇的美景。而黄金般的菜花、油绿的柳叶，到了萧山，又顿时恢复了阳春。这一逛，是值得我们大吹而特吹的。

连夜赶路中

我们行了一天，在临海住下，这时风吹得越发大，冷得像冬天，雨还是下个不住。第二日六时又走，天虽是晴了起来，而冷风儿吹得很厉害。我们过了曹娥江，经过王羲之修葺的兰亭，到得东湖，觅了一个脚划船，游起湖来。我在十六七岁时，因为在济南大明湖曾翻到水里有三次之多，一次几乎不救。这次的脚划船，我本初次尝试，而张大千先生又警告我："这船坐上去，如果稍一挪动，就有覆灭之虞。"所以游了不久，我只死板板地坐在船上，不敢动一动，心悸得了不得。来到杭州，正赶上有要人在那里，我们随便买些火腿，乘车赶回上海。在这时，我们团长又出了计策，相约不住上海，直回苏州，比至乘了京沪车，因为车票的关系，只好赶回南京。第三日上午，才到了南京。

再倒插一笔

当我们自杭州起行，直赴雁荡，看见沿公路的风景，知道这是马远、夏圭（南宋画院）笔墨所自来，而明朝的周臣、唐寅，也参考了这些天然的美景。我们到了雁荡山，看见了许多鸟，乌黑的石头，斑斑的苔点，白的像雪，碧的像松石，赤的像火；碧绿的细草，衬着微蕨红老了的密叶；斑斓的山鹧，立在疏枝，兀自望着人。这像黄居寀那幅《山鹧棘雀图》。山中的鸟，最奇的是一种黑雀，朱红的嘴爪，由那全身漆黑的羽毛衬托，愈显着红得可爱。山上的竹，有三四种，最奇的是身高四五丈，竹竿像宋龙泉窑的颜色，叶子小得才一寸二三分，枝叶的颜色，却像葵黄色的黄玉。据闻那近山的几处地方，男女间的风俗很"那个"，但我却曾去调查。所见的公厕，下面用一个大的圆缸，上有架，人坐上去，屎尿都无泛溢之虞，这很可称之为"涓滴归公"。

1937 年 3 月 17 日—4 月 15 日

《实报·漫墨》

署名闲人

天津之夜

母年高矣，而又多病，故予四五年来，未敢远游。今者"奉命差遣，概不由己"（讨渔税教师爷语），始来天津。天津租界之繁荣，虽经去年大水等等，而仍为不夜之城。每至夕阳在山，则法租界一带，人影散乱，踵趾相接，戏园影场，旅馆饭店，与夫杂耍园跳舞场，熙熙攘攘，直不知其究为谁忙。尤足记者，租界之中，无论为商店，为居户，皆采用新时间，夜已一时，尚可投刺[1]造访。以视我之夙兴夜寐者，直不知如何生活。

侯君一尘[2]在津与张寿臣[3]合作。逛天津而不涉足杂耍场，未免虚

---

[1]　刺：指名刺或名帖，即现代的名片。

[2]　侯一尘，原名侯殿奎，北京人。曾在古玩行学徒，后学相声及单弦，在沈阳、京津等地表演相声。

[3]　张寿臣（1899—1970），北京人。相声演员。

此一行。予获识侯君，君为导游天津，历半日，所见皆水后之残痕，四郊漂泊之棺木，有半浸水中者，有失盖倒竖拆散零落者。侯君为人，豪侠好义，于水灾前后，所多施为，予不敢以艺人视之。入夜，登泰康商场二楼杂耍场。时客早满，脱不先期购票，则非向隅不可。是晚有赵佩茹[1]、小蘑菇[2]、张寿臣、荣剑尘、刘宝全[3]及侯君诸人，承侯君及张寿臣、小蘑菇诸君之欢迎，特为予说《闹公堂》及《批三国》，极尽滑稽之能事，虽俗而不伤雅，可贵也。是日为张君寿臣首次登台，前因戒除鸦片曾辍演。寿臣"玩意儿[4]"颇不俗，肯自奋励，忍苦痛以除嗜好，尤可敬。赵小二君，面上有丘壑，口齿稳练，将来成就，实未可量。荣剑尘唱钱秀才故事，气清而庚，德寿山后，当推此君。鼓王刘宝全，御青袖衣，茶青色琵琶襟全身绲边背心，白绫手帕，丰神潇洒。是晚演《听琴》，漱口、擦嘴、抒袖、蘸唾，一如往昔，以七十老翁，所唱所作，皆臻化境，称之鼓王，实可无愧。

旅馆中日告满座，设不预先订妥房间，大有露宿之虞，若直入馆内，招呼茶房，"有姑娘见见"，则即有房可住，机变之中，颇堪玩味。入旅馆，雌雉横飞，特哉之叹，盖非仅二三时不得安枕矣。予事先承友用长途电话托定房间，幸得一小屋，隔室则雉集也。我辈太规矩，饮茶之外，只有淡巴菰为唯一消遣，茶役则殊未见欢迎之色。予老于行旅者也。于野雉且目之为可怜虫。前者曾为"肉价"之文，以裸其心身之苦痛，世盖有以六十许之衰翁，与十余龄之幼女夜合，而谬谓

---

[1] 赵佩茹（1914—1973），相声演员。

[2] 常宝堃（1922—1951），艺名"小蘑菇"。河北张家口人。相声演员。

[3] 刘宝全（1869—1942），字毅民，河北深县（今深州）人。京韵大鼓演员。

[4] "玩意儿"：一作"玩艺"，指技艺，技巧。

为采补，俾返老而还童者。而"肉价"之贱，乃至供过于求，谁无妻女，遭此蹂躏，痛哉痛哉！予因谓役，"茶价"几何，肉价复几何？役立现喜色，至恭，垂其手，咽唾伸颈，辄嗽两三声，笑曰："茶，三元也可，但有闻至五元或十元者。睡则自十五元起，若喜欢，多开她几元更好。"予聆已，称谢，则役面又立现不愉，两手不复垂，木然退。

1941 年 4 月 10 日
《新北京报》"社会版"
署名于非厂

画展前夕

　　晨曦甫上，自东站登车，行至速，九时余抵津，津人多在睡乡。画友数人已先一日至，睡未醒。先数日运镜框百余，蒙泰康集粹山房[1]周君殿侯[2]照料。集粹山房者，为故友黄君子林所创，向在北京琉璃厂，去年方设分号于天津泰康商场。津号三伙友均姓弓长，镜框至津，荷三君配玻璃，装画，任擦拭，揩拭玻璃最不易，不用力，不净；用力，易破损。张君拭百余，腰腿痛楚难起立，而周君两日夜未曾眠，均可感也。

　　午饭于天瑞居，价廉视北京约一半。未请客，未预展。在津展览而事先未请客、不预展者盖甚罕。此次荷诸友好帮忙，竟免此例，尤

---

[1]　指天津法租界内泰康商场二楼所设集粹山房分店。

[2]　周殿侯（1904—1990），古玩商。

可感。偕至友侯君一尘往晤各友好，金息老健旺犹昔，王伯龙潇洒不减曩岁在大美饭厅与藏园老人合影时也。侯君高足有"二蘑菇""蘑菇丁"诸君，予因笑谓："此来所携诸画友，特口北之'老蘑菇土'耳。"与侯君合摄一影。侯君慷慨义侠，具燕赵士气，而陈君友发，尤能急人之急。晚饭后，旅馆问题已解决，予得一静室，可以小舒其疲。晚赴小梨园杂耍场，鼓王刘宝全因病请假。聆半段小岚云之《活捉》。岚云唱可称能手。张寿臣、侯一尘合说《托妻献子》。此段最易伤雅，二君说来，头头是道，结语尤隽永，令人捧腹。归寓已夜午，倦极。

当予晤金息老时，曾言辛巳画会来津之诣，今记于此："会中诸友，于近两三年中，未见有放浪形骸，不近人理之举动。今年春，于孜孜研习绘画外，特置车点于习字，对于诗古文辞，亦将使之深造，总期务使避免甜俗，养成士气。此虽非一夕之功，第就正于有道，相观面善，自较易之。因之方始筹备来津，以薪教益。予本不能画，且曾误人，幸觉悟较速，未致成痼。此次诸画友之折面，其另一面，泰半为拙书，且所书皆临自右军诸帖，匪敢自炫，亦匪敢示范于诸画友，特借此以与起诸画友研求书法之兴趣耳。"

画友中有唐鸿者，为画友唐怡君之子，年十七，用笔颇圆健，将来造诣未可限也。临睡与唐鸿言立品求学之道，颇领悟。

1941 年 5 月 19 日
《新北京报》"社会版"
署名于非厂

在天津

予仍旧习，七时即起，馆侍以为"赶火车"，不，何以起床如是之早？予自笑，笑我未能随俗也。天津吃早点，有所谓"嘎吧菜"[1]者，说者以为香甜适口，予频困于胃，数十年来析津，只一尝之。天津澡堂有玉清池者，规模宏敞，当为津门之冠。据云：某君往某澡堂，恶其巾帨之污，侍役谓"君如嫌污秽，不妨自创一澡堂"。某君恚甚，遂创设此堂。予洗澡喜池塘，纵身入水，于此一泡中少得佳趣。今人浴池水清泽芬馨，腻若脂液，予反畏视，幸有淡水一冲，较为舒畅。月前来津时曾试之，今则就旅馆冲洗，去污染而已。皮鞋视京中式美值廉，吕宋烟之为舶来品者，则视京中为昂。犹忆春节于某字画棚购书，主人赠我雪茄一支，视烟为"老美女"，予心异之，亟叩以烟何来，彼

---

[1] "嘎吧菜"，即"嘎巴菜"，天津话，一般指"锅巴菜"，天津特色小吃。

谓于某宅买旧货时并买此烟两匣，以不善吸，备敬客。后询其买价，即云共用十六钞帖。予至是不得不舍弃买书而买烟矣。主人仍客气，欲赠我，予亟付念[1]元而去。今以此烟叩之津市，必钞帖五十五始能易一匣，然而吸烟一支，即烧去两元二角矣。岂不造孽！岂不罪孽！饭后赴日租界访友。去年大水余迹，在租界外犹有痕迹可寻。所寓佛照楼，为一老建筑，当洪水汜溢时，水竟奔至其门而止，楼主以为佛照所致，曾舍馒首以报天麻。此间人对于山水画，张君大千而外，极崇拜吴君湖帆，湖帆近涨笔润至二百四十元一方尺，数目惊人。不特不能以古作者相拟，即张君大千恐亦不足以相比，画道至此，唯有搁笔耳，不暇为古作者叫屈也。晚间聆小彩舞[2]大鼓，前场有小蘑菇赵佩茹之相声，特颂《逛城隍庙》一段，滑稽使人忘倦。小彩舞只聆五分钟，以路远力疲而退。此间人以某报加张为询，予愧不知；又询以杀子案事，予亦茫茫然无以为答也。

1941 年 5 月 23 日
《新北京报》"社会版"
署名于非厂

---

[1] 念：廿，即二十元。
[2] 骆玉笙（1914—2002），艺名"小彩舞"，京韵大鼓女演员。

津游识小

予今岁来津只二次，一在三月二十八日，一在五月十四日，每来必往聆刘宝全。二十八日晚，河南坠子为埋儿尽孝事；十四日晚亦然，十八日仍为埋儿故事。予三至小梨园，三遇河南坠子，均为《郭巨埋儿》，其巧一若予颇赏识此折者。予不喜河南坠子，犹之乎不喜奉天落子，匪特恶其名之不雅驯、颓丧、不吉利，其音阶腔调实刺耳，靡靡之音，无足取也。不意三至小梨园，三遇坠子，皆为埋儿，其事迹之可歌可颂，在今日固需此愚孝。顾坠子之为歌，予非仅恶其名之不雅驯、颓丧、不吉利也，奈何，奈何！

予最畏夏日来津，性畏热，喜轩敞，租界洋楼若密林，斗室止一二窗，气郁而滞，熏灼若蒸，非如北京之轩敞气舒。以事来，事毕即去，今竟寓至一来复，其苦唯天晓得耳！偕来诸画友，均久居北京，于绘事薄负时誉，咸谓法租界中虽闹热，而无林木，故气郁而不舒。

数日来所游，皆砖堆耳。其语虽嘘，使人愈忆北京，诸友中擅花鸟画者，如田君世光、俞女士致贞等，均以遍觅奇葩瑶草、异兽珍禽，足以作津游画稿者而不可得为问，予因指其地谓，此在四十年前，即所谓紫竹林者，初不甚闹热，今观其建设之速，使可惊人，商埠与都会之不同，正在乎此。

1941 年 5 月 25 日、6 月 3 日

《津市警察三日刊》

署名于非厂

济南之春

　　东华西鹊，拱卫明湖，七十二泉，各吐珠玉，历下风景之胜，诚有如四面荷花三面柳，一城山色半城湖者。予十七龄时始来此，寓学院衙中，犹忆大堂悬一联，为北平翁方纲阁学所书，联云："尔无文字休言命，我有儿孙要读书。"此联可发人深省。予学钓鱼划船始此时。自后每过此，辄宿数日。自某督为大审，予曾为文讽之，题曰《大帅大审》，大帅怒，予始不敢来济南，迄于今。

　　上月末，自津来济，寓德人石泰岩旅舍。翌晨入城，直指鹊华桥，赁小舟，沿堤行，时海棠已花，绿柳成行，于烟波荡漾中，遍游明湖之诸胜。西湖胜境，自宋已著，吾不幸生也晚，而又懒于往游，比来游，则洋楼数座，为要人之居，已大煞风景矣。北海公园，吾最喜其地，辉煌乔丽，无一些洋气，自西南角建一烟囱，只得坐漪澜堂前矣。当吾初来历下，时在光绪甲辰，及今吾复游其地，殆即赵松雪所谓"水光山色不胜悲"者也。登北极阁，遥望鹊华二山，苍翠欲滴，济南春色，于碧水澄鲜中觇之矣。饭后至曲水亭，尚多三十年旧屋宇，碧水一泓，澄可见底，水中凤尾藻，随水动荡，柔媚使人心醉。少妇即水浣衣，粉白黛绿，每于漪澜中窃窃其影。环曲水亭列肆，皆文玩字画书帖，在昔，每于饭后随先大人即亭中坐，啜苦茗，各肆携书画碑版乞鉴赏辄获珍品。今吾至其地，遍览各肆，都无瑰奇可喜之物。仅见一杯，径可三寸，高才五六分，淡描青花，双蓝圈六字款"大明嘉靖年制"，以略损而价昂，未收也。得一砚而归。

趵突泉为历下名泉之一，曲廊复道，今皆不见，所见唯人工所造数泉，不足观。途中遇杜康泉，泉临街道，以垣护之，只留驻足之地，泉水澄清，有小蟹二三横行水藻间，珍珠玉盘之喻，唯亲见者始能领略其妙耳。

济南民风悫厚，无险诈之气，于拉洋车者觇之。拉洋车以上海最为"欺生"，天津次之。天津租界，虽久居者，且不能识方向，况异乡之客。异乡客借拉车者为识途，而拉车者每以客之呼车，觇其为异乡否耳。当我初至天津时，不识途，脱帽，立若笔直，低声鞠躬而前以问值岗之巡捕，则仅曰"前边"；退而问拉车者，则洋洋然充若不闻。济南之拉车者至恭谨，每有问讯，必掬其诚以告，索价既不昂，多与钱一二分，则必称谢。至若旅舍门前之车，偶遗物车上，无虞也。

1941 年 4 月 12 日
《新北京报》"社会版"
署名于非厂

历下昼晦

　　石泰岩旅馆海棠盛开，朝日初升，倍觉顽艳。百灵鸟虽处笼中，歌声犹复激越。济南养百灵鸟，笼特高，尽三尺，遥望之，乃若玲珑之炮弹。担而行，殊有别趣。时已近巳，忽觉金光照眼，院中海棠尤娇艳，昔人高烛红妆之喻，不图于日光暗淡中见之。少焉天自南而北，渐黄，呈金色，日仅露白光，天最南最昏，渐上渐黄，映海棠叶上呈惨绿。有间，南风起，随风而昏渐及半天，鹊华诸山不可见，海棠花顿变为白，仿佛满树梨花，迎风摇曳，百灵鸟尚苦喊，声且嘶。风已撼树，黄尘蔽天，室斗暗，望海棠已落红成阵，力不能胜矣。时予腹已馁，入餐室，隔窗望，南北东西皆成暝色，灯已燃，无光。饭后，不忍再观海棠。予在历下购书，未遇佳本，得一封泥拓本。在灯前展观，聊用排遣。时尽午矣，试街前小伫，望对面列肆，电炬唯见红光，人与物咸在黑影中，与入夜电炬，迥不相侔，所谓昼晦者也。犹忆当

庚子拳匪时，予在北京，曾遇此景，惜无海棠为之点缀，此所以独成
为济南之春欤？

　　当庚子北京昼晦之年，妙峰山四月开庙，人竟以冻死闻。予因此
颇忆北京，忆吾老母，不知此狂飙亦遍及北京否？然而济南在四月二
日海棠盛开，纵奇冷，为时当甚暂。是日因昼晦而济青之车停。予以
久未来此，曾与乡老攀谈。当予幼年居此时，习见房上铺草，用代陶
瓦。其草长三尺许，茎硬如铁。每年檐前，虽经风雨，只蚀损一二寸。
询之乡老，殆即黄茅也。今唯城中居户，尚有用之者。风入夜不停，
晦如故。以指探鼻孔，皆黄尘，偶唾，含砂粒，呼吸若甚滞涩，牙合
沙沙作声，尽日吸淡巴菰以自壮。

　　当庚子昼晦之日，行者往往相撞，车自路上倒翻而下。时街中土
路高与檐齐，既晦，眼镜未大行，阖其目，目或为尘入，且眯，驱车
行，路仄而高，倒翻下乃非一见。今思之，以汽车疾驰，灯光不能及
远，路虽坦，亦懔懔然。所幸济南汽车甚少，予未见其号数有逾两个
数字者。故终日未闻有车祸。翌日天晴朗，气仍寒，百灵鸟正高歌，
一若报天色已佳者。亟披衣起，启窗视院中海棠，则已憔悴不甚矣。
宋人句云："蔷薇难比况金沙，一种风标富贵家。我有公评君记取，惜
花须惜海棠花。"吾不禁为富贵家惜也。

1941 年 4 月 25 日
《新北京报》
署名于非厂

256

懷故憶舊

萍蹤樓隨筆
（二）

于一

漫談

東風

第一屆　（二）

（六月二十四日）
濟門寺附近　前門大街雜

（本文因原報紙字跡漫漶不清，正文內容無法辨識）

百花楼主

张进之

　　百花楼主者，以半亩园，筑小屋而故高其基，自扉以内，杂植繁卉，无隙地，致碍出入。小屋无长物，桌一，榻一，书架一，四壁悬画，琳琅满目，皆花卉。中四帧为白云外史[1]写生轴，楼主视之为琼宝，楼主之所以楼于此而额之曰百花者，非真能爱花也，宝其画因而及之耳。楼主家本中资，长安居既不易，楼主遂日困。妻死，子丧，困愈甚；货其居，不足，复货其所为楼，仍不继；择其所藏画之较次者，渐售之，渐渐乃及于白云轴，不忍舍，而又有所不能；购者廉其急，故吝值而迟守之，主至不能饱，反商之，遂易以二百元。翌日，楼主竟愤郁致疾，不三日死矣。楼主名忠，字进之，姓张氏，其先豫人，主生京师，与余交最密，为书学李北海，诗亦清雅如其人，殁时年仅卅四，故昨年事也。因为友人话及，此志之。

1927 年 7 月 24 日

《晨报·非厂漫墨·四四》

署名非厂

────────────

[1] “白云外史”即恽寿平。

故友米伯川

　　故友米伯川君，精技击，尤长镖法，百步中击萤火，无不中，盖母教之也。君颇自闷，知者绝鲜，吾与君为莫逆交，久久乃得渐窥其术，君坚嘱莫告人。余交君在壬子岁春，友挟君所作墨兰，深得所南[1]遗意，一见倾心，日往来听松阁，阁多藏书，君日咿唔其中，暇则作书写兰。书摹颜平原[2]，敛锋方正近元次山[3]；画则初无师承，任意抒写，极飘舞幽洁之妙。工艺兰，启吾尤多，盖振奇士也。去岁辇听松阁藏书归故乡，途遇盗，手杀十余人，踝中弹，今春竟以伤死，年才三十六耳！惜哉！

1927 年 8 月 12 日
《晨报·非厂漫墨·四八》
署名非厂

---

[1]　郑思肖（1241—1318），字忆翁，自号所南。南宋诗人、画家。

[2]　颜真卿（709—784），曾出任平原太守，故世称颜平原。唐书法家。

[3]　元结（719—772），字次山，唐文学家。

西楼老人

　　西楼老人者，以其居之西邻于楼，因以为号也。老人与先君子交最密，时过从。老人二十丧偶，间蓄髯。夫人明慧，晓文事，与老人酬唱，同侪多艳羡。夫人殁，无出，老人矢不娶，都所唱和悼忆为《惆怅集》，手书刻之，分赠亲友戚好。老人少工举子业，困于场屋，颇郁郁。既赋悼亡，益肆其心力于文字书法。著有《西楼集》十卷，皆抑郁牢愁之作，所以鸣其不平者也。老人切慕翁覃溪[1]之为人，而颇惜其不能识邓完白[2]。其为书，皆从完白入，篆隶尤工，间及金石文，集汉晋以来帛币千余种，谓使覃溪见之，其胸次当更开拓也。吾家有老人篆书楹帖，识者谓在完上，已为人攫去矣。老人晚颇嗜酒，后竟以醉不起，其族人收其居，撵其文物以去，今已五年矣。偶于友人处见所藏泉币拓本，颇类老人物，则物之聚散，真可浮云视之也。

1927 年 8 月 29 日

《晨报·非厂漫墨·五三》

署名非厂

---

[1]　翁方纲（1733—1818），字正三，号覃溪。清代书法家、文学家、金石学家。

[2]　邓琰（1743—1805），字石如，别号完白山人。清代篆刻家、书法家。

友人退思斋

　　友人退思斋，性嗜酒，量大而少醉，进五六斤，兴尚未尽。年已六旬，健旺类三十许人，朋侪中多以节饮进，友人笑置之，意不然也。喜聚童子为戏，戚族邻里，无论识不识，散课归来，辄就友人处相与嬉戏。友人固雄于资，广庭中聚数十儿童，欢然别有天地，遍置玩具、果饵、图画，恣意玩弄。友人席地坐庭中，手杯盂，随饮随与诸童道故事。诸儿有倚者，有卧者，有歌，有笑，有相扑，有唼饮者，不之禁；其倾耳静听，无敢喧哗者，友人视之尤乐。或叩其故，则大笑，指为妄人。谓人生岂宜无酒，人生岂宜无赤子之心！当群儿毕集，喧闹聒耳之际，吾何幸而有此乐！吾觉庭中木石，犹艳羡吾之得天趣也。友人妻早卒，妾有一子，甫三龄，友人日抱就群儿戏，饮益豪。吾识友人在民国元年，十余年来交至密，启吾至多。吾知其善草书，精说文之学；吾知其曾入仕途；吾乃不能知其前究何如也。今年夏，竟归道山，临殁尚聚群儿嬉戏，是殆真能寻乐者。

1927 年 10 月 4 日

《晨报·非厂漫墨·六十》

署名非厂

吾友王述尧

吾友王君述尧，精岐黄，术多奇验，尝谓吾曰："医不能以意用药，尤不宜贪功。胆大心细，行方知圆，正医家之所有事也。自科学兴，人体之解剖日进，症结所在，洞见肺肝。西医术固真切，中医理亦玄微，细心体验，实可相发。维新者动斥中医，守故者辄訾西术，皆未能得也。况时医与名医，其为术尤有不同者乎？"君治岐黄已五世，至君，独主教席，日与小儿辈伍。课余，出其术以活人，往往遇一症，竟夜不寐，思所以拯之者。药或不稍痊，则焦灼至于废饮食。遇尤贫者，苟可以已其疾，则必择药物之较廉者代，盖真能济人者也。今不幸竟以心疾终，年才四十有三耳。吾以其言之精也，敢以贡诸读吾说者。

1927 年 11 月 7 日

《晨报·非厂漫墨卷二·三》

故友刘又山

　　山水画自分南北，宋人院体，北派为盛，自元迄今，二李将军一派，遂复无人学步。故友刘君又山，其尊人供职内廷，与画苑诸人习，乃得尽窥北派调朱敷粉、勾斫摹勒之法，所抚马伯驹《群仙上寿图》，纵七尺，横三尺五，中绘群仙，神精体态，无一同者，极为翁松禅[1]所赏识，谓在马画上，似不免推许过当耳。尚有抚李思训长卷、《蜀道纪游册》，均能直追马夏，为数百年来北派吐气不少。刘君性旷达，不守绳墨，不能世其家，竟以颓废，脱尘网去。《群仙上寿图》闻已入贾人手，李卷早付质库，吾吊君时，《蜀道纪游册》固尚在也。其尊人讳廷，字季中，某科举人。

---

[1] 翁同龢，号松禅。

与谭鑫培作蟋蟀之戏

往者与谭鑫培[1]作蟋蟀之戏。时吾年尚少，百计求一胜乃不能得，嗒然若丧。吾与友往游居庸关，出村舍，得一虫，雄伟至罕觏，非第头足胥中式也。归与角，屡胜，大喜过所望。座有某者，要吾晚餐，勉从之，比归家，吾虫已为易去，吾自是不复与人角。鑫培曾谓吾：曩获一青虫，每战必胜，将获大将军选矣；一日与人角，携置案头，及启视，虫已不翼而飞，盗窃之工，有令人莫可思议者。

1928 年 8 月 10 日

《新晨报·花萼楼随笔·五》

署名于非厂

---

[1] 谭鑫培（1847—1917），京剧艺术家，主攻老生。

谭鑫培便装照

266

颜韵伯先生

　　颜韵伯[1]先生曾与吾论治印，谓"自来印人能得朴茂之趣者，殊不多觏。丁龙泓[2]外，唯其师赵㧑叔[3]尚能以朴茂胜，近人吴昌硕齐白石亦得此中真趣，余子盖未易言"。先生富收藏，作山水花卉，规抚宋元，运笔有来历，盖收藏家画也。所藏赵㧑叔书画，多精品，非泛泛酬应之作。赵㧑叔为先生书两印于青田冻，未及刻。㧑叔归道山，先生藏之行箧，历四十年，墨脂如漆，吾特为之刻之。先生于印篆，原不甚精，故殷殷嘱吾勿失原迹。而论印特抉朴茂二字，知先生固有所得也。今夏，先生病于酒，竟不获享大年，惜哉！

1928 年 8 月 14 日
《新晨报·花萼楼随笔·九》
署名于非厂

---

[1]　颜韵伯（1873—1929），名世清，号瓢叟，广东连平人。书画鉴藏家。
[2]　丁敬（1695—1765），别号龙泓山人。清代书画家、篆刻家。
[3]　赵之谦（1829—1884），字㧑（huī）叔。清代书画家、篆刻家。

干山守,六十開府
于歸田。〕

「康熙秀才,雍正
「乾隆進士。〕翁罩

于非厂治印

文為:「一瓢道人」
,于君近為順頵伯先
生作。下三方為邊歀

士。〕此與襄南海
若干年,行路若干
地歷若干國
‥‥‥‥‥

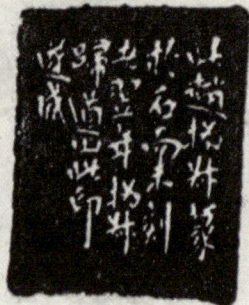

于非闇治印"一瓢道人"及边款

268

山窟遇翁

友以其遇类小说告吾者，吾欣吾友之有得也，辄书其所遇。泰安山岳绵亘，多幽邃，当吾往游，尽数日力而未即其深；固不仅泰岳已也。当直鲁联军尚据守徐州时，吾友率两团健儿驻泰安，友固通辞翰，入军乃在数年前，时友赋悼亡，弃其家，只身入济南投军，数遇内讧，累擢至旅长。既来泰安，内讧尚未烈，多暇，辄携两健者出城东门，迤逦游山麓，兴酣，三人踞岩息，遥望红绡人跨黑卫[1]。一人持策护之，行山谷间，蹄嘚嘚与山谷相应答。友自念铁骑所至，村里久为墟，岂深山穷谷间，真有避秦者耶？促健者觅径穷其所。时日将暮，斜晖映山林，反视作胭脂色，山坳树末，白雾冉冉，自审为时宴，不如归，而嘚嘚之来，有不能恝然置者。随之行，山石上下，两健者且疲，而

---

[1] 黑卫：黑驴。

策者怡然履熟径。天已暮,白云自岫出,映山谷,尚不黑,趋行三里许,得一涧,水淙淙然,响特冽。万木参天,昏黑不能自见其掌。三人携手行坑坎中,几仆,循蹄声行,候间,透灯光,蹄声止,三人亦止而觇其异,则茅舍数间,颓垣半壁立,黑卫已系楹间矣。三人潜入,立甫定,骤闻屋中呵曰:"止!勿前!"灯光息,三人为所扑,皆仆地,缚之,莫可动。灯明,老翁年六十许,提两健者置之屋,反身提吾友,若携婴儿。事已,翁乃不复言,入内室,少间,鼾声作矣。两健者力挣,弗可脱,友嘱静俟,观彼将若何。时天近初夏,山宅尚薄寒。友与健者故闲话,以消夜。顾长夜漫漫,缚手足,生死不可知,话乃时不续;而鼾声之来,若慰其岑寂者。健者不复耐,复力挣,无少动。大呼翁,翁醒,秉烛出。健者固山左人,吐其音,翁诘所自,具以告。翁意少解,解其缚,俾三人坐,而三人所挟铳,已早为人取去矣。

当张怀芝[1]长吾鲁时,其麾下有所谓铁头将军者,绾一旅之众,随军役两湖,值内讧,战功为侪辈冠,卒殁于军,是即翁之子,翁为三人言,未尝不泪涔涔下也。翁有子三,次隶李纪才,生死莫能知;三随吴将军战殁山海关。翁因言吾乡人皆视军功如拾芥,补习掷头颅以赴之。十余年来,吾乡人之强者,殆皆为内讧所戕贼,即吾辛辛苦苦养育抚抱二十余年之不肖子,亦皆随其军之功以俱殁。而吾六十许人,尚须抚其遗孤,避兵山窟也。三君皆有为者,胡乃甘为牺牲而不悟,而翻欲欺山野之人乎?吾念吾三儿之死,不忍重伤,吾辈独不思荒陬野窟中,老与弱所恃以相依为命者,固不可欺也。友力辨,且谓见状有所疑,故特踪迹,无他意。翁乃谓红绡人为其女孙,其母前年

---

[1] 张怀芝(1862—1933),字子志,山东东阿人。北洋直系军阀。

殁，女颇得欢。时天已大明，友请去。翁亦以铳还之。翁王其姓，得禄其名也。及徐州不能守，临城相继失，友见联军将骄侈，士莫有斗志，思翁言，欲脱身以远害。会奉檄援某城，被创几为俘，杂民间逃诣翁所，翁为裹治，创平认翁作假父，代操作，女亦不避，盖一好女子也。翁幼年喜技击，长为东山猎户长，三子亦得父传，故有战功而殁。女年十七，工女红，友疑曩日扑而缚者为女，女为道翁长，坚嘱勿言，盖翁自失子，绝口不谈技击术焉。友在翁家三阅月，颇能安耕稼事，有诗自纪其事，而辄题其集，曰《梁父吟》云。

非厂曰：吾友本世家子，其先人且两长度支[1]。友负奇才，为文喜桐城姚氏说。年弱冠，得佳偶，唱和至乐。会疫作，竟日失二子，妇亦殁，友乃愤而亡命。由役卒累擢至旅长，此世人之所荣，而吾友之所自豪也。乃山窟遇翁，某城被创，卒悟战功之不可恃，而肯保其残躯也。是岂求生害仁者哉！友来告，已货其产，挟资往事翁。吾喜吾友之有所得也，为写《泰岳乔松图》赠之。友名松寿，字介泉，满洲人。

1929 年 1 月 8、9 日
《新晨报·花萼楼随笔·八十、八十一》
署名于非厂

---

[1]　度支：官署名，掌官全国财政收支。

车夫李全禄

　　邻友以力于车者，年二十许，修体，人咸以大人呼之，彼亦安然不为怪也。住小屋，母四旬余，瘫不能动，大人以其力养之，无倦容。溲矢浣涤，市饼货饵，一以身任，而以其余力于车。车非所能有，日出五十钱以为资。母病复时剧，日侍侧而夜出，归必以物奉母，母辄泣，恨不即死以轻子，大人慰之。一日，大人归，欣然喜。大人自母病，初未尝见此也。以车还主人，持巨捆奉母，母且泣。大人告母：遇乘客，喜吾驰之急，闲话及母病，客言曾患此，唯服同仁堂虎骨酒即膏可愈。吾告客，已闻人言此，限于力，不能致。客亦怆然，命吾便道至药肆。吾窃喜，不能禁吾足之稍缓。客出钱为吾市此，且嘱吾藏车厢，虑为人误以窃。复赐吾多资，吾乃叩谢而求其里居，客竟拂袖去。此巨捆为酒，膏两帖，可互易之。母感泣，匍匐败絮中，喃喃不知作何语。大人侍药毕，腹作雷鸣，执枯饼啖之。母执大人手，坚

272

嘱无自苦,出所市饵,薄而使食之。大人且啖粗粝,市饼饵皆奉母,先食仅此也。母又月余日,乃渐能支。大人日羸弱,而时见笑容。今其母已能步履,每朔望,辄焚香以祝赐药饵者,兼以祝其爱子焉。母以每晨报夫至吾门者众,误以吾为报中人,恳吾代谢施者惠。吾与大人为邻且数年,知大人虽未读书,额其行又非学士先生所可及者。吾且喜交之,时乘车共话,久钦其得于天者独厚也。施者不详其姓字,大人姓李,名全禄,旗人。处兹世,孝子独能遇义人,孰谓风尘中无英俊耶!天之报施,固至可信也,唯惜吾不足以传之耳。

1929 年 1 月 27 日
《新晨报·花萼楼随笔·九十》
署名于非厂

梁任公先生

梁任公[1]先生，其为功于吾国思想界，盖无人弗以为然者。今年春，先生嘱吾治两印，一曰"戊辰"，一曰"任公五十六岁作"。以楷书扇头为赠，扇头集词句为长联，旁注细楷，详其所自，极有致，左右即以吾治两印钤之。不图此印真成千古矣。友人言：先生病脱肛，不致遽险，唯先生信西术，遂致不起。吾愧不知医，唯就友所告吾者实之，聊以志翰墨因缘耳。先生既病，来北平，医以泻剂进，先生以须急赴津，囊数泻剂，促登车。平津车多老朽，且又值专车来，先生所乘，遂停中路，不复进退。约数时，乘客咸大饥，幸先生力能市炒饭，腹虽果，疾乃不适。抵津服泻剂，愈困，且身烧，友以中医进，

---

[1] 梁启超（1873—1929），字卓如，号任公，又号饮冰室主人，中国近代思想家、政治家、教育家、史学家。

1927年《良友》刊登梁启超逝世报道

先生执不可，急来北平，再泻，已不能支矣，卒殁。当先生得吾两印时，尚拟为吾书楹帖，吾未尝不日夕望之，今竟不可得，惜哉！

1929 年 2 月 7 日
《新晨报·花萼楼随笔·九十四》
署名于非厂

梁任公书细楷便面

往岁（戊辰）吾与新会梁任公刻两石，一为葫芦形，内刻"戊辰"二字。吾特不拘字形，依样而画之，颇于岁月捉人中，年复一年而感慨系之也。齐白石翁最喜之，谓托意不平，取形入古，此殆难为俗人言也。一为"任公五十六岁作"，取境于镫镜封泥。任公得吾此作，曾为吾书细楷便面，集词句为长联，旁注词之所自，吾珍惜之，以为得未曾有。今任公已仙去，展玩遗墨，未尝不叹吾向所治印，不复得年年依样也。（任公许为吾书楹帖，今不可得也，且吾始终未获一面任公，岂所谓缘之悭耶！）所集联绝工，特录出之：

月满西楼，独鹤自还空碧；日烘晴昼，流莺唤起春醒。（易安《一剪梅》、秋崖《念奴娇》、梅溪《柳梢青》、竹屋《风入松》）[1]

---

[1] 所辑联句作者均为宋代词家，此联分别为李易安、奚秋崖、史梅溪、高竹屋。

有约不来，空怅望兰舟客舆；劝春且住，几回凭双燕丁宁。（西麓《清平乐》、石林《贺新郎》、叔屿《永遇乐》、方回《薄幸》）[1]

日暮更移舟，望江国，渺何处；明朝又寒食，见梅枝，忽相思。（白石《杏花天影》《清波引》《淡黄柳》《江梅引》）[2]

燕子来时，更能消几番风雨；夕阳无语，最可惜一片江山。（乡音《忆故人》、稼轩《摸鱼儿》、文潜《风流子》、白石《八归》）[3]

玉宇无尘，时见疏星渡河汉；春心如酒，暗随流水到天涯。（屯田《醉蓬莱》、东坡《洞仙歌》、白石《角招》、淮海《望海潮》）[4]

寒雁先还，为我南飞传我意；江梅有约，爱他风雪耐他寒。（稼轩《汉宫春》、端己《归国谣》、观过《满江红》、希真《鹧鸪天》）[5]

忽相思，更添了几声鹈鴂；屡回顾，最可惜一片江山。（白石《江梅引》《琵琶仙》《法曲献仙旨》《八归》）[6]

西子湖边，遥山向晚更碧；清明时节，骤雨才过还晴。（渊子《瑞鹤仙令》、清真《浪淘沙》、稼轩《念奴娇》、淮海《满庭芳》）[7]

旧集词句作楹联，写之扇头，亦殊有佳趣。戊辰清明，非厂治印见赠，作此奉酬。启超。

1929 年 3 月 24 日
《新晨报·花萼楼随笔·九十九》
署名于非厂

---

[1] 所辑联句作者分别为陈君衡、叶石林、洪叔屿、贺方回。

[2] 所辑联句作者为姜白石。

[3] 所辑联句作者分别为王晋卿、辛稼轩、张文潜、姜白石。

[4] 所辑联句作者分别为柳耆卿、苏东坡、姜白石、秦少游。

[5] 所辑联句作者分别为辛稼轩、韦端己、程观过、朱希真。

[6] 所辑联句作者为姜白石。

[7] 所辑联句作者分别为徐似道、周邦彦、辛稼轩、秦少游。

于非闇为梁启超治印

与王国维先生商榷

　　海宁王静安（国维）先生在学术上创获之多、发见之巨，真堪惊诧。当十六年时，吾曾有《刘平国关城颂考》之作，距先生殁昆明湖仅三阅月，颇为先生所注视也。时此碑已为戚某携去，某君自清华写吾书，询此关字，乃恍惚报之，未敢遽定为从某从某。自先生殁，吾读《观望集林》，知先生跋此碑，尚有误释，岂所据拓本模糊乎？今询吾戚，此碑又为人携去，仅知關字从"門"，从"丝"，从"屮"耳？当吾作考时，获见两本，一长沙徐氏本，一吾家本，据吾家本校徐氏本，吾本得字独多，故径释而考之。吾之力，未能及于"關"字也。偶检金文，得二字，一为"閦"一为"闗"，审其义，皆非關字解，吾知前考为"關"者，当释为"孙"，此即吾见宋椠《汉书·西域传》："都护治所乌累孙城"（今本作"治所乌垒城"），吾安得起先生而商榷之！

1929 年 2 月 20 日
《新晨报·花萼楼随笔·九十七》
署名于非厂

三才女

　　人为"才子"二字所误者，吾乃不暇举，为"才女"二字所误者，吾所知乃有三人。吾不好谈闺阁事，于女子之一长，吾特喜介绍于世，独兹所述，亦特就其长者以为言，援甲乙之例，而辄称其为甲乙丙焉。

　　北京望族，向延师课弟子，于女不始学，即学，亦不能深也。故博通经史，下笔为诗文者，乃不多见。西城某巷有才女曰甲，年二十许，经、史、诗、古文辞，皆淹博，能画，善丹青，尤工刺绣，出其余力，兼及于丝竹烹调之事，女红之工，尤为余事也。亲朋戚好，咸目之曰才，女亦以才女自命。深闺待字，只以选择苛，久且无敢问焉。东城某府有才女曰乙，年未二十，其尊人与吾有旧，女之诗，吾乃时获饱读，咏絮才也。及嫁，乘龙者为一中学生，所知除"哀皮西的"外，仅能为"呜呼，哎呀，我亲爱的她……"等时文，初不能如女之引经据典，渊洽宏博也。女既悲非藕，辄抑郁，形诸吟咏，深以未得知己为恨，是亦以才女自命者。吾邻有才女曰丙，聪慧绝人，通经史之学，喜填词，为文有奇气，年二十许，举止不趋时，望之若二十年前人。有老母，以教读养母，以举世无堪藕者，常唏嘘曰"天下无马"，竟抑郁病，今已不起。之三女者，吾皆读其作，其思想完全为"才女"二字所束缚，虽得于天者厚，得于学者博，独为稗史之所谓才者所暗示，抑郁牢愁，未得学问之乐焉。吾尝故叩其不趋时，不入学校，皆笑而不答，即答，亦未尝不以女名士自居。学问贵通，徒有其才而鲜通，吾未尝不深叹其自寻苦恼也。

吾有女弟子曰谦益，母为人佣，主人喜其慧，俾入校，才既美，读且能勤，中学既卒业，入专门习刺绣，辄冠其群。所为文，跌宕有奇气，伟辨若柳子厚，吾以畏友目之。以母为人佣，门第不复能高攀，遂作农家妇，无怨怼，吾甚佩之，盖一时装女郎也。吾尝谓人之境遇，不宜自造之，丕泰之来，纯为外界，吾内心自有吾在，丕也可，泰亦无不可。人唯不知有吾，故觉举世皆浊，举世皆醉，而徒为憔悴。人唯仅知有吾，故顺也可，逆也可，盖吾不甘为被动者也。吾特惜三才女之徒自苦，用敢冒昧实吾录。

1929 年 3 月 25 日
《新中华报·非厂识小录》
署名于照

说盗道

吾母言，先外祖居海淀，好客。有刘某者，忘其字，精技击，海淀街西有所谓"黄影壁"者，高若北海之九龙壁，刘可一跃过，然不轻示人也。海淀多园林，匿豪客，以不详刘居止，亦以豪客目之。一日，遇于途，同行尚有两人，争辩刺刺不能休，坚邀外祖至其居。比至，已有三人俟之，皆健壮，类有能者，操晋音。刘出酒食飨客，七人食若凤备，酒酣，操晋音者力言知悔状，且服其罪，同行两人则抗争，意谓一死不足蔽其辜，徒悔无所用，刘不置可否。倾群辩，外祖木然不能解，辄倾杯。席终，刘自腰间出匕首，莹澈若电，琅然置诸案，三人皆伏地，俯首不敢仰，外祖惧血溅，含糊为缓颊。刘特数之，谓某次犯某戒，某次得货复伤人，某次就腕取人钗，皆当死。两人复力赞，外祖特伏地乞贷，刘乃使之起，谓脱非长者为缓颊，必置诸法，三人谢，两人亦不复辩，刘乃谓外祖曰："君勿惧，吾非恶类，彼辈皆

282

大盗，固时以入京盗宝为生者。吾幼习技击，吾师为盗所伤，吾始来京师，觅师仇，得当以报，故时梗彼辈事，彼辈聚伙以为敌，吾幸胜，与彼约，戒杀伤，戒奸淫，戒嫖赌，戒盗妇女身中物。彼辈遂请吾长其群，吾亦乐即之以物色吾师仇也。吾家有薄田，差足自给，不复求益，彼辈有赠，皆封存之，不取亦不却也。傥得仇，吾将隐焉。"三人先告退，两人亦去，刘与外祖谈竟夜云。

吾尝见劫盗之被捕者已，若赌局，若妓馆，皆为其破案之地，什九乃不能逃，一若杀人越货之先，即与逻者[1]约，在赌局妓馆相见也。脱有黠者，得货之后，不嫖赌，则群逻束手，不复可以捉摸。刘某之戒，傥亦所谓有道者欤？吾前识剧盗刘小山，小山为盗不结伴，不窃贫穷，即富有者非至贪，亦不肯施其技，故仅于袁项城帝制时，小为剽窃，在袁氏所损，不足一毛，而小山遂从此不复见，携其爱妻，以度其甜蜜之生活。吾思故人，不禁飘飘乎妒吾友之若仙也。当小山与吾别时，颇亦自诩为有道者，观其所作，亦确乎为有道之士。吾性迂愚，诗书之召于我者，吾乃不能于王公贵人学士先生求之，而斤斤独传诸大盗；吾之知识之特小，礼亡而求诸野，吾于盗，乃独以其道传，是诚非厂之大幸已。

1929 年 3 月 31 日、4 月 1 日
《新中华报·非厂识小录》
署名于照

---

[1] 逻者：巡逻的士兵。

傻二姐

　　吾巷之西，有傻二姐者，姓刘，年才二十，貌颇美，窘困恃十指，日仅获一饱。所居一小屋，携其周龄之子，日缝缀，院邻四五家，咸目之为傻，连四五巷且和之，故傻之名著一隅。吾闻而异之，穷其所以傻者，得其故。傻为一孤女，年十八归刘，刘某县人，充张雨亭[1]卫队。结缡未一年，刘随张元帅走关外，皇姑屯一击，刘遂不复有音问。傻有叔，年壮，自嫁女，隶戎行去，傻于北平仅戚好二三辈，无亲族。刘临行嘱傻静待当接关外居，为留数十元作用度。音耗绝，资尽无法生，始即吾巷居。居邻怜其遇，为介某衣肆缝缀，可以获微资，以待刘。迄去年除夕无消息，傻之盼益切，居邻有为言皇姑屯事者，彼辄谓刘必不死，每朔望，辄焚香默祝刘之归，靡有他也。近年

---

[1] 张作霖（1875—1928），字雨亭，奉天海城（今辽宁大洼）人。奉系军阀首领。

来，北平百业益凋敝，衣肆不能盛得售，缝缀事日稀，傻所得资乃日减，虽至粗粝，不能具两饱。人以傻貌美而齿稚，匪特易为生，且可以获温暖，积资产，即不然，择人而事，亦大可以称快一时。况北平一隅，青年妇女，受压迫而不得不觅其生路者，固已司空见惯，不足为耻，抑何自苦乃尔！怜之或利之者，辄以此劝，彼峻拒，初不为动，可谓难矣，而人则咸目之为曰傻，连四五巷且和之，何耶！一日，有急足来，持刘函，刘已任连长，嘱弁迎之归，连巷则复称之焉。

1929 年 5 月 7 日
《新中华报・非厂识小录》
署名于照

某轩昆仲

中央公园某轩，其主人与吾有旧。当往岁项城帝制时，因某闻人，得以辟园中，踞要冲，历安福诸政府，颇得攫巨金，骎骎乎大腹贾矣。其昆季，以所入骤丰挟其资，各遂其愿。一且以戏剧自鸣。吾识主人在八九年前，时主人正烜赫，服用之美，使人神为之迷，吾已逆之其过溢已。近年来，惯于席丰履厚纵其欲，昆季用财如粪土，所入既日减，所出复日增，债遂积累累，不复能小周转，向之所恃以为致多金者，今且转为累。主人惧，罹心疾，遂疯，轩亦易主，可叹，复可怜也。吾数面主人于怀德堂，主人于怀德堂为姻娅，吾则于堂主为义兄弟，故吾曾屡劝之，告以持盈保泰之义。主人固聪慧，苦无学，于吾言虽可识，卒不能行。今若此，使吾徒获知言，悲夫！

1929 年 5 月 9 日
《新中华报·非厂识小录》
署名于照

张小山伉俪

　　凡物聚于所好，好之深，则求之也切，故所聚乃精且溥。吾友张君小山，好蛱蝶，所聚数百种，无少复者，君不嗜画，所聚蝶，辄以玻璃匣盛之，详其所自，厅中列巨案，左右立四橱，皆陈蛱蝶。其妻昔从吾学，归君，伉俪至笃。喜莳花，庭前阶下，灿烂夺目，芳馥若入香国。去秋邀吾赏菊，得奇种数十株，奁中资，悉以偿花债也。今春吾以事过之，两人争以所得陈吾前，吾见一蝶，两翅修八寸余，小翅飘拂若绶，长尺许，虽太常仙蝶，不过是也。叩其所得，则以廿元市之来，深惜不能详产地焉。夫人出小盆，作长方形，长约八寸，宽三寸许，中植一松，老干盘曲，斜出一枝缀松针，状若探手攫人。根际有绮石自石隙出古藤二本，绕老干上达枝顶，藤梢缀花累累，叶色作浅碧，通计其高不逾尺二，藤干之细若箸焉。据云，藤花已放两年，为日本人所艺，三十元乞得之。张君北平人，业商，喜吟咏，著有《花间诗草》，嘱为序，愧未报命也。

1929 年 5 月 11 日
《新晨报·花萼楼随笔·一〇八》
署名于非厂

男女平等

　　吾国重男轻女，独于法律则反是，赵丈泽田言："法律之强奸，诱奸……奸污等，皆对于男子而设，可为尊重女权之证，往者，有妇人，喜其戚某童，伺昼夜，就而与之交，日久，童垂毙，讼于官。顾法无强奸、诱奸男子惩毙条，卒无以绳之。"吾以丈之言，庄而谐均可味也，辄记者。是日与吾畅论男女平等事，坐间有赵女士师惠、洪女士怡、龚女士德秀。赵女士写花卉，尤能摄取自然，不为古法所囿，从吾学李北海书，善传神。终日兀兀役于书与画，凌晨挟笔纸，偕洪女士赴公园，摄取牡丹，得稿本，皆精。吾以三年期之，勖其成牡丹谱也。时吾据□座，丈出佳肴宴吾饮，馔朴而精，红萝卜衬翠莴苣盛粉盘，莹洁沁心脾，鲜蘑杂小豌豆粒，春莴以为羹，真觉肉食之鄙也。

1929 年 5 月 23 日
《新晨报·花萼楼随笔·一一二》
署名于非厂

再论男女平等

　　往者吾记赵丈泽田论男女平等事，友人寓吾书，谓丈之言过放，不宜即席畅言，以座间有诸女士也。丈年近六十，面后生辄晓以道义，不好酒，庄谐皆有至理，所为言平等事，使人闻之，无男女皆奋然思所以立，时座间诸女士，在谊皆已执弟子礼，故殷殷以平等相勖勉，盖正以诸女士咸在座，言之较当也。初论吾国习俗轻重之不平，继举法律之保障女性，终就学识以力求其平，丈盖鉴夫女性之虚荣心特重，不自树立，卒必有所倚，故特于座间言之，勉以力夫学焉。自吾不谙俗情，辄笔而出之，而又不知检束，并诸女士而亦无少隐，在吾原所以自勖以勖人，而友人视吾乃特重，且并重视吾随笔，是诚可感已。吾知督吾过若吾友者，或尚有人，辄不自已，而再以迂说出之，抑吾犹有一事，亦宜附于此。女友若兰，从吾学画，绝慧，家藏《大观帖》，汝州石刻，故独工右军书。其尊人为名宦，课女严，女故能文，小词尤婉妙。女在某大学读书，未毕业，即结婚去。一日过吾庐，衣饰鲜丽，革履橐橐作奇响，吾肃之坐，作诹辞以代寒暄，女士亦欣得伴侣。吾乃故询之衣饰诸物，为谁氏所置，琐屑纤悉乃弗遗，女士欣然答，若者为己置，若者为夫置，每遇夫置，色尤喜，意乃甚自得，吾故作鄙视状；遇己置，吾则故盛赞。久久顿悟吾意，赧然默而去，力学可一年，卒以其力自具衣饰，不复有所仰给于人，且深以得于人者为耻，而夫妇之爱靡笃焉，是则真能自求平等者也。吾习闻赵丈平等之说，故吾即以闻之者，小试于女士，女士有慧根，憬悟至速，可钦也。

1929 年 7 月 17 日
《新晨报·花萼楼随笔·一一三》
署名于非厂

大柳树主人

　　有姜子清者，自言临淄人，豪侠好客，所贮藏多名书画，日夕把玩之。其别墅在莲花池，土岗伏起，绿柳上下，筑屋数楹。临莲池之左，由其屋折东南，面孔道，辟茶酒之馆，以便行人，姜日即其地谋一醉。吾好钓，暇则手竿步出阜成门，望鱼之念奢，则每即池畔垂其丝，凝眸而望鱼之大者。实则池鱼之大者莫可得，然吾未尝不以大者期之，故往钓颇数。一日，钓正酣，所得较巨，吾滋乐，以为久久期之者，事或如愿。不意凉风陡起，大雨若注，狂奔即茶肆，时有钓友三四偕来。茶肆为三楹，吾两三至，见内室所悬画，辄不同，顾无甚精品。既与友避雨于此，沽酒饮，相与话钓术。比吾至内室，壁间悬白描大士像，丁南羽[1]笔也，悚然异之。室居左，南窗临土炕，有客即

---

[1] 丁云鹏（1547—1628），字南羽，明代画家。

炕中卧，年六十许，傲岸不为礼，直对画，若甚欣赏，吾尤异之，试叩茶博士[1]，则其诧，以为何不知主人，主人盖姜姓。时雨盆大檐溜声洪，和以雷声，共话乃不可闻。博士复惧为主人知，声愈低，吾乃不复问，而友朋之谈声又纵矣。当吾与博士话，主人若有闻，频呼博士入。不审作何语，有间，博士来前，谓主人请相见。及肃入，首询曰："君旗人，雅好消遣，博弈犹贤，甚为君羡也！"吾笑诘："君何以知吾为旗人？"曰："旗人二百年来，席丰履厚，养尊处优，他无所长，唯知玩戏；然而名人书画，每与桃符粉壁同其毁弃者，盖数见之。君好钓，君复知画，非旗人而何？"吾曰："然则脱不为旗人，而亦略知书画，雅好钓鱼者，君意云何？脱不为旗人，而亦履厚席丰，处优养尊，他无所长，唯知玩戏者，君意又云何？国家多故，是非无正，窃恐才智之士，愿侣鱼虾者，正不必旗人也；而君何轻视乃尔！"主人闻吾辞利，肃然足恭，叩吾身世，掬诚告，主人亦自言其所处，相约过别墅。既习，知主人收藏多精品，日携一轴悬之肆，即炕卧游，乐乃无艺。主人名嵩，来故都已十余年。自云南走大江，以商致富，酷好画，所结交，千金无吝色，举家来故都，遂筑别墅以当友朋宴息所。为茶肆，每遇疲于力者，辄周恤之，故人咸以"大柳树刘掌柜"称之，旌其荫也。

民国十三年，吾复至莲花池，墅已易主，茶肆且颓废。此收藏家遂不可知。今冬，得见丁南羽大士像于友人所，云得之估人，尚有黄鹤山樵[2]《秋山》小轴。黄鹤秋山轴，吾在主人许凡两见，绝精，为项

---

[1] 茶博士：旧时茶店伙计的雅号。
[2] 王蒙（1308或1301—1385），字叔明，自号黄鹤山樵。元画家。

子京[1]故物，后归商丘宋牧仲[2]。今归吾友，则大树主人真令人系念不至矣。主人曾言为姜实节[3]后，及遍询吾乡，无有知其人者，岂隐于画者耶？

1930 年 12 月 29 日
《北平晨报·非厂笔记·十二》
署名非厂

---

[1] 项元汴（1525—1590），字子京，号墨林。明代收藏家、鉴赏家。

[2] 宋荦（1634—1713），字牧仲，河南商丘人。官至吏部尚书。诗人、画家、文物收藏家。

[3] 姜实节（1647—1709），字学在，号鹤涧，山东莱阳人。入清隐遁，布衣终老。

羁俄闻见录

　　门人谢壮图，前以满札失利，被俘几年，寓吾以书，曾入之《非厂漫墨》中。其时壮图尚羁伯力，未有归期。今吾将以消息告之邦人，使知此青年军人以战俄而俘而被释矣，不较之朝为司令，夕为寓公者，为稍可资谈助耶？壮图为吾乡昌邑人，其尊翁宗舆君与吾最契。今夏君来吾家，以壮图半指宽纸条示吾，汪然出涕，默对者久之。吾素知君任侠，辄以以君之行可无为壮图虑恋之，而不知君之戚复别有在。先是君以其余力经营布店于西单大街，委祖侄经理之，祖侄某昔固穷无所归，君一力提携之，业既盈，渐肆，君力戒，不听。会壮图被俘，生死无消息，此布店之经理，乃乘其危疑而摈出之。君之家复为二竖祟[1]，此时爱子既久失，复为宵人[2]所算，故其来我家戚戚然若不

----

[1]　二竖：语出《左传·成公十年》"公梦疾为二竖子"，后以称病魔、疾病。祟：鬼神给人带来灾祸。

[2]　宵人：不由明坦之途者。

可终日者。独吾既稍知君，故慰之以诚。厥后壮图复以书来，吾喜吾识之未盲，遽为入之《非厂漫墨》中，时距君来我家未数日也。当君以壮图之书来时，谓此子幸君教育之，故其为言，于君特长，观其所历，岂人所堪受，吾亦为欷歔焉。计壮图从吾学才四年，在群童中最顽梗，独于吾信仰颇深，若文，若书法，皆酷肖吾所为。既出学，岁时过从，所有说，无不彻悟。自入军旅，英爽之气溢眉宇，吾曾以挫折励之，独能受，故其寓吾书乃特详。今秋，壮图自俄归，走谒吾，形神枯瘦，相对默默不能出一言，吾阴念此子经兹挫折，或可望其成大器也。径谓吾曰："家父以长函奉之师，师言以君之行可无为壮图虑，当生面家父时，家父即以师言告，使家父得一言而足慰焉。"吾念其以前所经，不禁怆然涕下，然而吾之迂足以自信者，正唯此旧道理为不可灭耳。壮图既归，未逾月，复入军旅，吾殷殷以道义勉之，而窃惜此子之生非其时，职非其事，倪天龙中国，内讧永戢，则干城[1]之选，非异人任，其材实亦足以赴之也。今者壮图以羁俄所得，草为闻见录，吾读而喜之，愿为书于世，因念边患方长，其祸未已，此书虽取材不丰，要为国人所未知，邦人君子，披览之余，其感想当何如也。

1931 年 1 月 16 日
《北平晨报·非厂笔记·二十》
署名非厂

---

[1] 干城：盾牌和城墙。比喻能御敌而尽保卫责任的人。

记友之爱

　　自恋爱之风炽，于是因爱而恋，由恋而失恋，而至于万劫不复者，以吾所知，颇亦不乏其人。其因爱生恋，恋而至于恋恋不舍、相依为命者，吾所知亦复大有其人。其居于二者之间，所谓"嗟歧途于中路"者，要以吾友为奇，书而调之，以觇其究竟焉。

　　吾友者，翩翩浊世之佳公子也。年十七，绮年玉貌，姣好若玉树临风，读书目数行下，工笔札，文辞书法皆不苟。喜雕虫，奏刀有奇趣。善歌，喉咙宛转，响遏行云。家素饶裕，其封翁[1]旅沪渎，拥资贩贱贵。君与太夫人寓故都，吾识君自其封翁始，以故得其详。君富才华，读书某大学，去年暑假前，尚不识女子宜爱也。秋季校开课，多编级生，君与某女士遇，惊其艳，怦然心动，爱之芽遂萌。君虽为大

---

[1]　封翁：旧时尊称做官者的父亲。

学生，徒以家教等种种关系，初未曾与女性为交际。至若交接女性之手段方法等，君盖未之前闻，遑论乎谙习有素，今陡然遇此，措手感莫及，越趄彷徨，怒[1]焉而忧，欣焉以喜，惑焉莫知所从出。而彼姝者，固未知吾友之焦心劳神、萦虑苦思也。如是者日夜廿四时，七日一星期，迨乎国庆双十，方始于天安门侧与彼姝一问询焉；而为日已阅月矣。虽彼姝之于吾友，以普通同学间交际遇之，顾吾友视此，在在发生奇味，咀嚼之，弥永而弥芬，爱之力不禁其专且固。他之女同学与吾友稍一闻讯，吾友心刺然若太亵渎彼姝者，辄不屑一答，女同学辈格格报之以笑，笑之声入友耳，友不闻有彼姝之声，以彼姝独不我笑为至慰，爱恋之乃愈切，如是者历百日，而有年假。诵读稍暇，过我蜗居，小事寒暄，傲然对坐。时吾正校读艺风太史所藏《尔雅》，吾掩卷叩以"几许不见，何清灭乃尔？"君谓："姑不言此，君为我度，假如有女友诚爱吾，君意若何？"吾漫应曰："娶之。""娶而家父之意若何？"吾曰："为疏通之。"曰："善哉君之遇我厚，甚望有以玉成也。"

吾惊叩之，彼滔滔然如数家珍，且万言。吾坐为之不宁，案上茶壶曾两罄，谈锋历历如贯珠，倾泻而下，若置身匡庐观巨瀑，浪花四溅，目眩神疲，莫可穷其源泉也。君之言，首叙爱之萌生，继描写彼姝之美之所以美，闻之使人心醉，及其终，仅于天安门侧一问讯焉。娓娓然若福尔摩斯之侦探，推敲之余，加以幻想，幻想之外，入以揣摸，洞然湛然。彼姝虽寥寥三五句平常话，在吾友得之，不啻十万陈情表焉。吾年已四十余，忧患余生，重以朽腐，恋爱之路，既未曾经，爱河潮流，复虞险峻，承友之询，若问诸盲，茫然无以告，正其片面

---

[1] 怒（nì）：忧郁，伤痛。

之误，则唯有祝其满意而已。年假既过，适值废历年关，春回大地，庙市漫游，厂甸倦归，竟尔邂逅，喜可知也，于是觉生寺撞钟，白云观骑驴，鹣鹣比翼，时隐现于春郊古寺间。一日友过我，勿遽见有至得意状。吾叩其如何，曰："彼爱我！彼诚爱我！吾两人游白云观，坐太湖畔腻谈，彼谓可惜非男子身，不者可永永为友。"吾曰："君何答？"曰："唯唯，未敢造次入游词。及起，娇弱乃无以立，以纤手授吾，援之而行。"吾曰："下文若何？"曰："行矣！"

1931 年 3 月 21、22 日
《北平晨报·艺圃》
署名非厂

球赛观光记

　　上月梢从友人观所谓华北球类比赛。吾家至球场，相距九里而奇，阅半点钟始至。是日狂飙未起，距场门北望，巍然与西楼相对峙者，场中所设之看台也。人踞其上，层叠而高，蠕然而动，衣光鬓影，蔚然发奇光，直若置身景山，南望宫廷烟树，空蒙澈滟，不复辨丹楹黄瓦碧树红花也。北墙而外，无力出二角钱观光者，则相与跂望于小丘，万头攒动，映日闪闪若星芒。时足球战正酣，辽宁与天津为殊死战，继之为北平对天津。篮球为天津对吉林，北平女子对河南，盖球战之第二日也。吾与友人据一隅，薄而观之，球之所至，尘埃暴起，望之若掷手榴弹，而当唧当唧之洒水车，为杯水车薪之洒甘露焉。吾体素健，吾之两友尤强壮。铜元四枚市一块青萝菔，狂嚼之，牙糁糁作奇响。以一角另铜元十四枚市粉包烟，吸之转觉有奇味。直至全场告终，幸未为二次之塌台，吾等始随为荣誉所驱使之运动员而去。濒去，相与约，明日不可不早自来。

　　吾辈三人，一为倦赋归来之蛰叟，一为隐于陶朱之谢老，年事皆在四十以上，若合三人计之，其为百又四十岁而弱。蛰叟经此一观，蛰而不愿复动。吾之球瘾既深，谢老又为"新上跳板"者，当此球赛生死关头，万不宜以球场设备不完，卫生不讲，而不一观究竟。纵两角钱市门票，两角钱饮一瓶汽水，两大枚买一小条干萝卜，亦应鼓其勇以去。况两队女子之角逐，不尤为万目所注耶？是日为星期日，吾晨间与小友数人说古籀文，气促而语速，未及时即趋之去。未午，饭已熟，饱食而后，驱车访王石谷《毗陵秋兴图》卷，携赴球场，日已午矣。小立移时，谢老欣然至，相与共话，时场门观者络绎入，场中高台人已满，四周且无隙地，观客之入愈众，大有旧剧场之卖加凳，不顾观客位置之有无、宽仄，一以卖门票之多为的也。历一时，人愈众，立足地已无，相与立树下。北望双峰，矗然高耸，凹而为谷，谷中蠕动，皆人为之，深叹鄙谚"人山人海"之足以喻民众也。女子队既鱼贯赴场，道所经，人巷立为屏障，人之望女队，咸仰视，或加赞语，曰："两胫巨而多力，色殷红而长大，甚矣！女子运动发达之速矣！"人之观既咸集，场之甕久久聚愈厚，门之入络绎复不绝，致场中地仅队员插足，并回旋而不能，于是篮球战，乃透过于购票观光者而停，而足球赛继之以起。吾于足球，一脚飞去，曾打坏玻璃窗，蹴损石榴树，故于其技，雅不欲谦谦自居门外汉。银角三通，队员踯躅，东冲西突，南征北战，球浑然而飞，人頽然以倒。烟尘迷漫，灰土飞扬，屏息静观，握拳骨痛，目迷球踪，神昏球迹。银角斗作，比赛告终，胜者相与笑乐，自谦曰："侥幸成功。"败者气愤填膺，自慰曰："非战之罪。"日影既西，观者不散，高台麇集，若大旱望云霓。迨夕阳在山，人影散乱，犹相与慰曰："明日不可不早自来。"人去台空，唯台上之三色旗，荡漾于危楼古木间而已。

1931 年 4 月 6 日
《北平晨报·艺圃》
署名非厂

春宴记言

　　仲春之末，宴集于西山，赏花也。座中多知名之士，寿者年且逾古稀，韶者岁未满十六。宴后作聚谈，言者口讲指画滔滔若滚江河，聆者目瞪口呆默默如有所悟，一人之言未终，一人之词又继。香烟苦茗、酒气花香，浑然无复知有尘世间事，其可记也唯所谈，书所聆清议者。"墨荒已见，光绪九年以后墨既不能用，其前则世间只有此数人，于明于乾隆毕，珍之不肯磨用，嘉道以迄光绪，在稍知用墨者，日消磨之，故墨之荒不在于乾隆以上，乃在亚于乾隆而为光绪季叶以前者。盖悬重值，求乾隆墨，墨之得易，此是事消磨之墨，将来虽倍其值以求，其如无此物何！"此书画家之言也。"丁佛言[1]死，为北方学术界大损失。佛言于小学，发见较多，向之自是处，在晚年颇以为非，惜其

---

[1]　丁佛言（1878—1930），书法家、古文字学家、社会活动家。

业未竟。其治印以鉨印文仿古鉨，视吴清卿为精。清卿集金文入印，视垢道人[1]已佳，唯其所集重器高文，文字虽典雅，而章制似款识，又似博古图，初不类印。鉨印之为文，既别于钟鼎尊彝，鉨印之为制，又匪可杂凑而成。佛言于鉨印文发见较多，其治印一以鉨印为法，故世之论治鉨者，要以佛言为能，惜乎其寿之不永也。"金石家之论若此。"大涤子之画兴，价之增且十倍，假之者厥推蜀人张大千。大千摹大涤子画，匪特乱真，其精悍且过之，虽老于鉴定，亦每为所蔽。大千年少多髯，所谓画以仿大涤子最，世人遇真者，亦每以髯公作而交臂失之，不敢收，而髯公之为生，每岁致万金，亦一异人也。"鉴藏家之言若此。"自余叔岩之腔兴，摹之者无男女、无少壮，靡靡然皆在百步内闻声也。向之响遏行云，洪若铜钟，纯以丹田之气，全身之力，吞吐挫顿于词调间者，固已久歇。即谭鑫培之轻巧，亦继起无人，此岂时会使然耶？某博士之妙，固所谓应运而生，前古所未有者。"言未竟，一客为之续曰："君所论，初不足异，戏剧为艺术的，艺术之要素在变，唯其变，故富时代性，唯富时代性，故向者如彼，而今者如此，向者以刚，而今者贵柔，柔之极，或再复其刚，刚之蔽，或再以柔济，是岂特戏剧为然。吾独不解养蜂失败之后，继之以兔，蜂之失只数百金，一兔之值且数百金，究之兔学大昌未始有极也。"时尚欲续其言，主人曰："已足，不可不记之。"辄为书如上。

1931 年 5 月 6 日
《北平晨报·艺圃》
署名非厂

---

[1]　程邃（1607—1692），字穆倩，别号垢道人。明末清初篆刻家、画家。

骗术

　　僻居西城，得闻见之陋，戚友见访，辄枉道而裹足，书蠹画痴，日所事不出家门而已疲矣。求以奇闻供吾笔记者，乃渺不可得。吾所记已五七年，随书随实报尾，所剪裁报尾，累然堪供斤两计，吾之剪裁愈积，为说愈狭，为辞愈窘，复不敢小有剽窃以苟合于人，而自律且严，举足以限其所记之仄。不意吾之说在吾且不屑再读，而人之见知者，则又重为录出，皇然揭诸篇首，赫然显之以特栏，而题其下曰"非"。以宠之，不胫而走，洛阳为之纸贵，吾且及身荣之矣，岂特感其宣扬而已哉！吾读书目数行下，久久且不忘。少负不羁，多好嗜，傲然不可一世，人以才子呼我，夷然不为怪也。及壮遭家难，向之期以负者，都成梦幻，退焉自晦，不复有盛旺之气，书之读愈多，迂愚愈甚，其所是愈狭，所识愈幽晦，不能复获人知，向之才我者，今且自悔其失焉。日者，友人见告以奇闻，谓可实诸篇贡之国人，吾既欣然受之，乐于为说以补吾说之仄也，辄书曰，骗术之奇，诚有是哉！

东省某闻人得一函，言辞哀婉，情见乎辞，书法娟秀，妙拟拈花，俨然闺阁笔墨也。名刺一，官衔、姓字、籍贯、居里咸备。盖具书者为一弱女，其父卒于家，贫甚，女与其母莫可为生，典质已罄，负债累积，无门为呼吁，两命悬悬待拯济。所征信：现寓前外坛根门号若干，质帖数纸，名刺官职为治下，无或可质疑。闻人得书函吾友，嘱就近为送五十元全两命。友如所指携金往，雅不欲私相授受，于闻人无左证，因特会合警察，及至，询其人，院中人无之，历访坛根门号同者凡六，无有承者，友人悟其诈，径归。闻人言：近日来访某女者已若干人，不审何故异已。友言接闻人书，已知其妄，质帖在闻人，其为真赝，或平生且未寓目，吾辈既习见，一望而知其伪。帖既伪，推而名刺，而某女某孀某寓，则唯有会同警察而调查之，果真，则不妨予之，不者亦足为证。不意计之败，非败于调查致送，乃以会同警察，纵有其人而亦不敢承。脱遇急公好义之大慈善家，朝得书而夕以邮汇，则五十元之为肃函人得，未必不窃笑施者之愚，而今虽以致送之故而坐失，而墙根门号同者且有六，亦足为解脱，狡矣哉！友又曰：脱矫为绿衣人若何？曰：每巷绿衣人有定数，人非习，亦唯有不承耳。曰：可记之。因书闻诸友人者。

1931 年 5 月 9 日
《北平晨报·艺圃》
署名非厂

记骗术之后

　　前以《骗术》闻诸友者，曾于五月九日襮出之。是日读吾所谓说，颇晦涩，不足以传为骗之奇。不图正于是日下午三时，吾竟蒙不速客光我蓬壁，其为趣滋永，不可不直书之也。

　　日之晨，起绝早，灌花之后，持篮市蔬菜，往返两入市，视他日所市精且多，所以供吾母与戚友十数饮馔之用。贱辰四十有四，此日正母难日也。吾于此日颇自悲悼，念老父弃养已六年，老母有两子，都无成就，吾之穷，良不足以慰我母，而妻子、弟妹举欣欣以为我寿，吾将何以为吾母寿耶！吾徒念吾三十初度时，老父举杯嘱客曰："此子可材之也。"吾今果材乎？吾唯有自恨而已。日既午，习知老母喜石首鱼，短褐入市，鱼两日未有，怏怏归。吾母尚慰我曰："山东筵良好，可无市鱼劳汝操作，大好日转以汝得休息为乐。"盖吾母喜食吾煎石首鱼焉。会小友郭致一来，心仍悒悒。及三时，报有客至，肃之入，衣玄色礼服呢大衣，内衬花格布服，灰哔叽裤，黄革履，灰呢帽，皆已旧敝，面苍多髭，剃薙不勤，掌巨而黑，粗糙颇类久经风霜者，目炯炯，口操浙东音。出一刺，一行曰"国民政府实业部视察委员"，一行曰"罗期焕新"，一行曰"实业周刊社记者，交通整委会顾问，京寓中山路四号本宅"。吾客室极狭隘，且不能容四五人，时吾与客对面坐，致一居其右，寒暄未两句，遽出一刺曰："孔祥熙庸之，专诚拜谒。"吾震慑，以为何竟蒙孔先生见知？客曰："吾于孔先生昔为同学，今为其特派来平勘察门头沟石景山……矿产。"言际复由大衣袋出新闻纸一叠，其首段即载实业部派员来平勘察门头沟一带矿产，而罗焕新之名，赫然为部派专员之一也。客入门时，衔半段吕宋烟，既交谈，烟时熄，时时以磷寸燃，烟之味初不香，其类熄而又频频燃之，随然，其左指御白色而有兰花纹之约指，指巨而约小指，指肉隆然若堤，白约指望若夹岸之春水然。客之谈多涉及当代要人，如云与孔先生在美为同学；在法与中山先生避难，曾居某先生豆腐店两阅月；民国二年曾来北京为国会议员，与黄克强、陈其美诸先生尤生死患难交，其为言非吾所能知者多类此。因言"在美以实业致富，年入可五十万。在沪设纸业公司，全国无不交往，月获净利万元。此次奉派来平，原为矿产，而孔先生临行曾以公文一巨函、绘绢一箱、现洋一千元嘱先生画。不忙，十月前后画成不为迟，故径来先生处，一为接洽。此行部派蓝色专用车，上书白字曰'实业部专用车'，同行有秘书王君及护差弁兵数人。到津后，因与当地接洽要公，车已开行，致专车仍滞津，必明日（十日）下午始到。只以此行尚有纸业公司须与平汉局索欠事，又以奉孔长官所托，必须与先生接洽"。随由内衣掣出红格绿字账单一纸，用铅字印就者，上书"平汉路局除还净欠现大洋九千八百元"，贴有北平印花如其量，唯公司地址电话等则模糊不可辨，曰："致先生函，部长颇郑重，想系与先生有交谊，不者，则为有人绍介。但我辈属员，不敢请，复不敢启视，想先生当知之。"吾曰："否否！"

既复叩吾向作何职业，吾曰："愧极！望先生防冷齿，吾仅在步军统领衙门曾充侦缉耳！"客稍震，面作苦笑，旋敛容曰："此来尚有他事，顷已电孔部长。"随又出示西长安街电报局一电稿，读其文，初无关重要。时致一已不耐，频起坐；吾母等以突来此客，咸屏息窃观究竟；老妈子为客易浓茶；吾短褐箕踞对谈良适。是日天晴明，日斜射东窗，斗室倍明。客滔滔历述南京生活程度之高，自言："月入八百元，乃不足用，脱不有此大公司，为用且匮。北平为文化中心，孔部长对于繁荣，已有具体计划，今见先生，一则致部长命，一则愿以经理职托之先生，先生习知北平市况，又为艺术家，倘在北平立分公司，月出百余元之房租，以千余元为先生致汽车，随令沪公司为先生发货，致富且不难，而吾窃为得人庆焉。"致一闻之咋舌，吾母自窗外闻之，曰："阿弥陀佛，谢天谢地，吾儿可永永脱离穷生活矣！"客曰："王秘书在数年前曾居北京王府仓五号，与先生居至迩，明日专车到东站，即令其将公函及千元叩见先生，先生不必具领，止开一收条足矣。"吾曰："诺诺。"又曰："偬不暇，我为先生书一函，可差人持取，亦便。"因索纸书曰："王仲元秘书查照，余汽车抵平，安然。于非厂公处事件，业蒙接洽，见条祈将孔部长交下函件、画料款项点齐妥交于公领收为要。余即遵部电速越石景山门头沟勘查，约十一号可返平，公交车上函件暨多，祈勿离开他往，事事留心，此致公绥，外批送总理铜像壹尊，于公收。技正罗焕新具。五月九日书于于宅办事室内。名另片。"（原文未敢擅改，下同）随又出一名刺，刺与前同，就背上书曰："见

308

片并条希即点交孔部长各件，王秘书查核。"书毕，再三叮嘱须差妥人往取，并言此千元系现金，往取时须备布袋，倘王秘书刁难，可将钥匙将去，言下出钥匙一束，选觅许久，始以一枚予吾曰："此款在保险箱左角下，有一布包，上书交于非厂先生查收，先生收后按原绢与润单详为核计，如不敷足，可补足之，后日（十一日）勘查后再见。"另一纸又书曰："奉部长命令交送来原箱绢料并表一箱，公函一件，现洋一千元正，罗焕新上，五月九日。"此纸，吾迄今不审何用，在封简上书曰："请交东站南京专车内王仲元秘书台启，罗具，五月九日。"客又言："当在津拟乘汽车时，闻人言道途不靖，时虞劫抢，故一切公文财物，举未敢携，昭慎重也。频行，仅携五十余元，迄今时与先生及平汉局接洽，尚未食饭，先生在平久，就近南菜馆肯为指点否?"吾曰："歉极！吾家适有事，未便留客。长安街一带尽是南菜馆，客自择之可也。"吾起送客，客趑趄曰："前不言仅携五十元乎？适已用尽，先生假我数元如何?"吾笑曰："歉极！舍间固不名一钱者。对不住！"对不住之声，直至客已登车（人力车之非包月者），吾尚馨折曰："对不住，对不住焉！"客自南来，复投南去。及侍母膳，颇以之为谈助也，因书于吾前所记骗术之后。

交友

　　交友难，居今日而言交友尤难，吾以书生而交友，其难也乃莫与京[1]，故二十年来，引吾为良友者盖不甚多，而吾为友朋所唾弃者，且不可以计，岂所谓于世每多龃龉者耶？吾以此与人言，人多笑，独荷叶亭主正告曰，宜少通世故，圆滑以出之，虽不获交，可不致辱。

1931 年 8 月 12 日
《北平晨报·非厂短简·十九》
署名非厂

---

[1]　莫与京，即"莫之与京"，语出《左传·庄公二十二年》，形容首屈一指，无与伦比。

叶志成

叶志成，北京人，叶赫那拉氏裔也。褓褓父战死，母继殁，养于姑以成。姑老且病，家亦落，赖志成以养。志成不学，日拉车，得钱奉姑，事若母。姑有子，长于才，为某老将军记室，不顾母，姑独恃志成生，志成无愠色。志成少年貌壮伟，为人诚谨有洁癖。日奔驰于风雨尘埃泥淖中，汗与尘和，汪然若秽浊，而志成勤浣濯，时洗涤，指爪颜容至修洁，车亦光华可鉴，故独为士女所喜，得资乃独多。自寇亚，京津奇窘，独东安市场及各电影院士女如云，不少减色。志成凌晨起，出昨日所得，市米蔬为姑饭，停午[1]出其车以俟，夜分归，得钱可一元余。自有日寇车未出，乘者已来召，得钱反较多，奉姑市米蔬如故。车渐敝，则乘者为之新，若踏铃，若暖盖，若围膝之毛毡；

---

[1] 停午：正午，中午。

衣渐敝，若青布棉袍、洋缎夹裤、漂白汗衫、白毛巾、暖帽、青布跑鞋等，亦皆新之，而志成激感之余，唯有尽其力以拉，得其钱以养，未尝有所冀也。乘志成之车者凡三，皆女子，所往来多东安市场及电影院、香粉店或饭店，而王府井大街某衣庄，尤月必数数至。自某女为以新车易衣，日予一元，月予十六元，独专之，彼二女，则餂[1]之而无如何。岁将阑，女出二百元酬其劳，不敢受，强而后受，女绝之，莫识其故也。吾识志成已数年，诚恳寡言笑，不好为夸大之词。尝言：所拉乘者皆喜制鞋，入鞋铺，自窗间望，出素足，絜[2]短长、宽仄、高低、肥瘦、利钝，往往经一时。比取，又出素足，又较量短长、肥瘦、宽仄、高低、利钝，口讲指画，忽立，忽坐，忽旁睨，忽鉴影，忽跳，忽摇摆。又一时，矫其不合者，存其已合者，往返可三四次，而月必市鞋两三双云，其言颇可味。志成颇疑赠金者即某将军记室之妾，或者宜作如是观。

1932 年 2 月 22 日
《北平晨报·艺圃》
署名非厂

---

[1] 餂（tiǎn）：用甜言蜜语诱取。

[2] 絜（xié）：泛指衡量。

关髯翁

　　翁姓瓜尔佳氏，译为关，自民国始。伟岸广髯，年在七十上，人
辄呼为髯翁，翁不自疑。翁满洲人，与清室同休戚也，职不甚显，而
席丰履厚，得以优游，以翁所私自祷祝切盼而清室尚迄今者，则翁之
为翁，尤足以自豪，而翁今乃有不遇之叹，是岂翁所自料。得识翁独
晚，五年前吾在近邻澡堂浴，闻人谈翁事，窃欲一识其人，日伺澡堂
冀遇翁，数日后始晤，豪爽有古侠士风，与之谈北京事，独历历如数
家珍，知盖留心于掌故者。既过从，得闻翁家事及所嗜好甚详，振奇
之士，翁宜当之无愧。今翁病且死，撷其家乘传状之遗，为之别传。

　　翁名松寿，字季眉，正黄旗满洲人也。世居京师，幼年习骑射，
读书不甚多而颇识其义。善蝇头楷，能立书，不据案，以故为某达官
所喜，得一官。喜养狗，狗之毛色、肥瘠、短长、嘴爪皆中矩。每隆
冬，养狗之友三数人，披羊裘，戴黑猴毡帽，帽以库金绦为缘，御鹿

皮裤，挟其狗以猎，若南口，若十三陵，若易州，若居庸关，往往猎十余日满载归，以为乐。时天潢贵胄有号称所谓"红带子""黄带子"者，尤横暴，其所为往往摹拟费德功、窦二敦其人，结党联群，以为奸淫劫夺、侮良诲盗之举，微特四民所不敢抗，即满员近侍亦莫敢撄其锋。翁有狗曰"顶儿"者，长喙大耳，广额细腰，被黑毛，闪闪发奇光；头之顶白毛一撮若满月，四足健走直可追风，尤为人所艳羡。猎既归，进西直门，招摇过通衢，择临窗饭肆而系其狗，悬示其所获。有某四爷者，"黄带子"也。久欲得其"顶儿"，至是伏尽起遽牵去。某四爷则故昂然据对案，视翁作苦笑。四爷之名震都下，人至以遇四爷为诅咒。翁之友目视翁示之忍，翁泰然径前礼四爷，甚恭，"四爷果喜是犬，则获进四爷，犬且得所。犬为吾养，辱于槽枥也"。卑其词，四爷果大乐。翁由是夤缘[1]四爷，领其徒党。四爷玩嗜狗马日甚，而为恶之迹遂敛，死且托遗孤焉。

翁纳妇，妇不得于姑，翁有妹未嫁，遇嫂尤不中礼。姑好食水饺，饺之皮以面，压为饼，饼之薄，缘边视饼心须倍之，入以馅，合其边缘，全饺之皮始匀停，不择边厚而心薄矣。妇不习是术，往往自晨迄未为饺七八次，卒不能，罚使捧饺跪，终日不得入勺饮。自月朔逢奇例食饺，食则必跪，未朞年妇死，誓不复娶。

姨氏有女曰婉姑者，遇其嫂尤苛。旗籍人视女，其权威独能及于嫂若弟妇，嫂与弟妇宜皆忍受，不可抗。嫂有孕，腹渐凸，则迫使伛偻行，食日使缩。出囊金予兄宿娼妓，勿使同居。腹愈彭亨，愈使操巨役，流其产，翻詈妇不慎，薄大归，翁盖夙知其行。母以姨故续其

---

[1] 夤缘（yín yuán）：比喻攀附权贵以求进身。

女，妹与婉姑尤相得也。婚既定，迎娶有日，翁则泰然处之，若不甚措意者，及期贺客满庭，翁竟不辞而去，以绝命词裹白刃使人投之姨，母与姨莫如何也。如是者可十年，闻人言母病，始奔归，翁盖出山海关变姓名为盛京将军属吏矣。时妹已嫁，姨寡，婉姑自尔改其行，誓不复嫁，卒成婚。

既识翁，一日以"炸酱面"饭我。吾夙不能食面条，"炸酱面"尤畏不敢尝，辞焉。翁笑谓："北京所谓'炸酱面'者，吾家当推第一。当母在日，日逢偶，必食'炸酱面'，母又喜精洁，故所为'炸酱面'，辄随季节品物而不同。前妻不能事炊爨，继妻则颇承母欢得其传，久为亲朋赏识，君不可不一尝也。"出小瓷杯共饮，以青花小盏盛"炸酱"，酱以羊肉碎为末，佐以茄，茄细且碎，入油炸之，色焦黄，入口蘑丁少许，酱细腻而润泽，味不凡。面为条，以手伸之，皆圆细停匀，温润有泽，不劲挺，不柔靡，平生不曾遇也。以猪肝佐以毛豆为汤，肝鲜嫩而不腻，汤之味尤艳美。食竟请见妇，所谓婉姑者已颁白老妪矣。翁言："母氏自制酱，得妙诀，以其酱治活鲤，味独胜。妇又善制鲫，鲫之味初夏最美，取其大者为羹，尤为绝品。母善解鱼，凡鲤鲫鳜鲶之属，自其鳃取去骨刺，鱼不变形，殆为绝技。妇得之治鲫，入鸡卵、香菇、茭白之属蒸之，羹作葵花色，鱼卧其中，若被锦然。骨刺既去，佐品与汤之味咸入腠理，鱼肉之美，得与汤通，故其羹独绝。"吾曾见某故家食"春饼"（又曰薄饼，以在春季食之而又最薄也），佐饼之菜，得四十八品，而鸡鸭肉腊等纯为肉者尚未计也。若合咸菜四品计之，得六十四品，其不假手厨娘，为主妇自治。得二十有八，五光十色，蔚为大观，不可谓非盛馔矣。翁言其家食"春饼"，得二十四品，已不胜其繁，若盛以粉定瓷碟，遥观之，亦有奇致。

翁有三女一子，女皆适人。其女得母氏教，略读书，至孙女尤然。翁言："北京人于女子，教以二科，所谓'炕上地下'也。裁缝、刺绣之事，凡坐而能者，谓之'炕上'。洒扫浣濯、炊爨庖厨以及应对趋跄、周旋酬答之事，所谓'地下'也。俗之尚，务勤务俭，主妇有司，媳女有事，不相混，不相诿；童仆婢媪，各专所役，无敢或怠，故其家整饬有条理。吾所经历即如此，吾于女唯教之使为贤妇，吾家之精馔，固不必传也。"

　　非厂曰：每遇翁，翁辄叹壮年狗马事，过从审，见其祖孙父子相为乐，有足式者。翁有巨瓮，已裂，储酒其中，对客辄饮，饮辄欷歔。翁非有过人之才，其为识尤不足以言于缙绅先生，吾特喜其有类于"炸酱面"之堪味也，辄书之。

1932 年 7 月 15、16、18、19 日
《北平晨报·非厂随笔》
署名非厂

钓者

　　居帝京，非有长江大泽巨浸衮湖，而独以钓鱼世其家，累数世不替，吾实见其人恨晚焉。钓者年已近六旬，聪其耳，明其目，操舟炙日，少而强者且不逮。其为钓，自八龄随父在中南海，中南海向来禁地，多巨鳞。钓者隶内务府，夤缘纳交监寺，得出入，祖父相传及钓者，钓者世其业，丁国变不辍，一家赖一竿糊口。禁地多金鳞鲫，鲫在群鱼为贱，唯体巨肉肥乌目金鳞，求之者咸以为美，往往价高群鱼数倍。钓者御小舟，荡乎藻繁草密之处，执短竿，系饵，辨声察迹，觅鱼所在，投其饵，一钩而出，往往重斤许，每斤得银一圆，除阴雨风晦冰冻，一家恃温饱。往者吾见驾轻舟，即水草深处投饵，舟行疾徐皆如意，将近鱼，舟唯稳，平静若落叶着水，借微风推行，心知其异。及得见，观其持竿觅鱼投饵，知其于此道已三世，则又无怪其然。钓者曰：年近六旬人，初不料将不获以此卒糊吾口也。呜呼，岂特一钩者为然耶？而说者曰：此俗所谓"买卖竿"耳！为雅人所不取。唯其然，吾所以书之，以告世之所谓雅人者。

1933 年 8 月 11 日
《北平晨报·艺圃》
署名非厂

养庠先生书诗

　　星期日晨，从我学书画篆刻者五六人，我不能满其所欲，从我者多以片楮只字为珍。有藏古碑版、书画，下至于鸽之哨、雀笼之抓者，携之来共赏，我好弄，从我者亦渐濡染。我不曾学翎毛，有讥我者我不以为耻。夜长，潜拟明人白头鸟，饰以朱梅，张壁间，供星期之晨，博从我者笑乐。师与弟正纵谈，不意诗人养庠先生忽莅止，光我蓬荜姑不谈，疾攫《辞源》大检，检未已，童子以报人，先生亟翻阅。又检，索笔纸书七律一首，名其篇曰《有感》。手指拙画白头鸟以为佳，恋恋不忍舍也，即以为赠。先生闽人，有燕赵人风，因录其诗如后：

　　渔师闽海报驱□，试问黔黎感若何？共道千秋悬国耻，争教一旦息金戈。军中大将抒三略，灯下鲰生读九歌。深夜徘徊忧莫解，故园草屋梦偏多。

1934 年 1 月 17 日
《北平晨报·闲谈·十》
署名闲人

友人谈锋

　　星期日的上午，我那间客厅而带卧室的房间里，忽然来了几位朋友，因为彼此都不大客气，所以谈得很起劲，由《答病人与闲人论画》而谈到了未来的京畿专校[1]。原来这个专校，在艺术界同人都很注意的，我于是顿开茅塞，闻前此所未闻。

　　朋友原是三位，而谈锋备具两面，大概一面是想上台而未得的，一面是已经接过头，大约对于上台或者许有几分把握的；但这是我的揣测——我因为谈锋而揣测出的，至于是否如此，我却不大敢确定。

　　我的画桌，原是一块裱画的大案，两头支起两支长腿板凳，本来不大稳当，他们谈得顶起劲的时候，忽拍起桌案来，气势汹汹，不相上下，弄得这画桌，马上摇起来似乎要塌台。我一面为这亲爱的画桌

---

[1]　京畿专校：指国立北平艺术专科学校，校址在北京西城前京畿道。

叫屈，一面为调解两方的情感，我斟起几杯水酒，送上一碟卤鸡腿，佐以苏州的松仁蜜枣，他们的谈锋方始稍杀。不想我养着不开眼的两只猫，它们为鸡骨而斗争起来，"夫夫"地叫着，不可开交。我笑，朋友也自笑了。

1934 年 6 月 27 日

《北平晨报·闲谈·十九》

署名闲人

拟撰画友录

闲人曰：佛航先生趁暑期之便，大事搜讨画苑先贤之逸事逸闻，倘亦有鉴于末俗而故为是讽乎？今日画苑诸师友，其所作为，皆高于古人，闲人倘稍闲，当撰画友录以张之，佛航先生且勿小觑叶哉！一笑。

《板桥笔单》 佛航

字画索润，古人所有，尝见郑板桥自书画润例文曰：大幅六两，中幅四两，小幅二两；书条对联一两，扇子斗方五钱。凡送礼物食物，总不如白银为妙，公之所送，未必弟之所好也，送现银则中心喜乐，书画皆佳，礼物既属纠缠，赊欠尤为赖账，年老神倦，不能陪诸君子作无益语言也，"画竹多于买竹钱，纸高六尺价三千，任渠话旧论交接，只当秋风过耳边"。快人快口，亦放诞，亦蕴藉，此老迥异时流，视彼卖技名士，偶逢故旧，貌为口不言钱，而实则矫情以要厚酬，雅俗真伪何如乎？质之闲人先生，当亦莞然一笑。

1934 年 7 月 18 日

《北平晨报·闲谈·二一》

署名闲人

刘半农先生溘逝

　　刘半农先生溘逝，为国学上一大损失，知与不知，莫不同深哀悼。先生此次赴西北，蒙王欢宴于"蒙古包"中，先生坐，从行学生左右侍，环头言曰：此颇似古墓环侍状，言已大笑。不意竟成语谶，惜哉！

1934 年 7 月 17 日

《北平晨报·艺苑珍闻》

署名闲人

纪念半农先生

我们怎样来纪念刘半农先生？这话无论从哪一方面讲，都觉得他老是聪明极顶，是莫测高深的，而他竟未竟全功，就此戛然而止，仿佛天公也嫉妒他，忌恨他，唯恐其发泄全秘似的。——我就他所已公诸国家社会的那些东西，我觉得天公是如此的。

他的那些逸闻轶事，已有许多人设法公布了。据我所知道的，小仲马那篇《茶花女遗事》，除掉林琴南那篇古文外，最初译为白话的是半农博士。吴迪生君是善于造印泥的，博士赠吴君诗："国家破碎黉庠毁，为政为师两不宜；我羡此君能食力，丹砂细捣制精泥。"博士自谓诗要打油，此诗末句成何景象？似乎和吴君开一个小玩笑也。

他那篇《半农杂文》，前经星云堂书店给他排印，就在他弃世的前几天与世相见了。我们要纪念半农先生，最好先要读他那篇自序。现在把它抄在下面：

我在十八九岁时就喜欢弄笔墨，算到现在，可以说以文字与世人相见，已有二十五年的历史了。这二十五年中通共写过了多少东西，通共有多少篇，有多少字，有多少篇是好的，有多少篇是坏的，我自己说不出，当然也更没有第二个人能于说得出。原因是我每有写述，或由于一时意兴之所至，或由于出版人的逼索，或由于急着要卖几个钱，此外更没有什么目的。所以，到文章写成，寄给了出版人就算事已办完。到出版之后，我自己从没有做过搜集保存的工作：朋友们借去看了不归还，也就算了；小孩们拿去裁成一块块的折猢狲，折小狗，也就算了；堆夹在废报纸一起，积久霉烂，整个儿拿去换了取灯，也就算了。"散帙千金"，原是文人应有之美德，无如我自己也不知道什么缘故，在这上面总是没有劲儿，总是太随便，太"马虎"；这大概是一种病罢？可是没有方法可以医治的。

　　我的第二种病是健忘：非但是读了别人的书过目即忘，便是自己做的文章，过了三年五年之后，有人偶然引用，我往往不免怀疑：这是我说过的话么？或者是有什么书里选用了我的什么一篇，我若只看见目录，往往就记不起这一篇是什么时候写的，更记不起在这一篇里说的是什么。更可笑的是在《新青年》时代做的东西，有几篇玄同替我记得烂熟，至今还能在茶余酒后向我整段整段的背诵，而我自己反是茫茫然，至多亦不过似曾相识而已。

　　因为有这"随做随弃""随做随忘"两种毛病，所以印文集这一件事，我从前并没有考量过。近五年中，常有爱我的朋友和出版人向我问："你的文章做了不少了，可以印一部集子了，为什么还不动手？"虽然问的人很多，我可还是懒着去做；这种的懒只是纯粹的懒，是没有目的和理由的。但因为他们的问，却引动了我的反问。我说："你们要我印集子，难道我的文章好么？配么？好处在哪里呢？"这一个问题所得到的答语种种不同，有人说："文章做得流利极了。"有人说："岂特流利而已。"（但流利之外还有什么，他却没有说出）有人说："你是个滑稽文学家。"有人说："你能驾驭住语言文字，你要怎么说，笔头儿就跟着你怎么走。"有人说："你有举重若轻的本领，无论什么东西，经你一说，就头头是道，引人入胜，叫人看动了头不肯放手。"有人说："你是个聪明人，看你的文章，清淡时有如微云淡月，浓重时有如狂风急雨，总叫人神清气爽；绝不是腻腻的东西，叫人吃不得，呕不得。"有人说……别说了！再往下说，那就是信口开河，不如到庙会上卖狗皮膏药去！

虽承爱我的朋友们这样鼓励我，其结果却促动了我的严刻的反省。说我的文章流利，难道就不是浮滑么？说我滑稽，难道就不是同徐狗子一样胡闹么？说我聪明，难道就不是说我没有功力么？说我驾驭得住语言文字，说我举重若轻，难道就不是说我没有学问，没有见解，而只能以笔墨取胜么？这样一想，我立时感觉到我自己的空虚。这是老老实实的话，并不是客气话。一个人是值不得自己的严刻的批评的；一批判之后，虽然未必就等于零，总也是离零不远。正如近数年来，我稍稍买了一点书，自己以为中间总有几部好书，朋友们也总以为我有几部好书。不料，最近北平图书馆开一次戏曲音乐展览会，要我拿些东西去凑凑热闹，我仔细一检查，简直拿不出什么好书，于是乎我才恍然于我之"家无长物"。做人，做学问，做文章，情形也是一样。若然蒙着头向着夸大之路走，那就把自己看得比地球更大也未尝不可以。若然丝毫不肯放松地把自己剔抉一下：把白做的事剔了去，把做坏的事剔了去，把做得不大好的事剔了去，把似乎是好而其实并不好的剔了去，恐怕结果所剩下的真正是好的，至多也不过一粒米大。我这样说，并不是要叫人丧气，从而连这一粒米大的东西也不肯去做。我的意思却是相反：我以为要是一个人能于做成一粒米大的东西，也就值得努力，值有勇气。

  我把这部集子叫作"杂文"而不叫作"全集"或"选集"，或"文存"，是有意义的，并不是随便抓用两个字，也并不是故意要和时下诸贤显示不同。我这部集子实在并不全，有许多东西已经找不着，有许多为版权所限不能用，有许多实在要不得；另有一本分讨论语音乐律的文章，总共有二十多万字，性质似乎太专门一点，一般的读者，决然不要看，不如提出另印为是。这样说，"全"字是当然不能用的了。至于"选"字似乎没有什么毛病，我在付印之前，当然已经挑选过一次；非但有整篇的挑选，而且在各篇之内，都有字句的修改，或整段的删削。但文人通习，对于自己所做的文章，总不免要取比较宽容一点的态度，或者是自己的毛病，总不容易被自己看出，所以，即使尽力选择，也未必能选到理想的程度。这是一点。另一点是别人的眼光，和我自己的眼光决然不会一样的。有几篇东西，我自己觉得做得很坏，然而各处都在选用着；有几篇我比较惬意些，却从没有人选用。甚而至于我向主选的人说："你要选还不如选这几篇，那几篇实在做得不好。"他还不肯听我的话，或者说出相当理由来同我抗辩。因此我想：在这一个"选"字上，还是应以作者自己的眼光做标准呢，还是应以别人的眼光做标准呢？这问题没有解决之前，不如暂时不用这个字。说到"存"字，区区大有战战兢兢连呼"小的不敢"之意！因为存也者，谓其可存于世也。古往今来文人不知几千万，所作文字岂止汗牛而充栋，求其能存一篇二篇，谈何容易！借曰存者，在我以为可存，然无张天师之妙法，岂敢作"我欲存，斯存之矣"之妄想乎？

今称之为"杂文"者，谓其杂而不专，无所不有也：有论记，有小说，有戏曲；有做的，有翻译的；有庄语，有谐语；有骂人语，有还骂语；甚至于有牌示，有供状。谓之为"杂"，可谓名实相符。

语有之："文章千古事，得失寸心知。""千古"二字我决然不敢希望；要是我的文章能于有得数十年以至一二百年的流传，那已是千侥万幸，心满意足了。至于寸心得失，却不妨在此地说一说。我以为文章是代表言语的，言语是代表个人的思想情感的，所以要做文章，就该赤裸裸的把个人的思想情感传达出来：我是怎样一个人，在文章里就还他是怎样一个人，所谓"以手写口"，所谓"心手相应"，实在是做文章的第一个条件。因此，我做文章，只是努力把我口里所要说的话，译成了文字：什么"结构""章法""抑扬顿挫""起承转合"等话头，我都置之不问，然而亦许反能得其自然。所以看我的文章，也就同我对面谈天一样：我谈天时，喜欢信口直说，全无隐饰，我的文章也是如此；我谈天时喜欢开玩笑，我的文章也是如此；我谈天时往往要动感情，甚而至于动过度的感情，我文章中也是如此。你说这些都是我的好处罢，那就是好处；你说是坏处罢，那就是坏处；反正我只是这样的一个我。我从来不会说叫人不懂的话，所以我的文章也没有一句不可懂。但我并不反对不可懂的文章，只要是做得好。譬如前几天我和适之在孙洪芬先生家里，洪芬夫人拿出许多陶知行先生的诗稿给我们看，我翻了一翻，觉得就全体看来，似乎很有些像冯玉祥一派的诗；但是中间有一句"风高谁放李逵火？"，我指着向适之说："这是好句子。"适之说："怎么讲法？"我说："不可讲，但好处就在于不可讲。"适之不以我说为然，我也没有和他抬杠下去，但直到现在还认这一句是好句子。而且，我敢大胆地说：天地间不可懂的好文章是有的。但是，假使并不是好文章，而硬做得叫人不可懂，那就是糟糕。譬如你有一颗明珠，紧紧握在手中，不给人看，你这个关子，是卖得有意思的；若所握只是颗砂粒，甚而至于是个干矢橛，也"像煞有介事"地紧握着，闹得满头大汗，岂非笑话！我不能做不可懂的好文章，又不愿做不可懂的不好的文章，也就只能做做可懂的文章，要是有人因此说我是个低能儿，我也只得自认为活该！

1934 年 7 月 21 日
《北晨画刊》第 1 卷第 10 期
署名闲人

刘半农书扇

蝴蝶之会

　　星期日万寿山有蝴蝶之会[1]，座中有俞涵青[2]、李晓东、何克之[3]、汤尔和[4]、何亚农[5]、溥叔明[6]、王梦白、张大千及我，人各携佳肴两品，我以未之前约，唯两肩承一喙耳。席间有窝窝头，有清拌萝卜缨，有紫鲍，有烧白菜，争奇斗异，尽态极妍，此一聚为名园生色不少。席将

---

[1] 蝴蝶之会：往昔文人郊游野餐，常带两碟菜一壶酒，一把壶左右各放一个碟子，状似蝴蝶，既形声，又象形，行蝴蝶之会，作赋诗游，极富艺术情调。（参见韦燕生主编《中国旅游文化》，旅游教育出版社，2014年）

[2] 俞家骥（1877—1968），字涵青，浙江绍兴人。曾任北平图书馆馆长兼大陆银行北平分行经理。文物收藏家。

[3] 何其巩（1899—1955），字克之。北平特别市政府首任市长，中国大学校长。

[4] 汤尔和（1878—1940），原名汤肃，字调鼐，晚年号六松老人。历任教育总长、内务总长、财政总长。1937年抗战爆发后任伪议政委员会委员长、华北政务委员会常委兼教育总署督办等职。

[5] 何亚农（1880—1946），原名何澄，字亚农，别号真山。文物鉴赏收藏家。

[6] 溥僡（1906—1963），字叔明。工词曲、书法。

终，忽来疾雨，雨之先，有声挟暴风，势若万马奔腾，自远而近，瞬息至，雨骤，极排江倒海之势，而卷地风来，又一天云雾散也。饭后来听鹂馆与大千、梦白合作扇头，我为尔和写两蛱蝶，为克之写双蜜蜂，尔和因有"浪蝶游蜂"之句。昔徐悲鸿曾于大千写秋海棠而为一字评曰：淫。今大千为尔和克之写海棠，故诗及之。克之援其例以评尔和诗曰：荡。同人乃相与大笑。是会合作扇头共六叶，叔明、尔和均有诗，亚农书法娴雅，克之诙谐，若天上奇峰，变幻莫测，皆一时之可记者也。

1934 年 7 月 31 日
《北平晨报·闲谈·二四》
署名闲人

贺新房

　　何八爷住在王大人胡同一号，因之俞涵青、汤尔叟、何克之三先生具柬为八爷贺新房。一时被邀的，有溥叔明、王梦白、张大千、李晓东诸人，而我亦叨陪坐末。八爷书法淡雅，尤长于打油诗，"滑头""矫首"那一联，久已传遍艺林，脍炙人口。席用淮阳春的菜，由涵青先生提调，涵青真内行，提调得淡而有味，叔明先生大吃香菇，赞叹不绝："清且腴。"克之拍案曰正好对那日的"美而艳"，阖座为之哄堂。

1934 年 8 月 8 日
《北平晨报·艺苑珍闻》
署名闲人

邵次公、傅芸子、潘岂公近况

邵次公先生诗词书法名重艺林，此次由河南来平，获晤于广和饭庄，先生年四十有七，长我才一岁耳。席间并晤及傅芸子[1]先生，芸子盖由日本归未久者。

潘岂公先生，消息沉沉，前日得先生一卡片，邮自南昌环湖路者，寄我两诗，嘱刊《艺圃》（另见），附为友人（？）赠扬州使小喜子一联云：

喜怒周环，浮生梦影；子母钩带，北里世家。

此联唯恐天和阁主人[2]见之，采入联话，特先襮之。

1934 年 8 月 29 日
《北平晨报·艺苑珍闻》
署名闲人

---

[1] 傅芸子（1902—1948），字韫之，别号餐英、竹醉生，笔名双槿等。满族，北京人。民俗学家、报刊编辑。戏曲理论家傅惜华之兄。
[2] 陈慎言，室名为天和阁，著有《天和阁联话》。

邱石冥不食果子狸

昨日在南海云绘楼小聚，梁君希之出佳肴飨客，多而精，皆出梁夫人手，其中一品，为我曾闻其名而未曾食过者，广西之"果子狸"肉也，味美而醇，不觉大嚼。座间有画家邱君石冥[1]，初闻此名，眉频皱，比见，入如秦庭[2]，勺饮不入口，虽经主人往复解说："此狸虽猫种，仅食果品，味且美……"邱君抱定"某未达，不敢尝"也。

1934 年 8 月 31 日

《北平晨报·闲谈·三三》

署名闲人

---

[1] 邱石冥（1898—1970），原名树滋，又名稚，号石冥山人，贵州人。画家、美术教育家。

[2] 秦庭：典出《春秋左传正义》卷五十四《定公·传四年》。春秋楚国伍员，因家族被楚王诛灭而奔吴，谓其友申包胥曰："我必复楚国！"包胥曰："子能复之，我必能兴之。"后伍率吴兵破楚，申包胥乞师于秦。秦王不许。申"立依于庭墙而哭，日夜不绝声，勺饮不入口七日"，秦为所感，遂救楚。后世以"哭秦庭"为请兵纾国难之典。

悼戚友

　　连日戚友之死亡，已使我悲悼痛惜。梦白死于痔，其遗孤赖友朋之助，或者不至有冻馁之虞？今蒲君伯英又以殁闻，为疾且不数日，何凋殂若是之速耶？本来生今之世，倒不如撒手成空，一了百了，吾且为后死者忧，盖人唯陷于不死不活为足悲耳。至戚钟君子茂，向供职于工务局，以谨饬闻，故历任长官得不摈，此次长官易，正新旧移交日，君竟以暴疾病于工务局，舁[1]至家，不复能言，一夕而千古，妻老子幼，无蓄积，无恒产，其萧条之状，视梦白尤甚。而旧长官已去，新长官方来，求少得恤孤之金，尚不知须费几许周长也。君年五十有四，为人长厚有礼，出作入息，忍苦耐劳，今竟如此，吾不暇为死去者哀也！

1934 年 10 月 31 日

《北平晨报·闲谈·三九》

署名闲人

----

[1] 舁（yú）：抬。

佛航赠闲人爱菊诗

　　我爱菊，我于菊之以生以长以成，且略明其燥湿寒燠、肥瘦变化之理。洋菊入中国，其时虽未见著录，而沈启[1]《南洋菊图》，固已明著其来甚久也。今日之艺菊者，皆日本种，日本种非不美，效其法而为之，亦足以赏心娱目。我既恨无此力以致之，且以其状顽艳，绝类大丽花，不欲培之。顷者佛航君以佳章见投，可感也；爰为录出如后，"拈花一笑"我唯有苦脸向人耳！

　　　　闲人先生爱菊，赋二律以诒之，□祈□诸艺圃，聊博一粲，非敢言诗也；用纪年华而已。佛航。

---

[1] 沈启（1491—1568），字子由，号江村，江苏吴江人。嘉靖十七年（1538年）进士，授职南京工部营缮司主事。著有《南船纪》等。

秋来何处寄相思，却有黄华发逸姿。为殿群芳常落落，缘留佳色故迟迟。且看上苑无花日，正是东篱掇秀时。满院金光吹不落，风人不唱半山诗。

诞辰雅合是重阳，风雨满城独自芳。荣归老圃都成锦，瘦比佳人不碍黄。占断秋光无俗艳，优游晚节有余香。梅晋百朋松晋畯，届赓此客寿千霜[1]。

际此季世，花样翻新，争艳竞奇，天花乱坠，吾侪艺花无力，看花无心，每悲花落，遑赛花开，但悯黄花，将成明日，暂借此花，报诸佛前，吾友闲人，亦隐逸者流，得毋睹我拙句，拈花一笑乎？佛航又志。

1934 年 11 月 27 日
《北平晨报·闲谈·四四》
署名闲人

---

[1] 菊花别名寿客。

红蕉簃主示《说钓》

　　我本世家子，苟活四十余年，论所学所能，皆不如人，独于钓鱼自谓平生第一，养鸽次之，写字又次，作画治印写文章最下。闲尝与红蕉簃主谈之，主人诚笃之士，以《说钓》一文见示，视我太高，我不敢承，生今世，要唯钓鱼足以弭祸耳！因录其文如后。

说　钓

红蕉簃主

　　示闲人先生用博一粲

　　钓，小道也，正言之，可以窥人旨趣；喻言之，可以鉴人品格焉。士君子躬逢季世，抱出世观，泥涂轩冕，淘性烟霞，手三尺碧纶，垂钓于岩濑苕溪间，其韵，则山高水长；其天，则斜风细雨，故其为人也，可以廉顽立懦，盖无所营于钓之外者，而钓亦千古矣！

　　更有临渊而羡，顿生机心，陷溺迷津，入而不返，以管城[1]为竿，以翰墨为纶，擒藻扬芬以为饵，投机文海，觊名禄若锦鳞，旦旦而钓之，不患得焉，即患失焉，其为人也，大有欲于钓之中者，而钓斯为下矣！

　　至若竭泽而渔，不恤池鱼之殃，一网打尽，早悖不纲之训，是屠也，盗也，非钓也。钓亦有道，神而明之可也。

　　吾友善钓，有濠梁兴，能知鱼之乐，尝笑人不知其能知鱼之乐也，虽投纶人海，而和光同尘，能入能出，故即笔政旁午[2]，犹尝优游瀛海琼岛之前，呜呼，此其所以为闲人欤？

1934 年 12 月 17 日
《北平晨报·闲谈·五十》

---

[1] 管城：毛笔代称。
[2] 旁午，亦作"旁连"。交错；纷繁。

汤尔叟以日本人深泽氏所译《西厢记》见贻

日昨汤尔叟以日本人深泽氏所译《西厢记》见贻，中有尔叟题端曰"横扫五千人"。尔叟书有晋唐人风味，非晚近一味粗狂怪诞者所可比。册首由伪国某要人题端八字，曰"始乱终弃，嗟何及矣"，读之令人发噱。尔叟附以诗曰：

居然荡妇也心灰，孰是冤家孰祸胎？尽作痴聋仍受辱，纵为傀儡不登台；淫奔难见先人面，野遇偏斟合卺杯；怨藕而今何所怨，只应谢汝作良媒。

甘言密语唾犹香，入瓮今番请一尝；满拟新朝多雨露，不图王道太凄凉；更谁保障私生子，到此思量节烈坊；知否咄嗟而毋婢，老奴安敢抗颜行！

册首尚有丁仕源一叙，于西厢词曲之变衍颇详，下钤小印曰"满洲使者"，倘可传之数十百年，亦印林中一段史料也。

1935 年 1 月 14 日
《北平晨报·艺苑珍闻》
署名闲人

潘凫公诗文闲雅

我在报屁股写杂文，我并不懂得什么是文章，我只觉得蕴于心的，抑压至极，不得不宣泄一下，而我这种宣泄，是无有计划不择手段信笔一写的。友人潘凫公诗文闲雅如其人。近刊《寋安五记》一小册，他在那篇序文里，序得很详瞻，我且把他节抄出来，作为介绍。

《寋安五记》者，余十年搜讨而获于一旦者也。始余居故都，见《玄玄记》《归燕记》，心好之，辄割存箧衍，而恨其断缺。及来上海，又见《锁骨记》，署名寋安，与前二记同辞，尤诡丽悲痛，思一考其人，不可得。……寋叔字安，谯国人，俶傥奇伟，慨然有雄霸之度，复多幻丽之思，其论文存神而遗貌，破弃拘墟之习，能工古今众体。……未几邮致寋安之文五页，谓其余不可遽得。……寋安并世人，其言影剧，言女学生，言报纸，皆今世事也，而故托其时曰李唐，诡其身曰象教。犹复恣为刻画幽隐之辞，何其错近而难通与！然而求其旨之所寄，则又抑塞磊落，发以为激昂勃烈之音。其假柳子厚之事以推论人才，诚痛乎其言之也！呜呼！沉郁之情，缘以芬丽，愤慨之意，乱以燕私，此非有托而逃者乎？……

1935 年 1 月 25 日
《北平晨报·艺苑珍闻》
署名闲人

吴宓的《忏情诗》

　　顷由总编辑处交下一函，内诗稿一纸，信一叶，系国立清华大学西洋文学教授吴宓[1]（信中自署如此）先生所著。读其诗，想见其人，其人欲"恳登于贵报文艺版中，即外加方框杂于诗话笔记小说诸件之间"，今特绍介之植于栏首[2]，原注"未完待续"，想读者当不以一斑责我也。

关于毛彦文一点传说

　　熊凤凰[3]娶毛彦文作太太，传遍了中华古国，三三六六九九，直弄得大好山河，都要为之变色：这位老当益壮的熊翰林，我本不配去谈；至于那位毛彦文太太，据说：是和国立清华大学西洋文学教授吴雨生

---

[1]　吴宓（1894—1978），字雨僧，陕西泾阳人。学者、诗人、教育家。曾任清华大学、北京大学等校教授，著有《吴宓诗集》《吴宓日记》等。

[2]　吴宓《忏情诗》三十六首，在《北平晨报·艺圃》连载五次，此为"闲人"（于非闇）诗前介绍文字辑录。原诗略。

[3]　熊凤凰指熊希龄（1870—1937），字秉三，湖南凤凰人。1913年当选中华民国第一任民选总理，晚年致力于慈善和教育事业。著有《香山集》《熊希龄全集》等。

（宓）先生的《忏情诗》，似乎有一点儿关系。"曾经沧海难为水""沧海非指人乃指事""廿载相知七载苦"等等句子，或者是于毛彦文太太的恋爱过程中不无这一点回味。但我既不识毛，又不识吴，好在《忏情诗》又有"一续"寄来了，那我大胆地将人们的传说写在前半段。

昨天因得到吴雨生先生《忏情诗》，根据传述，才说了关于毛姑娘的一点传述。今又得到吴先生《忏情诗》的再续，据他那来信上说："预计再作六首，即共二十四首……语虽似泛，而情事皆真。如此次之第二首，指女士旧历除夕失怙，人日结婚。又第四首，指所用修面剃刀，为女士昔年由美洲购寄者。……"而吴先生并不曾说"女士"是何许人，而我则甚盼吴先生能完成这二十六首伟大的工作。

顷又得吴雨生先生诗稿，连前所刊十八首共为三十六首。吴先生来函云："……章法业已完具，但诗则愈作愈劣……最好能于三月十日以前登完，因报载凤凰新伉俪将于三月十日归居北平，今后决当默尔而息……"据此，则前所言传述为不虚矣。在记者之意，以为凑足二十六首，已属绝望，今竟以三十六首见贻，吴先生诚有心人哉！敢不谨遵台命，布告天下！"老少因缘，甘地表示反对"，见三月三日本报第六版，不审雨生先生读之，当作如何感想也？

日前在熊佛西先生处闲谈，佛西近颇画梅，夫人朱君允女士勉为终有成就之日，以故熊先生画梅愈起劲，第不审割须度蜜月的那位熊先生画眉如何耳！吴先生《忏情诗》，熊先生佛西，曾言其故实，甚长。录其诗以足三十六首。

1935 年 2 月 25 日，3 月 1、2、5、6 日
《北平晨报·闲谈·六六、六八、六九、七一、七二》
署名闲人

熊佛西画梅

前日双照堂[1]设宴，幸叨座末，肴馔之精，仿佛读倪云林山水，淡远有味。主人颇学写梅，孟晋[2]至可惊。犹忆前在写剧楼[3]作画，主人始以巨毫泼墨写老干，铁骨健挺，于梅干若不类，夫人遽前挥毫补数笔，宛然隋堤秋柳，主人意专专在写梅，复以墨汁渲枝干，老干坳然而屈曲，左右斜出两枝，若巨钳。余因略添数笔，便成数斤重之龙虾，此旬日前事也。饭毕，主人据案画老梅，逆锋直入侧出，斜横取姿，神韵仿佛《梅花喜神谱》，艺唯专而精，滋可纪也。

1935 年 3 月 12 日
《北平晨报·闲谈·七四》
署名闲人

---

[1] 双照堂：熊佛西北平旧居室名。

[2] 孟晋：孟，勉也。晋，进也。努力进取。

[3] 写剧楼：熊佛西室名，自署写剧楼主。

名园看海棠

　　月之十五日，萃锦园主人[1]见召赏海棠，一年一度，花则犹是也。是日群贤毕集，分韵赋诗，予幸叨座末，睹此名园坐废，不禁感慨系之。园中海棠，最大者四，高两丈许，大十人围，雪绽霞铺，醉人心目，无怪石崇愿以金屋贮之。观毕，时已五句，驱车至南海丰泽园，园中海棠红白各二，红者在颐年堂前，娇红中酒，视萃锦园尤浓艳。白者则位于含和堂牖下，花五出，皎若霜雪，巨干拔地，碧叶参天，瑰奇伟丽，使人有动心骇目之观。唯干上敷以白垩，借防虫蛀，则未免有污玉树耳。按海棠有色无香，唯颐年堂前二株，宛转风前，清香馥郁，徘徊其下，不忍恝然舍去。主人出醇醪剧饮，大醉而归，觉花香仍在怀袖间也。

1935 年 4 月 17 日

《北平晨报·闲谈·八一》

署名闲人

---

[1]　即溥心畬。

双照堂看牡丹

　　日前赴萃锦园看海棠，曾为《闲谈》布之，主人向不看报，于理发店见之，即逢人便询：闲人何人？是日来赏者无有闲人也！或告之，主人亦哑然而笑。北平牡丹，首推崇效寺，稷园则以多为奇，今皆含葩未吐也。写剧楼之西有双照楼者，堂宏敞伟丽，朝揖日，暮送落晖，时则待月视其团圞而升，时则啸月送其美满而落。堂之后有小丘，登之可以挹西山爽翠。右有崇楼，楼之上曾为驻仙之所。主人自定州得魏家紫牡丹两株，百余年前物也。植堂前，正怒发，望之若锦屏，岂独得地气之先耶？主人款客，客无不笑乐而去。名小说家陈慎言出语人曰："平生所见，止三位太太最心折，而三位之中，要以双照堂女主人堪称模范太太也。"

1935 年 4 月 22 日
《北平晨报·闲谈·八二》
署名闲人

四美具

　　双照堂赏魏紫，予曾为文记之，皇皇然以时与地而不朽也。左照片[1]，面团团头侧作浅笑，手扶膝，足尖相向而斗，道貌岸然者，小说家也。君为小说，体贴微妙，人疑为翩翩丰仪摩登少年。写曲滑，极尽市井，人又疑君为流氓，实则君家富藏书，学渊源有自，所为诗联话，清隽可喜，视瞎说尤工，顾独以小说名，未能尽其学也。御小马甲，曲肱伸右足，貌清癯，发梳尤净美者，军事专家也。君于决胜运筹之余，间写山水，出入四王之间，属文清利，谈尤风雅，蔼蔼然。工摄影，往往尽胶卷数束携镜箱二三不知疲。编画刊，斟酌去取，画片文稿布巨案，仿佛详审战图，笔墨尺度挥不停。立于二君之间，架巨而晶深之眼镜，只微弛若有所言，宽袍博带，望之俨然者，戏剧家

---

[1]　指同期刊登于非闇、穆蕴华、熊佛西、陈慎言四人合影。

也。君为洋学士，中国味道十足，无论一言一动、一颦一笑、一举手一投足，咸饶戏剧味道，而尤长于谈。谈锋纵，目眯口弛，滔滔然若决江河，实大声宏，往往惊四座。君善养花，蓄书画，书画为君得，无不什袭以藏。学画梅，不惜走千里，访梅法于汤定之。工烹调，其为味淡远若云林空亭古木。曲左肱拄腮，蹲坐于花池者，钓鱼专家也。浓须眉，北京旗人之风度十足。无事而忙，忙之极，借钓鱼以苏其喘息。居故都，故都名物颇究心，好畜鸣虫，冬日往往怀蝈蝈

"四美图"，左起：于非闇、穆蕴华、熊佛西、陈慎言

油葫芦之属，徜徉于茶馆酒肆。闲写文，务尽其情，泠然清峭。此四君者，各有专长，而不能尽窥其奥，自画面观之如各述。因题其端曰"四美具"。

1935 年 5 月 25 日

《北晨画刊》第 5 卷第 2 期

署名闲人

郑正秋

现在谁都知道明星公司三巨头：张石川、郑正秋和随胡蝶归国的周剑云。这三位可以说是明星公司的柱石，也可以说是上海影界三颗明星。不幸剑云欧游归来，正要以游历所得，贡献给银幕，而郑正秋君竟以宿疾不诊，溘然长逝。这是本月十六日上午的事，也正是上海各团体假座逸园，欢迎周（剑云）胡（蝶）之日。多么令人惨痛呀！

记者[1]认识郑君，好像是在民国十四五年之间，郑君正致力于京剧——票友、剧谈。那时沪上各报有所谓"丽丽剧谈"，文字绮丽，即是郑君手笔。我很记得因为我批评贾璧云[2]和郑君打了不少的笔墨官司。他那几篇东西，也很值得一读的。郑君在那时期，很反对文明戏，

---

[1] 记者：作者"闲人"自称。
[2] 贾璧云（1890—1941），字翰卿，早年艺名小十三旦。

可是不久郑君也加入了话剧。他能摘取故事，润以辞藻，借题发挥，很能唤起人民的注意，博得人们不少的同情，郑君以是才蜚声沪上。

郑君本出身富商，年已弱冠，很度过些浪漫生活。后来折节读书，有两年多，足不出户，他的成功，即基于此点。今不幸病殁，我于惊唶之余，很觉得他这一死，不仅是影坛上的损失。

1935 年 7 月 24 日

《北平晨报·闲谈·九八》

署名闲人

谢谢胡适之先生

　　上月三十一日那天，我会到冰森先生，他很诚恳地告我：《蒲松龄死年辨》[1]那篇文字，又出了"蘑菇"。我很诧异，以为那一篇东西，在报尾巴上登起来，不能说有什么大不了，因为报尾巴上的东西，不同讲学家那样太专门。它随时都可予人以驳辩的机会。因为它是公平的，是容纳多方面的。在八月一日的夜间，我接到胡适之先生的《蒲松龄的生年考》[2]，同时有写给社长陈先生一封信。我在室内气温达百〇三

---

[1] 履道：《蒲松龄死年辨》，1935年7月29、30日发表于《北平晨报·艺圃》。

[2] 胡适《辨伪举例》作于1931年9月5日，初刊《新月》4卷1号（1932年8月）。后改题为《蒲松龄的生年考》，收入亚东图书馆本《醒世姻缘》的附录里。论文结论是："蒲松龄生于崇祯十三年庚辰（一六四〇），死于康熙五十四年乙未正月二十二日（一七一五年二月二十五日），享年七十六岁。"1935年7月30日，胡适读到《蒲松龄死年辨》这篇指名反驳自己的文章后，认为该文是"捏造证据而诈欺取财，是不可恕的"。遂写信给《北平晨报》主笔陈博生责备编辑太疏忽，要陈将自己的信登在"艺圃"栏内，并重刊旧作，"以赎此失察之罪"。1935年8月5、6、7、9日《北平晨报·艺圃》连载刊登《蒲松龄的生年考》。

度[1]的当儿捧读，觉得汗流浃背，我岂止于"失察之罪"要"赎"，我觉得胡先生大文，肯纡尊降贵，光我《艺圃》，同时我这《艺圃》，蒙胡先生这样的重视，这是我毕生引为最大的荣幸！胡先生所谓"中学生应有的近代历史常识"，我很惭愧地承认我"连这点常识也没有"，因此对于履道先生那篇东西，贸然地、不顾忌讳地排出来。假如我有"这一点常识"，那我一定不会帮同履道有"诈欺取财"之嫌，而胡先生这一篇大文，也不会来光我《艺圃》。我在这里敬谨地谢谢胡先生。

1935 年 8 月 5 日

《北平晨报·闲谈》

署名闲人

---

[1] 此为华氏度（°F）。

再谢谢胡适之先生

　　胡适之先生，谁不知道是当代的学者？就写给博生先生的两封大札，学者的态度，表见得十足，这是在我这无有所谓"常识"的人看起来，觉得增加了不少的"常识"。

　　不过《艺圃》是公开的，是容纳多方面的。履道先生我并不曾识得，胡适先生我也未敢高攀，因我所处的地位，是无论识不识，无论所持的理由如何，总是在可能的范围之内，予以发表。且除了至好的朋友，偶然删换一两个字，此外是片言不敢加减的。我这种态度，持之数年，并不曾对于任何人有所"庇护"。我根本就没有"错"，更谈不到"认"不"认"！差不多我这种不偏不党的态度，是我们坐在编辑室里人所应有的。不能说胡先生的东西是御制的，旁人小涉辩难，就认为当付之大辟，而同时在发布这东西的人，也从轻科以"失察"：这是不是一种"常识"，我人微言轻，摹仿不出像胡先生那样学者的态

357

度。不过我因为看准了履道的那篇东西，胡先生无论如何是要应战的，所以我考量了又考量之后，我很自然的排了出来，结果，胡先生马上写了两封信，一篇文章[1]。小小的《艺圃》，经不起当代学者来凑热闹，于是沉闷的空气，一变而为活跃[2]，生龙活虎般贡献给一般读者，凭空的不晓得结识了许多新读者：这不能不说是我在编辑室里一点小收获，我谨掬至诚，再谢谢胡先生！

1935 年 8 月 23 日

《北平晨报·闲谈》

署名闲人

---

[1]　1935 年 8 月 21 日《北平晨报·艺圃》发表《蒲松龄死年辨之论战》(胡适先生来信)。

[2]　1935 年 8 月 14、16、17 日《北平晨报·艺圃》发表履道《“蒲松龄死年辨”之答辩》；8 月 23 日发表邵恒修《“蒲松龄死年辨”之商榷》。

涵 养

　　日前在一家朋友处闲坐，友家有古桂两株，盆栽，高与檐齐，在北平是很少见的。我们坐在花前，香味很浓馥的吹起来，觉得把什么事都忘了。

　　我这位朋友，是很古怪的人，他曾作太守一类的官，他能吟几首诗，能写一笔苏字。他饮酒的能力，差不多三五斤下去，不见得就会醉。当他酒下到肚皮里，引吭高歌，他又舞起剑来，能使友朋们，总是惊奇他那瘦瘦的面孔，怯怯的身子，如何会有这般的功夫。有一次我们俩到天桥去，天桥那块地方，是个是非之地，似乎不是我辈书生所应去的地方。不过我们要逛逛小摊，买一些不一定预备要买的东西，因此我们兜了两个圈圈，结果，他的车夫被盗，且被打了个头破血出，而对方仍虎虎的在那里啰唆。我睹此情形，不由得有些不平。但是他却处之泰然，安抚了车夫几句，使他拖起车子，连睬也不一睬地走了。他对我笑一笑，他说："胜之不武！"我迄今还佩服他这涵养的功夫。

1935 年 10 月 5 日
《北平晨报·闲谈》
署名闲人

与友人谈文

　　偶闻友人谈文，友皆能文之士，以为在今日欲作古文，须作得极古，否则不得谓之文。一友驳之，谓在昔八股时代，别制艺为时文，今除洋八股之外，所为文皆可谓之时文，时文不必古也，犹之乎周诰殷盘，其为文，亦其时之时文耳。推而至于今所谓古文，如周秦两汉之文，皆有其一时之作风，今谓之古，其时时文也，又安知由今而后，不谓今文为古文耶？友不谓然，引韩愈"唯陈言之务去"相驳诘，历两小时，刺刺且不休，致使我头为之眩，目为之涨，心为之局促不宁。我有时逛市场，市场书摊辄以新出刊物见视，不时得一两篇可喜之文，辄费一两角钱市之归，捧而快读，觉此文之代价如此——一两角——固不必拘于时文、古文、洋八股，其为呕心沥血，益人神智一也。

1936 年 3 月 16 日

《北平晨报·闲谈》

署名闲人

走私

　　日前往海淀（在北平西郊，临燕京大学）与人贺娶妇之喜。海淀在慈禧后时，市廛最为繁盛，其西有六郎庄，以产荷花名，皆赴颐和园孔道也。予与友最契，友广交，晨八时即驱车往，时贺客盈门，已开筵四五桌矣。[1]时贺客以女眷为多，所衣尤以乡间小女子最顽艳。晚餐后，予至西邻土阜，遥望翠微山、佛香阁、玉泉山，历在目前，时客渐散，鲜车乘，步行归，迤逦绿杨浅草间。粉红色旗袍，印红色樱花，衬以嫩绿小叶，葱绿敞脚裤，印紫色小玫瑰花，裤脚镶彩条，皆人造丝织。小女子衣此最普通，间有变化，亦不过葱绿旗袍，粉红敞脚裤而已。予曾叩一人，据云："此'材料'（指女衣）极廉，小女子喜之，得此大慰。"予遥望西山，俯视小女子行碧草间，不禁慨叹者久，曰："若谓之'走私'，则未免唐突此小女子矣！"

1936 年 7 月 5 日
上海《大公报·非厂漫话》
署名非厂

---

[1]　原注：乡俗——晨八时开筵，无午餐，晚餐夏为四时，冬三时。

藏园老人近况（二则）

一

　　傅沅叔[1]前辈，自如夫人仙逝后，四方人士颇有预知前辈近况者。顷得前辈自香山来书，述近状綦详，亟为录出："……适逢侍妾抱病甚亟，心绪紊杂，百事俱废。未几竟弃我长逝，益复情怀凄梗，意兴灰颓。亡妾系出旧家，粗谙文字，匪徒侍栉之勤，实兼掌书之史。相从近二十年，摄家政者十年。自荆妻逝后，深赖其勤勤将获，解释烦忧，得以怡情典籍，骋□林泉。忽而中道弃捐，顿使垂暮之年，更益孤栖之苦。逝者不作，来日大难。弟虽素怀开朗，而构此撄心之痛，亦复

---

[1]　傅增湘（1872—1949），字沅叔，自署双鉴楼主人、藏园居士、藏园老人、清泉逸叟、长春室主人等。藏书家。

排遣无从，谅我兄闻之，必不訾我滞情而勿化也。丧殡既了，□子辈力劝入山静摄，因移榻静宜园雨香馆中，小住连旬，遣暑避纷，兼资其益。近乃稍得收召心魂，重理笔砚，竭五日之力，为亡妾作一小传，得三千余言。以董授经[1]同年允为作志墓之文，频索事略，故冒暑从事，授公见之，许为情文兼至，嘱手书付梓。并谓二十年勤勉相从，得此佳传，以传其人，在彼可以含笑于九泉，若公亦可无负于平生矣。（二十年前授经为弟作伐[2]，故其言如此也。）刻以正撰他文，未遑作楷，若公欲观，当以原稿奉塵左右。倘荷椽笔刊定，尤为欣慰。……"

1936 年 8 月 17 日
《实报·漫墨》
署名闲人

二

藏园老人傅沅叔前辈月前如夫人渠氏病逝，前辈颇伤悼，避居香山静宜园中，不怡者累月，近冒暑为如夫人写小传数千言，予曾以瘦金书录副。按如夫人姓渠氏，名淑媛，山西祁县人，为邑巨族，祖习医，供职太医院，遂占籍燕京。如夫人能属文，娴楷法。丁巳岁得董君授经为介，纳之，字曰如兰，名妍。病逝后，前辈挽以联云："痼疾久淹时，昨从塞外归来，执手已知将永诀。懿亲半凋落，更失

---

[1] 董康（1867—1948），原名寿金，字授经，号诵芬室主人。常州人。中国近代法学家、版本目录学家、藏书家。

[2] 作伐：语出《诗·豳风·伐柯》："伐柯如何？匪斧不克；取妻如何？匪媒不得。"后称做媒为"作伐"。

傅增湘

闺中伴侣，开颜谁与慰孤栖。"题云："侧室如兰君，从我廿年，莞家政者十年，勤慎自励，和厚接人，族戚皆称其贤。近岁骨肉凋零，情怀凄梗，方幸资君调护，保啬颓龄。何意宿疾难瘳，一朝诀别。儽然皓首，前路茫茫，既痛逝者，行复自伤，和泪书辞，不足倾写悲情之万一也。丙子五月二十三日藏园老人书悬灵右。"又萧君龙友挽以联云："樊素[1]本良家，来侍天外鸾星，独有欢心承白傅[2]。朝云真慧质，参透法中龙象，静听偈语度坡仙。"亦典切。

1936 年 8 月 30 日
上海《大公报·非厂漫话》
署名非厂

---

[1] 樊素：唐代诗人白居易的家姬。

[2] 白傅：指白居易，因晚年官拜太子少傅，故世称"白傅"。

某明经

　　我有父执某明经[1]（本人不欲人知），隐于燕市。明经精研经学，出为太守有政声，退而讲朴学，门弟子得其一节已名世，顾明经畏人知，年近八旬，日担水辰未两次以为常，矍铄类五旬人。明经最不喜予为文，以为近柳子厚[2]，过锋芒，非寿征，宜读欧阳永叔[3]以济其失，此言曾屡屡言，予愧于永叔文无所入也。日昨明经来寒斋，适有友先至，正言梅剧购票事。明经至，友仍赓其言，滔滔且不断。友所言，意谓前七排票不得购，殊不知其所以然，愤愤言之。明经因谓："如前

<hr>

[1] 明经：明清两代，府、州、县学的秀才，优异者被送入京师国子监（太学）学习，通称为贡生，或尊称为明经。

[2] 柳宗元（773—819），字子厚，河东解县（今山西运城西南）人。唐朝文学家、哲学家。

[3] 欧阳修（1007—1072），字永叔，号六一居士，庐陵吉水（今江西吉安）人，官至枢密副使、参知政事，著有《欧阳文忠公集》《新五代史》《新唐书》（与宋祁合著）。

七排而为君购者，君将不复有此言，君所言岂唯在购票？……"友仍继续詈不已。予居间，深知明经恶谈吐，而友人意谓当前唯梅郎堪供谈柄，不谈梅郎，转失其时鲜。友年少气盛，乃勿怪其然。若明经所见盖博，雅不欲言此歌舞升平事。以为言之转足以适形其浅也。

1936 年 9 月 24 日
《实报·漫墨》
署名闲人

颜色不对

友人因我画画，所用的颜料，都是很旧的矿质，他给我绍介一家藏有颜料的，并且说他家还有一对□质雕花的鸟笼抓，非我去看看不可。定的日期是中秋节下午两点。比我力疾赶到那里去，原来是些入油入漆的矿质颜料，且很少，不过六七斤，而索价在数百元。本来我家的颜料，差不多都是康乾以上的，而且就青绿两项来说，也足够我这后半世用的。那么，看到了这些许颜色不对的颜料，自然使我失望。那一对抓，的确是造办处的东西，甚为可贵。我想这些东西，如果让另一位先生得去，也足以自豪了。我因为友人这样热心，使我于抱歉之余，请他听一下杨小楼、郝寿臣的《野猪林》，友人对于所唱豺狼当道的迫人上梁山，也不禁很和林冲、鲁达表同情，以为当此国家日跻于光明，这出戏在中秋佳节演来，似乎甚是好听。

1936 年 10 月 1 日
《实报·漫墨》
署名闲人

参加《实报》八周年纪念

前天（十月四日）是《实报》八周年纪念。我虽在两足不良于行，但我也挣扎着参加。我以前除在它门内订过报，捐过钢盔的款，我在三月十八日以前，它那很朴古的门口，每日要走过两次，这样的四五年，确是直到前天才踱进那所房落，很曲折地走进了客堂，向它的社长而一致其热烈的庆祝。《实报》的八大员，我会着了老宣、凌霄汉阁主、张一丐、徐剑胆、陈慎言、刘振卿，只可惜王柱宇我没有会着。至于社中的主要角色，也都是和蔼可亲欣欣的向人。当我们吃烤鸭子当儿，管社长发给每人一个纪念章，大家笑吟吟地接受。"假如到得十周年纪念的话，那么，我们的庆祝，一定还要扩大一点。若是唱台戏，大概角色也都齐全。"这时大家指着徐剑胆、徐凌霄而这样地说。我看着《实报》内部的这样精神，假如环境不太那个的话，这台戏将来一定是好听的。

1936 年 10 月 6 日

《实报·漫墨》

署名闲人

《实报》八周年纪念同人合影

辨正宣传报告

　　本报前日（七日）小新闻报载：张大千出行，一周返平。此系过去之事。中秋节前张乘平沪车南返，系接其夫人由苏来沪，共度此团圆佳节，天上人间之后，即由原班车来平，独往双来，遂于夏历十八日莅平，由其如君作盛大之欢迎：正应辨正者一。国立艺专自易长后，现由南京中央大学礼聘国画专家汪采伯来校课徒，昨晤汪君于某处。友云：汪君已牺牲中大三百余元之教薪，不惜来故都掌教，将见艺专阵容益为充实云：此应宣传者一。贱恙（足溃肿）自各友赠予药方后，往复试验，颇如过去剿匪，始而在下层，继而侵入脚缝，最近下层渐好，由趾缝而侵及脚面，大有此剿彼窜，不可捉摸之势。现拟取监视而期待妥协态度，暂不用药，唯以水润已被侵蚀者：此应报告者一。

1936 年 10 月 9 日

《实报·漫墨》

署名闲人

吸毒的一位朋友

　　我有位老同学，他的学问是我所赶不上的，他并且会唱二黄腔，我们在二十四年前同学时，他的那种灵敏活泼劲儿，真是使人敬佩。他一向在教育界，这样二十多年，很有些声望。在两月前，正在我开画展之后，他给我一封很恳切的信，说他患病半载，弄得有些亏累，要我给他帮忙。我既佩服这位老同学，自然对于他的所需，如数照奉。不过我看到他那种形销骨立，面无人色，我不免有些怀疑而已。日前大捕毒犯，我在报上看见，原来竟有他的大名，我还不大相信，亲自到他那住的地方去打听，原来我这位老同学，在一年以前，已因吸"白面"而把百二十元的饭锅打碎，在这一年中，妻子离散，他只是到处想办法去吸，才落得这结果。那么，这毒何以中人之深吸？据同德医院刘植源君说："乍吸，确乎是有如性交那样的快感，但是吸上瘾，即不快了！"

1936 年 11 月 13 日

《实报·漫墨》

署名闲人

应当做点好事

日前在友人家吃晚饭，友人干了二十多年的警察，并没有什么升迁，这大概是要以"一等警"终老的。他预备了几样很精致的菜，这菜也只有老北京能做得出，吃得来。羊油炒麻豆腐，脂油炒白菜豆芽，炉肉熬白菜，羊肉胡萝卜丝汤，真是对坐谈心的好菜蔬。主人预备了白干酒，可惜我自先君子弃养，总不愿意端起这白干酒杯，但是主人相激甚殷，我只得以茶代酒，剥着花生米吃。他虽所入不够嚼用，但是他的儿子一月也弄到二十上下块法币，所以他这最低的生活，他虽活到五旬有四，却还勉强对付着，而不敢辞差不干，在家纳福。后来我们谈到救济赤贫来，他说："你也应当再做点好事，捐一笔款。"我说："这是不成问题的。"

1936 年 11 月 17 日
《实报·漫墨》
署名闲人

玉霜飞去矣

　　前天（二十一日）的下午，友人约我到西长安街一家很负时誉的羊肉馆吃饭。本来我这晚饭还有穆蕴华先生请我吃春华楼。这种两次吃饭，在我是很少见的。我自然先到这里，赶紧给那里打电话，通知主人不要久等，我然后在这里坐一会，再赶到那里去。比我到了这羊肉馆，主人请了十一位客，倒有六七位只吃了鱼翅就走的。我在这时，已用"纸片"写好了给春华楼打电话"不要等我"，交给了堂倌。我一来要维持主人这残局，二来有郭世五、金仲荪、程玉霜，我们正谈着，程四爷有要事，要在今天飞上海，我们正好借花献佛，权代送行。等我八点多钟到了春华楼，原来穆先生还在那里，这电话始终没打过去。这大概是羊肉馆的生意好，忙得太马虎了，但我只好向穆先生道歉。

1936 年 11 月 23 日

《实报·漫墨》

署名闲人

治穷病

　　我这两天，因为这"特别包厢"挤不上买飞票，所以未曾在这里发牢骚。昨天我会见了一位朋友，这位朋友是位名医，他姓李，号昆山，是张东生先生很佩服的。他住在西北城的阴凉胡同[1]，围着他那里方圆所住的，都是些穷困者。穷人有了病，绝没有那力量马上就去治，必须喝碗姜汤，用大被一盖，病愈弄得厉害了，不能干他那牛马的生活，然后才忍着痛找医生去治。既不能照"诊例"给"门脉钱"，又须一剂药就要霍然，而且药贴上的药，越价钱少，越欢迎，否则，简直无力去买药。李先生每日和他们治病，药要价廉，功要神速，所以那一带的人，都知道有这位李先生，善治穷人的病。

1937 年 2 月 1 日

《实报·漫墨》

署名闲人

---

[1]　民国时期划归内四区，东起西直门南小街，西至永祥寺，现已不存。

一位拘谨的朋友

　　昨天在朋友家闲谈，我这朋友他很拘谨，他自民国五年，做了个雇员的小差事，由二十五元的月薪，至今二十年，涨到了三十元，因为他人性很好，干事也爽利，所以他这饭碗，总没有被打掉。他住着五间小小的房子，少君也有二十多元的收入，所以他的家庭，总是乐融融的度他那生活。他有位小姐，今春才出嫁，他对于女儿，只许在初级小学读几年书。他尝说，他家虽是世代书香，但是他对于女儿，除了女红烹饪应对这些上要使她充分研究外，只能认识些字，写一封短信，即为已足。所以他的两小姐嫁出去，都是被婆家称赞的，而从未得到一声"不"字。他的儿妇娶进来，也是很能操作的。他说："我们这种家庭，只要这样，才能保持安宁。"

1937 年 2 月 3 日

《实报·漫墨》

署名闲人

戏的味儿

昨天与友人闲谈，谈到"味儿"的问题，不觉由未至申，太阳渐渐地落了下去。就中以我为最小，但已是年近五旬的老顽固。我们由听谭鑫培说起，花他一吊零八十钱，听那出《捉放宿店》，觉得那种醉人的"味儿"，全在随随便便，人家不注意的地方。至于拔一个"尖子"，耍两句花腔，那全是给外行人听的。及至"乌都都"[1]散戏之后，步出那中和园的窄街，走出五牌楼，回到了家，吃什么都是香甜，而那《捉放曹》的"味儿"，总是留在耳朵里，一直到了第二天、第三天，还不失掉。但据老于听戏的人说，戏到了谭老板，"味儿"已差了。

---

[1] "乌都都"，即"呜嘟嘟"，吹喇叭声。

现在去那个时候，已经有了四十多年，偶然去听听戏，只觉得两眼累得不得了，耳朵大概不像四十年前那么灵，不然的话，何以挂不上"味儿"?!

食色的味儿

我们谈到声的味儿之后，自然，不期然而然的谈到了色的味儿。当三十多年前，到胡同里溜达溜达，那时的姑娘，不但是对于客酬应周到，而且对于客的朋友，酬应得真使人说不出什么来，相与满意而去。后来这种味儿，已难找到，但是外交的手腕，已从客而落到客的朋友身上。现在偶然溜达一下，在我们自然是"安南国进宝——送铜"，而她们的神情态度，似乎是专在"盘子钱"研究，打量你是两块，是五块，是十块大洋，更谈不到什么什么。由是而谈到吃，这纯是味儿的问题，在从前炒一盘鸡块，是现宰鸡，现炒现做。现在老早就宰下一筐鸡，用冰一镇，等到炒起来，这是死鸡凝血的，如何比得上现炒现宰！不过，现在是科学时代，姑娘也科学化，厨师傅也科学化了，所以味儿总有些"轻二养"[1]的味道。

1937 年 2 月 21、22 日
《实报·漫墨》
署名闲人

---

[1] "轻二养"：水的分子构成。

　　数日前，承闽诗人林君实馨赠我所著《一镫楼诗集》，我既已拜读。复于厂肆遇林君，君要我在"特别包厢"写一段绍介之文。今稍暇，特偿宿诺。我所占据之"特别包厢"中，本可以用澄泥小壶泡"铁观音""大红袍"（皆闽茶名），可以捻两撮"肉松"，可以剥"红橘"，可以焚"黑沉线香"（皆闽名产），唯以后门之灌肠，天桥之炮肚，东四之驴肉，西单之酱肘……，搅作一团，往往把茶之香，肉松之清爽，红橘之芬馥，黑沉之浓郁，致失其真味。故我之"特别包厢"皆可谈，而独不宜于谈诗，且我也不太懂夫诗，且林君诗亦无须乎我绍介。无已。仅将附于集前后者，略书之，以当绍介。首为陈石遗题签。插五图：一为林君研究馆[1]全体留影，一为观摩会女生留影，余三图为绘

---

[1]　即林实馨诗文书画研究馆，1929年6月在原中华画会基础上扩充成立。校址在东城大佛寺。林华（生卒年不详），字实馨，别署一镫楼主，室名实馨草堂。福建闽县人。工书擅画。

画家林实馨（1936年）

画。二叶为桐城吴北江序。集末附林君笔单及诗文书画馆简章，一镫楼扇册，一镫楼文集，一镫楼词钞诸广告。诗集每册大洋六角，该馆代售。

1937年3月5日
《实报·漫墨》
署名闲人

教育的力量

　　当我在某一天的下午，在一家小铺闲坐，忽然遇见以为似乎很陌生的壮年男子，他买了十支装的炮台卷烟一盒，很注意地看着我。我因为他这样的注视我，也引起了我的注意。当他打开那包烟燃起来，我于是也摸出我的旱烟管，吸着关东烟。他很敏捷地问一句："您，是不是闲人先生？"我反问，原来是我在某大学教书时的一位同学。（同学一词，是现在当教授的对于学生一种称谓。）他谈起他这几年的经历，他很得意地挣下了不少家私。他虽曾在政府某处干过事，赚过资格和金钱，但是他说是被排挤的原因，不得已才投身于某行政之下。他在述说他投身某行政之下时，面色自不免太不自然，但是得意的神情和他那阔绰的态度，都表示着飞黄腾达。及至这位壮年人走去，我望着他那硕健的背影，不禁怔怔地默想：这教育的力量！

1937 年 3 月 8 日

《实报·漫墨》

署名闲人

帝师朱艾老

朱艾卿[1]前辈，即已在这"初春人尽怀生意"的时候，他老人家竟尔遽归道山。使我屈指一数，陈弢老[2]、伊仲平[3]、朱艾老这三位帝师，都已作古，假如是有什么什么的话，我不知这三老在泉壤间，该当怎样地欷歔长太息了！艾老的一生——道德、学术、文章，自无须我这闲人来转述。我单就一两件极小的事情来写：无论是什么样的后生晚辈，到他宅里，他总是和颜悦色地用宾主礼来招待，那一副蔼然可亲的态度，真令人肃然起敬，等到告辞退了出来，他老人家总是戴上帽子，毕恭毕敬地送出大门。他老人家晨起写字，无论是对联，还是扇

---

[1] 朱益藩（1861—1937），字艾卿，号定园。江西萍乡人。近代学者、书法家。曾任京师大学堂（北京大学前身）总监、溥仪汉文教师。辛亥革命后隐居北京，从事医学和诗书、史料掌故自娱。

[2] 陈宝琛（1848—1935），字伯潜，号弢庵、听水老人，福建闽县（今福州）人。1911年为溥仪汉文教师。

[3] 伊克坦（1866—1923），姓瓜尔佳氏，字仲平。满洲正白旗人，曾任溥仪的满文教师。

头，总是站直了身子，濡毫挥洒，也不论写多少字，从没见他老人家坐在案头写的。

1937 年 3 月 13 日
《实报·漫墨》
署名闲人

玩旧玉

　　友人在挣扎着生活里，万不得已，才拿出他四世相传一块旧玉璧，到寒斋求代售。当他愁眉苦脸地见了我，在他那旧破的灰布棉袍，青绸马褂，都显示着他是书香门第，清白世家。不过，遇到这种年头，他已由中产之家，而落到买日为活，朝不保夕了。他说："这块旧玉，当吴大澂时，曾怎样的想它；端方时，又是怎样的想。似这种黄玉地，周秦的雕刻，这是多么难得而可宝贵的珍物！现在我不能守着它挨饿，我不能不把它转让了，请您想个办法。"我接过来一看，真是古色古香。等我拿到几位古玩家，据说："这是'熟坑'，现在不值钱。这件东西，要是'生坑'的话，马上可以得重价。"我于是碰了个钉子，结果，完璧归赵，我倒赔出一张画送给他，他倒得了几十元。玉到了这年头，竟尔不值钱，我不免为天下"熟坑"人，叫起撞天屈来！

1937 年 3 月 15 日
《实报·漫墨》
署名闲人

福博士悼亡

美国福开森[1]博士，来华五十余年，足迹遍南北，他对于我国，有很精确的认识。他好搜集古董，无论我国的金石书画陶瓷丝绣，他都有他很深的研究。他别号叫茂生，他自得了翁覃溪权拓本《大观帖》，复得何子贞[2]书"观斋"二字横额，他又自号观斋老人。文华殿陈列着福氏古物，这是他数十年搜得我国古物，他情愿赠还我国，供人观览的。他与他夫人韦美瑞女士，在去冬举行过五十年金婚纪念，这一对五十年的老夫妇，谁不艳钦！不幸他夫人病了，他因为伉俪情笃，他每日总是在家陪伴着他夫人，非到下午四点，他总不出门。本月六日五时，他夫人终以医药罔效，与世长辞，九日午后二时开吊发引，即

---

[1] 福开森（John Calvin Ferguson，1866—1945），教育家、收藏家。

[2] 何绍基（1799—1873），字子贞。晚清诗人、画家、书法家。

时移灵天津英租界殡舍，再定期归国安葬。他夫人生于一八六六年四月三日，这也算应了俗谚七十三、八十四的坎坷了么？我和博士交，博士极坦白爽垲。是日，我送殡至东车站，博士双双老泪，客散后犹簌簌不已。博士曾和我说："你们（当时指大千、心畬诸君）的画太画得多，动不动就开会展览。不如每年只拿出两三幅画来，价钱不妨稍高，自然得人们的稀罕。"他对于我作的那部《都门鬻鸽记》，他以为很有趣，已翻成英文。他给我那一个建议，我正预备实行，蒙他赏识我那部养鸽记，我倒觉得甚为惭愧。

1938 年 10 月 14 日
《新北京报·哭之笑之随笔》
署名于非厂

于非闇、张大千、黄宾虹、福开森、周肇祥在故宫古物陈列所合影（1938年）

藏园藏书

藏园老人傅沅叔，富藏书，尤多珍本，这都不用我来说。某年在全国美展借老人的珍本书，这虽不能说是老人的秘籍的全部，但是每一部书，只抽出一本去陈列，那么，当此兵荒马乱，倘或有个一差二错三闪，这如何得了，老人这些个珍本，听说在前几天，都由名医张君文修给带来了，这也不能说不是一件可庆幸的事情，本来在这种年月，真是非人力所能想象得到的。我很记得前年，我与老人夜谈，老人以内库蜡笺，为我集宋词书长联，并以精楷书边跋曰："丙子十月十一日之夜，非庵步月过藏园夜话，因出旧藏顾云美河东君小象，徐湘蘋水墨花卉册及名笺古墨，相与评论赏玩。适案头有新写宋词集句长联，非庵见而喜之，爰题以奉赠，自入夏以来，人事乖午，情绪凄梗，笔砚荒芜，率意涂鸦，徒贻笑于方雅，特借边栏余隙，聊写数行，以志清宵良会，不可多得。东坡《记承天寺夜游》谓：何处无月，何处无竹，但少闲人如吾两人耳。非庵别署闲人，引此语以博一笑。"

1938 年 11 月 15 日
《新北京报·哭之笑之随笔》
署名于非厂

张次溪辑《京津风土丛书》

　　我好搜集北京一些小的史料，自孩子们在去秋熏蚊子，把许多好的史料，都化为飞灰，这是我最痛心而没有办法的事。友人东莞张君次溪[1]，他对于北京的研究很深刻，他终日埋头书案，或是东跑西颠在冷书摊上搜集关于北京这一类的史料，他已印行的，如《北平岁时志》《天桥一览》等，这种努力，真使人佩服。最近他又成功了一部《京津风土丛书》，他所搜集，都是很珍贵的材料。北京这地方，无论是任何方面，我都在严密地注视着，认为是都有整理旧籍或重新记述的必要。不过，我对天津那一方面，我尚不觉得有什么需要的记述。因为我只跑跑那些不见天日的高大洋楼和一望无边的河北大马路，仅是坐起小民船来，沿着那河黄色彩相同的那条河荡荡，也确有些意思。今张君

---

[1]　张涵锐（1909—1968），字次溪。史学家、方志学家。

所搜辑的《京津风土丛书》，的确是一种有价值有趣味的东西，而尤其是在今日之下。那么，他这书的不胫而走，自然是搜辑的赅博，而可爱的北京，也是人们要购读这书的一种大原因。

1938 年 12 月 6 日

《新北京报·哭之笑之随笔》

署名于非厂

挽汤尔和先生

汤尔和先生竟以肺病死，这实使我不胜悲感。我和先生交谊甚久，总见他每至冬令，不是穿件真假难辨的黑羊羔做领的大衣，即是那件似乎是狐皮而毛锋已磨灭的大衣。他自事变，为什么出来？和他在政治上、教育上、国际上、学术上的如何如何，自有人们来谈他，我在此来挽先生的，正是舍其大而谈其细之尤细者，庶乎是本刊的文字。

先生善草书，草书由智永千文[1]入手。我和先生曾很精细地研究过作草书的方法。他说欲追踪右军[2]，不宜自孙过庭[3]入手。孙过庭书谱，宋刻本既难得，安麓村本偏锋太露，是后人摹写。转不如智永千文，

---

[1] 智永千文：指南朝人智永和尚（名王法极，字智永），书圣王羲之七世孙，人称"永禅师"。有所书《真草千字文》传世。

[2] 右军，即东晋书法家王羲之。

[3] 孙过庭，名虔礼，字过庭，以字行。唐代书法家、书法理论家。有墨迹《书谱》传世。

虽结体稍嫌板滞，确是右军的传[1]。用它去上窥晋法，是在规矩中求合乎道的。古人说"不暇作草"，可见这草书是一笔不许苟的。他这话很有见解。固然，智永之书，去右军太远，"龙跳天门，虎卧凤阙"，这是何等景象、何等气魄！但是由规矩中求奇肆、求雄强，方是右军书髓。智永虽远不及右军，但是由智永以求右军，确是必要的阶梯。

汤先生喜用朝鲜笔，他曾对我说："中国笔太柔，日本笔太刚，唯朝鲜笔刚柔得中以之作草，真是圆转如意。并且价值又廉，这是我们顶需要的。"因此我倒承他见赠好多朝鲜笔。的确，日本笔太刚了。我很得了不少的日本笔，始而我疑我的腕力弱，有点用不来。自经汤先生这篇议论，我觉得日本笔实在不如朝鲜笔耐用。

汤先生对于松树的坚贞他大概是很像陶元亮[2]爱菊、周茂叔[3]爱莲一样的。自得了翁常熟[4]所书六松堂横额，他就自号六堂松主。他搜求古人画松的画，很有些名贵的。他曾屡次和我讨论画松的方法，他说："松叶比较易写，松的骨干实在难画。"这话是很有趣味的。他说：他第一次画松是在日本。游日本的一个地方，见有些陶瓷，任购者随意画画，再烧成釉，以便赠送朋友，他于是画了一枝松，大概是赠给何亚农先生了。他很想请当代的画家，各画一株松，合成一个卷子，我答应他转求是很久了，现在才只画了十几家，而他竟自千古了！

汤先生喜欢写写小诗，他诗的天才的确高超。他在前七年曾有题画诗若干首，这画手是谁，是什么画，全都待考。但是一片热肠、满

---

[1] 的传：嫡传。
[2] 陶渊明（365或372或376—427），字元亮，别号五柳先生，私谥靖节。东晋诗人。
[3] 周敦颐（1017—1073），字茂叔。北宋理学家。著有《周元公集》《爱莲说》等。
[4] 翁同龢（1830—1904），号叔平。江苏常熟人，清末维新派。

腔心事，都已流露于楮墨间了。我今不妨抄几首出来。"居然北地作秋阴，风雨终朝冷不禁。路滑水深天欲暮，有人鼓勇试登临。""扪苔剔藓志斑斑，独系轻舟意态闲。解识前滩波浪恶，归迟恐失旧家山。""悬崖十丈俯清流，为助壶觞与妇谋。莫道细鳞容易钓，西风起处有吞舟。""滔天浩劫岂无因，事变重重我不辰。牛马已随徭役尽，陇头安得醉旧人。""侮亡兼弱寻常事，报越何曾有阖闾。牛背醉人如不醒，田园灰烬室丘墟。"他在戊寅那年题我所藏张大千华山游记卷子："于侯多艺能事亲（老母自事变后即茹素，先生曾以物价飞腾问我生活，我即以老母茹素，生活较为简单对，故首句云然，我则滋愧），张八小弟笔有神。三百年来无此作，石涛而后一传人。""昔贤到此曾流涕，今日披图亦暗惊。不作远游西岳梦，敬留老泪哭苍生。"末了这两句，大概就是先生就此以至于死了！

1940 年 11 月 17 日
《新北京报》
署名于非厂

忆黄君子林

　　予此次偕诸画友来津，以画就教，甚荷各方指导援引，所获实多。承法租界集粹山房代为经营，使我顿忆往事。十余年前获交黄君子林（名浚源，号蜇庐，天津人），黄君博闻强记，喜交游，富收藏，尤对时贤书画，在北方而与南中书画家往还者，君为最熟之人，以故所收冯超然、郭兰枝、吴待秋之画，乃早在民国十三年以前，其时张君大千尚未知名也。君创集粹山房于北京，用琉璃厂四金刚之一为经理。四金刚者，咸有奇才，予曾于《晨报》的《漫墨》中述之。君既得一金刚，鱼水和调，搜集时贤之作，在彼时琉璃厂文玩书画肆中，乃首屈一指。而后大千北来，予揄扬之；心畬画起，予鼓吹之，君独创南张北溥之称。吴君湖帆者，愙斋中丞之嗣，北来，予为文绍介之，君则又以"南吴北溥"为称号。而张于合作，君于南北尤倡之力也。白石山翁山水，君独喜之，画为八尺大屏十六幅以张之，故其时南北画家不识君者盖罕。今君仙去数年矣，其哲嗣能世其业，设集粹山房于津，予恃旧交，托金刚代为经营，诸荷关照，俾画友三人得来津吃粽子，尤可感也。

1941 年 6 月 27 日
《津市警察三日刊》

于非闇《忆黄君子林》（1941 年 6 月 27 日《津市警察三日刊》）

四印治厂非

子林藏名人書畫

于非闇为黄子林治印"子林藏名人书画"（1931年3月
30日《北晨画报》）

悼许地山

　　龙溪许君地山[1]，于本月四日疾终于香港，是不特中国文艺界之损失，实则东方文化界之大损失也。予识君早在十余年前。君既婿于周印老之门（大烈），过从尤数。民国廿三四年时，君自印度归，于佛化艺术识益宏博，固不仅以《无忧花》《缀网劳蛛》《春桃》等作品脍炙人口也。君通梵文，以梵文研讨佛教文学哲学，并自魏晋以后，用梵文以探求中国之佛化文学、佛化艺术，于东方文化上，确有崭新发见。事变前，君就任香港大学中文院长，频行，小聚于景山东街陟山门许寓，君以书带草二盆，灵□石一座，端溪砚一方，广窑东坡像一尊为赠，并要我白描兰花，谓："君以圆润柔和之线条，为美人香草写照，东方艺术之特点，皆在乎是。"今春犹通信，谅吾亲老家贫不能作壮游也，庭前所赠书带草，入夏竟枯萎，方念无以对君，今竟以噩耗闻，伤已！

1941 年 8 月 11 日

《新北京报·非闇漫墨·卷三》

署名于非厂

---

[1]　许赞堃（1893—1941），字地山，笔名落华生。中国作家、宗教学家。

张文修治病

内江张文修[1]先生，医术湛深，对于重险之症，屡奏奇效。予患胃病近二十年，食前则嘈杂空痛，食后则呕吐恶心，昏昏思睡，重时则晚间所食，入夜必呕酸吐水，虽经中西医家诊治，迄无特效。四年前经张先生诊治，药只四贴，病乃若失，半年之后，居然能食米饭，不嘈杂不恶心矣。十余年前，偶得明人胡正言所刻象牙印，作钱样文，曰"只好吃饭"，其时胃病已屡犯，此印不敢钤用。或谓此印文回环读之，则为"只吃好饭"。每病重，虽好饭亦不能下咽，今则粗粝亦甘焉。张先生尤精妇孺科，所治皆有特效。今张先生本社会服务之精神，每日午前自十时至午施诊，只收号金四角。张先生原寓太仆寺街罗贤

---

[1] 张文修：张大千四兄。

胡同十六号，罗叔言[1]先生弟媳之产，宅特宏敞，已售于人。现迁至锦什坊街武定侯五号谭丹崖[2]君之故宅，屋宇尤为富丽。张先生治病，用药主重，识其症，往往用全力搏之，对于贫苦者，尤有益焉。

1942 年 4 月 15 日
《新北京报》第 4 版
署名于非厂

---

[1] 罗振玉（1866—1940），字叔言，号雪堂。中国金石学家、古文字学家。
[2] 谭丹崖（立荪），江苏淮安人，曾任大陆银行总经理。

吊史迪威将军

　　史迪威将军[1]是我十多年前的老朋友，那时还有福开森先生，大概是福开森先生和他太太庆祝金婚的那年，我与将军相识了。他到我家之后，见到我写文章是用特号派克笔，他很奇怪！或者是因为我不会说英国话的关系。

　　将军的二三两位小姐，都是我的学生而从我学画的，将军的太太和我故去的老妻很谈得来，我们过从直到"七七"之后，他们都相率回国了，而在三十年[2]的前半年，我们还曾通过信。

　　史迪威公路，这是将军充分表现了中美合作的成绩。胜利之后，

---

[1] 约瑟夫·史迪威（Joseph Stilwell, 1883—1946），美国佛罗里达州巴拉特卡市人。美国陆军四星上将。曾担任美国驻华武官、中国战区参谋长等职。

[2] 指民国三十年，即1941年。

我曾画了两只鸽子，预备寄给他，作为我祝他和平到老。

　　不幸的消息到来了，这老友是永永不得见面了！他的太太小姐我都断绝了联络，我只好找出我那管老特号派克笔，写这点东西作为吊唁！

1946 年 10 月 16 日

《新民报·土话谈天》

署名闲人

买醉解馋

我和两位至好向寄萍、萧静亭[1]闲谈，我们在这种年头，头脑越清楚越痛苦，我们只有吸纸烟，吃大酒，弄得头昏脑涨，自己都不明白自己了，才算混过这一日。我们在这原则之下，于昨日下午不到五点半钟，往"烤肉宛"去买醉解馋。真倒霉，挨次地等着挤不上去还不算，突地停电了，这屋里本来酒肉之气，焦烧之味，木柴之烟，已竟为吃而不得不忍受，而一旦黑暗袭来，走不是，不走不是，为贯彻目的只好忍，只好耐，一直我们吃完喝完，仍未逃出一团乌黑。馋未能解，醉更未买成，出来回到家，到处黑暗，而萧君还在吃烤肉时，被人绺去万多块钱，冤哉枉也。

1946 年 10 月 29 日

《新民报·土话谈天》

署名闲人

---

[1] 萧文江（1892—1952），字静亭，河北衡水人。北京琉璃厂静寄山房掌柜。

牌　友

在陷区的时候，我们几位"同志"是只用"短波"听无线电，喝酒打牌，这样"泡"下去"泡"到了我们胜利的。那时我们"同志"中有位年高德劭的张半园先生，在八十二三岁时，我们还连着在打牌，打得高兴，老先生还喊几句《八蜡庙》的费德功。我们这些位"同志"，男女皆有，最年轻的，起码是光绪二十年诞生。酒不必多，牌不在赌，由五块钱逛花园，到二百元自摸一条龙。胜利之后，曾一度抛弃了这种生活，而都在各打着胜利后的算盘，自秋徂冬，由冬盼春，我们的如意算盘，由"三七三十一"，打到"一退六二五"，彼此觉得还是敞着打牌每人十万法币，不去打算盘，但我们的牌，也改变作风"借着光"打打胜利牌（又名重庆牌）。虽然这些同志"驴的朝东""马的朝西"有几位去各奔"前程"，但我们蹲在这儿的"同志"，只好遇酒便吃，有牌即打，预备一面喝，一面打，一面打，一面喝，很爽直，很赤裸的一直打到邓都城，再在那里喝酒打牌（张半园胜利前故去，何真山胜利后故去），从新组织起来。

1946 年 12 月 16 日
《新民报·土话谈天》
署名闲人

V字筵

　　约几个知友，在酒楼小酌，点几样可吃的菜，弄一点适口的酒——这当然要绍酒，边吃边谈。有时拇战"通关"，有时开个"酒铺"，虽在酒酣耳热、形迹脱略，纵有些放浪形骸，却从不曾作那楚囚对泣。这是在几个知友快聚时一番蒙影，而今却不堪回首了。

　　当那乍惨胜的时候，常聚的些位，曾发起了个"V"字筵，是凑单数为一桌，如七人九人十一人等，中有三个主人，固定座次是三席四席和末席，正是"V"字形，余如首席二席五七席等是客。在那时还可以找到好酒，花点伪币也觉得痛快，就这样每星期轮流着，颇以为是胜利之欢。一月过后，精神差了，两月过后，更不起劲，到后来菜越来越贵，酒越来越吞吃不下，大家的豪兴，低落得实在鼓不起兴趣，于是"V"字筵，也就不言而终了。可是我们所聚的这些朋友，都是酒量甚好，并且有位的酒量，用"海"字去形容，还觉不够，应称之为

"洋"量。因为北海、什刹海、黄海、渤海都叫海，洋则印度洋、大西洋、太平洋容积较大些。

经过惨胜两年之后，我们又想凑一下，这凑是每月一次，因为是九个人，所以定于每月九日。这仅是要吃得好，酒是白干两壶就行。预先约定，谈国家大事的罚，谈民生疾苦的罚，谈煤米油盐事的罚，谈这年头那年月的罚……干脆说目的是在聚，能聚已是侥幸，所以见面先问好，有没有犯肝气，绝不问太太可好，因为一涉及家庭，也许会发牢骚，发牢骚也罚。不谈听戏，一谈总要涉及余叔岩、老谭、杨小楼、俞毛苞，那多么伤脑筋。车饭钱要自理，因为有车的，差不多已没有几位，既是公醵，没有的不便代出钱，同时也会涉及玩车、养车夫的不易而致受罚。这个聚会，差不多都是参加过"V"字筵的人，可是既有这多的限制，那种不自然的表情，真是啼笑不得，只好作一阵打牌论，一吵了事。但是有一位先生，还说五块票逛花园，主人还预备着鸡鱼。及生活说出口，这位先生也觉得要受罚了，结果，他虽承认受罚，却把他的故事，补充足了，"那是六年前的事"。

我因为心脏肿大，已不敢吃酒，所以想起从前吃酒是为买醉，现在却连醉都买不成了。

1947 年
《一四七画报·非闇漫墨》第 15 卷第 1 期
署名于非厂

哭傅先生

获识傅芸子先生，是在二十年前，那时他主持《南金》杂志，约我写文字。矮矮的个子，炯炯的双眸，明如点漆，说起话来，和炒豆似的而却非常有条理，确是一位温文尔雅北京世家子弟的典型人物。后来他在《京报》帮忙，我们见的机会较多。那时人们轻视北京人——自然包括满族和"京旗"，甚至连风土习俗都被唾弃，芸子还有涵养，我却太有点"火儿"了，才发奋写关于北京的风物，而先生却斌斌然不矜才、不使气地搜集这一方面的东西，他的学养，可为长寿之征。

沦陷之后，我专门学绘画，他也倦游归来。他的文字我不常见，他的丰采，却不减当年，而尤其富于含蓄。

惨胜之后，先生帮张季两位社长干副刊，他时常给我拉卖画的生意，有时还经他介绍，叨光了几顿美酒佳肴，虽然不免于"当场出彩"——绘画，但他事前事后那分诚恳布置张罗，仍和我初拜识时并没有什么改变，承他为我在报上鼓吹绍介[1]，这尤其使我感愧交并的。

《太平花》[2]自创刊以来，我无论从哪一方面友谊说，我这"投稿的义务"，是不会豁免的。不过，《太平花》对时局总是不甘缄默，时发牢骚的，我有点怕死，实觉得太不卫生，太有伤颐养。以诚朴温文的傅先生，还在这"抓银鬼子"而又"补充"，而银元又响了的时候，几何不撒手西归？就是气也会把我这位学者先生给气死！我一面为傅先生哭，我一面为我们这群后死者哭，不知涕泪之所从了。

1948 年 11 月 18 日
《北平日报·太平花》
署名非闇

---

[1] 指傅芸子以"双楫"笔名所作《于非厂写生妙手》一文，发表于《北平日报》1948 年 4 月 30 日。

[2] 1948 年 8 月 15 日《北平日报》复刊发行，辟副刊《太平花》，傅芸子为主编。作者在该栏目发表随笔百余篇。

1934年国剧学会成员会见外宾时合影（前排右起：杨啸谷、梅兰芳、杜博恩、桥川时雄，后排右起：齐如山、张慎之、傅惜华、齐竺山、傅芸子、郑颖荪）

戏曲艺人

漫 談

新的晨

東風

華嚴樓隨筆

杂技三绝

　　京师杂技，曩有三绝：人人乐之相声，双厚坪[1]之评书，王玉峰[2]之单弦是也。人人乐口技变化，久已誉诸时人著述。王玉峰单弦，其始不甚著名。曾忆阜成门外有所谓门马茶馆者，玉峰再次奏技，不过一穷瞽者而好弹小调耳。迨后学之愈勤，技愈进，凡戏剧之生旦净末，鼓乐之徐疾顿折，皆能于单弦中弹而出之。顾技犹未至，继乃潜心仿效，竟能摹拟金秀山等之声调，而《风流焰口》一剧，尤为绝伦，声誉大起。每一奏技，聆之者戏园为满。双厚坪之评书，以谐谑胜，就本地风光，随意科诨，都成妙谛，王公士夫，争趋聆之。盖其口角虽苛，而骂人不恨也。余尝聆其评秦琼卖马事，即秦氏之马，竟说至三

---

[1]　双厚坪（？—1926），艺名双文星，满族。近代评书表演艺术家。
[2]　王玉峰（1872—1913），字正如。汉军正黄旗。清末民初盲艺人。

日之久，而能使人不厌。举凡马之肤色、性质、产地、状态，与夫豢养、驾驭、洗刷、修饰、训练及掌之如何钉，鬃之如何剪，食料之如何饲，年岁大小之如何鉴别，牝牡之如何各异其性，各为其用，交尾时之如何监视、如何保护，生产时如何安置、如何饲养，以及贩夫马贩之如何作伪、陷害、虐使等，言之靡遗。识见之精，持论之细，虽久经养马者，莫能尽其详，可谓博矣。而秦氏之官马，与单雄信之贼马，同槽共语，尤觉滑稽而近理。若讽若刺，固不仅徒以谐谑为一绝也。

1926 年 12 月 30 日
《晨报·非厂漫墨·二》
署名非厂

俞菊笙

俞菊笙者，俗所称为茅包者也。为俞派武生之祖，武功娴熟，跌扑诸技绝精。同光间，与黄胖儿（月山）[1]、杨猴子（月楼）[2]，鼎足而三。晚年嗜饮，演剧时辄手巨觥，频吸之。光绪末，菊笙已耄，在文明园演《铁笼山》之姜维，数场后，力已渐疲，子振庭亟拟扮装接替，辄大怒，蹴之踣[3]，曰："观客尚未嫌吾老，汝独笑我衰迈耶？"再登场，愈奋，终剧无少懈。论者谓三十年来，未见其卖如许气力也。

1927 年 1 月 16 日
《晨报·非厂漫墨·十》

---

[1] 黄月山（1850—1900），绰号黄胖儿。直隶霸县（今属河北）人。幼习梆子，改工京剧武生，创立了"黄派"武生表演艺术体系。
[2] 杨月楼（1848—1889），名久昌，字月楼，绰号杨猴子。安徽怀宁（今安庆）人。以演京剧老生著名，兼演武生。
[3] 蹴之踣：将他踢倒。

俞菊笙、余玉琴之《青石山》剧照

八角鼓

　　八角鼓为故都词曲之一，其鼓为八觚，故名。又谓之子弟书，以八旗征金川后，奏凯之歌，鼓以八角，遂特许八旗子弟歌唱升平也。今者八旗子弟，老弱者已转乎沟壑，壮者泰半加入胶皮轮团，相率而度其非人的生活。回忆昔日之青洋绉滩羊裘，翻着貂皮马褂，左手持小鼓，引吭高歌，大唱其太平年，年太平者，殆已为历史上之陈迹。当其手挥舌动，快然自得，固一时之雄也，何有于今日？唯其然，吾于其所不得不弃置之物，俯拾而整理之。发挥光大，使夫今日之言辞章、言词曲者，而尚知有八角鼓在，斯则吾于百感交集之余，欣然不自以为甚苦者也。夫八角鼓之为词，虽有欠高雅者，而大体尚可认为旗人的文学。以京音缀古韵，有时且有非辞章家所能为。而宗旨纯正，不杂邪淫，借题发挥，义托刺讽，尤为此中特色。至若写景写情，道今说古，洋洋洒洒，尤足令闻者若置身其地，瞻对古人。吾初不解所谓文学者为何物，然以吾仅识之无者观之，若竟令其澌灭，未免可惜，固不必以其为旗人之物而漠视之焉。顾其为辞，有古今之不同，辞愈古，其言愈纯，其讹谬愈少。今日肆诸淫娃之口者，不特辞句已更，即其音读亦讹。吾不自揆，辄从事于搜集整理之，将来傥获有成，或亦故都文学史上至要之材料。今择一二种短词，所谓岔曲者录出之，以为吾说之证。

《秋声赋》："欧阳子方夜读书，忽听得窗儿外敲响庭除。夜深也，人寂静，万籁无声漏已疏，何处蛩声到草庐？恍如那海门潮入钱江浪，又有如万马奔腾在路途，光闪闪，青灯一盏摇书晃，冷森森，凉气扑人睡不熟。呼童儿，'出户观瞧何物也？'童子回答踪迹无。但见那，碧落悠悠星斗灿，银河耿耿月儿孤，寒虫叫原隰[1]，鸿雁叫云途，却原来是风弄芭蕉凤尾竹。欧阳子一声长叹：'秋声也！堪叹人生日夜远，到春来，千树桃花与翠柳；入夏来，万朵红莲衬野蒲。到如今，金风一动寒催暑，已往红花尽皆无。想人生，皆自误，为妻为子为名为利终日奔奔忙忙劳劳与碌碌，全不想光阴留不住，朝夕奔长途，只落得须发斑白，形如槁木。'先生澈透其中苦，夜深掩卷暗踟蹰，挑灯欲写《秋声赋》，猛抬头，见童子垂头睡已熟。"此仅就欧阳永叔之文，敷唱为辞者。

尚有《风雨归舟》两曲，其写法亦自出机杼，其一曰："卸职入深山，隐云峰，受享清闲。闷来时，抚琴饮酒山崖以前。忽见那西北乾天风雷起，乌云滚滚黑漫漫。唤童儿，收拾瑶琴，执扫庭院，忽然风雷凑，遍野起云烟，吧嗒嗒冰雹山花打，咕噜噜沉雷震山川，风吹角铃当嘟嘟地响，刷啦啦大雨似涌泉，山洼地水满，涧下似深潭。霎时

---

[1] 隰（xí）：低湿之地。

间雨住风儿寒，天晴雨过，风消云散，急忙忙驾小船，登舟离岸至河间，抬头看，望东南，云走山头碧蓝蓝的天，长虹倒挂天边外，碧绿的荷叶衬红莲（一本"衬红莲"作"珠走盘"，颇是雨后之景）。打上来，滴溜溜金色鲤，簌啦啦，放下钓鱼竿。摇桨船拢岸，弃舟至山前，唤童儿，放花篮，收拾蓑衣和鱼竿。一半鱼儿河水煮，一半长街换酒钱。"此由归隐写风雨舟。又其一曰："急风骤至，一阵阵，寒彻骨，一点点，打沙滩，刮倒竹篱。檐挂飞瀑若盆倾，洪流漫地涨沟渠，行人难举步，征夫驻马蹄。忽见那江上渔翁打透蓑衣飘斗笠，离岸甚远好着急。顾不得，绿柳村头长街市，卖酒之家酒换鱼。忘记了，水泻山村多少里，辨不清，南北与东西。又加着，水连天，天连地，树连山，山连絮，浑作一团宇宙迷。猛听得雷风大作，地动山摇，树倒石披，霹雳雳地响，电光夺目妖邪避。非容易，来到了观瀑石桥将船系，下船来，向前指，欲往前村访故知。当此际，云方白，风才止，密密如丝牛毛细，河边有乱柴，道上有泞泥，柴扉倒，枯柳劈，残枝败叶随水浮，落花茅草铺满地。忽见那坡儿下卧着一头驴，却原来吃醉归时一老翁，墙边立，笑嘻嘻，手指驴，他倒说：'驴打前失跌了我一身泥，唯因我扭项观看风扯酒旗。'"此真写风雨归舟，刻画尽致。此外若全部《西厢记》《红楼梦》等皆能俗不伤雅。而《长坂坡》之写景写人尤有独到者，不具录。

1931 年 1 月 11、12 日
《北平晨报·非厂笔记·十七、十八》
署名非厂

岔曲

　　已赋式微之八旗满蒙汉族，在二十年后之今日而一研究之，其精神固有匪能磨灭者。昔者某博士许八旗为"大国民"，其言确乎有见。吾人平心而论，满蒙汉之三种八旗，经三百余年人为与自然之演进，其特质卒能蔚成特殊之民族，微论其教育较良之人，即所谓游手好闲者，其忍苦耐劳，亦未始不可以致用也。世人徒知其思想锢闭、习俗恶劣、嗜好牢固、行为堕懈……辄不自察，而以"穷旗人"詈之。脱能详其历史，身入其社会，审其习俗好恶，观其待人处事之道，则其精神所在，不许之为"大国民"不得也。吾与旗人有甚深之历史，具详前所为随笔漫墨中，或者吾所言容有近习阿好之失，顾排满时期，久经过去，则不妨姑妄言之耳。

　　近于某处获八角鼓中岔曲一巨册，鲁鱼亥豕，讹谬不可卒读，厘而正之，颇亦少得佳趣。吾尝谓民俗词曲，其为言在横的方面，足以代表一地方、一省、一流域、一民族之精神。在纵的方面，亦足以表征一时期、一朝代、一演进之痕迹。而搜集曲本者，若仅就坊间之唱本曲牌求之，则十九非真，十九讹误删易。吾知曲本之足重视如此，故搜集之工亦艰。在吾整理此八旗遗曲中，再为录出一二，以与前所记八角鼓相赓续，或亦读者所不深恶乎。关于春之曲，略举如下：

（一）"杜鹃声悲，柳梢头黄莺欲语唤春回，恰正杨柳争春融和景，蝶恋花，蜂戏蕊，舞蜻蜓，燕子飞，沿河风细细，云淡雨霏霏，见几个多才人共上春闱，良朋相会，有几个青年美，赏东风，醉后归，鞭梢拂弱柳，玉马踏芳菲，贪春山如图画，不觉的归来日已垂。"

（二）"春至河开，绿柳时来，梨花放蕊，桃杏花开，遍地萌芽土内埋。农夫锄刨耕春麦，牧牛童儿又在竹（此字须叠唱，谓之卧牛）林外，渔翁江上撒着网，单等那打柴的樵哥畅饮开怀。"

（三）"荡荡和风，柳绿桃红，林中野鸟斗娇声。遥望青山放午晴，绿溪行，碧水悠悠金鳞涌。又搭着那农人扶着犁，踏着垄，赤足披肩，潇潇洒洒，手持犁鞭，一个个笑语欢呼又把康衢歌颂。唯爱他不辞劳苦将将就就守分躬耕听天命，风调雨顺，享受秋成。"

（四）"桃李花放，柳絮飘扬，残红碎玉，四野馨香，短短竹篱趁草堂，郊外野景真堪常，见几家王孙公子斜站山头（卧牛）把风筝放。画桥西，娇滴滴几树梨花越过粉墙。"

（五）"一阵阵和风，一丝丝细雨蒙蒙，一湾湾绿水流过画桥东，一枝枝翠柳丛中杏花红。一处处酒家留客饮，一行行游春浪子穿（卧牛）芳径，一声声燕语莺呼动人情。"

（六）"可爱三春，万鸟投林，桃红柳绿雨纷纷，牧童遥指杏花村。唤行人，翠柏苍松天地心，漫山坡奇花异草观（卧牛）不尽，独有一处茅庐内，诸葛先生抱膝吟。"

（七）"和风阵阵（儿），万物精神（儿），林中野鸟斗娇音（儿），柳媚花明送游人（儿）。欲进花园（儿），闲散闷（儿），叫丫环打过一盆洗脸水（儿），脱下身上旧衣襟（儿），换上一件香罗裙（儿）。"按此曲俗谓之"小壬辰"韵，即以押韵之字音与儿字音拼切而成。

（八）"雨打桃花笑，风吹柳条摇，游春公子策蹇清郊，独自闲游越过小桥。见柳荫树下有人笑，举目抬头往上瞧，楼上站定二多娇，真乃是体态轻盈千般俏，颜色和融难画描，一个个，喜滋滋，笑盈盈，斜倚雕栏把春光耍笑，这个说'你看梨花开得好'，那个说'那有丁香颜色娇'！身背后转过丫环忙报道：'姑娘不好了！不信顺着奴的手儿瞧，影壁头里站定一小妖，那小妖头挽双抓髻，腰系一丝绦，身穿一件五色团花袄，他在那太湖石旁偷掐碧桃。'"

（九）"最喜春深，春色满园林，春桃春杏，春柳垂金，春山春水衬春云。春光明媚春风暖，春莺春燕传（卧牛）春信，见几个赏春人，他在那春亭之内来抚春琴。"

（十）"春来淑气催，韵呢喃营旧垒燕子归回。推窗望，嫩草如茵，遥山浮翠，狂蝶舞，桃李争妍似锦帷。画桥边碧水澄清鱼成队，一渔翁他荡悠悠停舟柳岸学（卧牛）钓渭。可羡他数声短笛一樽酒，笑拈苍髯把竿垂。"

上十曲，各有短长，瑕瑜互见，然求之里巷词曲中，当为上上乘。吾自去年，获聆度曲，即心焉好之。徒以格于音调，其曲之雅，仅能于文字上求之，不能引吭高歌也。近所得曲，都三百种，其词亦间有俚俗者，唯鼓舞一语涉及之。其为题，若"渔樵耕读"，若"四时读书乐"，若"琴棋书画"，若"忠孝节义"……皆能自出机杼，不落恒蹊。而宗旨纯正，以倡以讽，尤足觇其为大国民性也。

1931 年 3 月 14—16 日
《北平晨报·艺圃》
署名非厂

单弦

前者以小有获，辄不自闷，而以八角鼓之为词表而出之，以与关心故都文学者一为鉴赏。顾凡所搜求，原仅限于八角鼓，而稍一着手，所俯拾之妙文妙句，乃有不忍弃置者，于是大其范围，而为词曲之搜集。吾于南北曲本为门外汉，兹之所收，则概为南北曲之外，若岔曲，若单弦，若大鼓，若小曲……拓其领域，精审而严核之，所得已堪诩为大观，他日援《元曲选》之例，梓而行之，蔚为民俗歌谣之渊海，或亦古人采风之造诣欤。

单弦中有所谓《长坂坡》者，所获之词尤古，其描写深刻而雅，与近日流行者迥别，特录出之。词曰："古道荒山苦相争，黎民涂炭血飞红，灯照黄沙天地暗，尘迷星斗鬼哭声。忠义名标千古重，壮哉身死一毛轻，长坂坡前滴血汗，使坏了将军赵子龙。"此为总冒，而以"使坏了"三字写赵云，非民间文学莫能得。"刘玄德，投奔江宁，藏锋养锐，不提防，当阳路上，遇见追兵。战重围，刀枪林内，君臣失散。踏荒郊，喊杀声里，世子飘蓬。糜氏夫人，怀揣阿斗，身随夜色，泪洒秋风。被箭伤，半夜昏厥荒原草，只有那呼吸气，一丝未断。到了天明，慢睁杏眼，见流萤乱舞，挺酥胸，才知阿斗在怀中。落叶儿堆满了浑身上，冰凉的露水，渺茫茫，残星儿未散，月影儿犹明。香躯乱战，夫人坐起，见寒烟压地，衰草横空。尘埋翠袖湘裙冷，血染弓鞋透袜红。"此词设令圣叹先生见之，又当拍案曰："那得有此！"以下作惊疑，作安慰，作失意，作母子之爱，以俚词刻画之，非名手唱之，神不全也。其词曰："伸手向怀中，摸了一摸公子，'呀！是怎么？纹丝儿不动，闭口儿无声。'惊惶失色怀中看，却原来小阿斗，自己哭乏，自己睡浓。面对娇儿，说：'你醒来罢！'见公子，小手轻舒眼慢睁，瞅着人，眉头一纵，嘴唇一撇，小脸儿向怀中乱拱，撞酥胸。夫人痛道，说：'心肝你醒！莫非是，要乳吃，小肚儿空。叹只叹苦命的娇儿，随娘挨饿，也不知，你甘氏娘亲，何处飘零！'这夫人，紧揽公子心痛碎，小阿斗，叹孽儿一杀，声也不哼。霎时间，轻烟薄雾天将晓，树梢山顶日影红。血水沟边乌鸦叫，死人堆内烂箭折弓。破帐房，锣鼓旌旗堆满了地。见几匹无鞍鞯的战马，乱跳嘶鸣。"此四句写战场，出色之至。

"这夫人，眼望着沙场流痛泪，'看光景，难保皇叔死或生。大料着，甘氏夫人废了命。望不见，糜竺、糜芳和简雍。三弟张飞，无有音信。乱军中战死了常山将军赵子龙。他君臣，倘若俱丧在曹贼的手，只剩下吾一妇人，无有立锥之地，抚养娇儿，只怕是不能。'想到其间，无非是一死，瞧了瞧怀中阿斗泪盈盈。'吾若全节，儿必丧命，到黄泉，怎对刘门的祖和宗。'这夫人，正自为难，低头落泪，'呀！'忽见贼兵草地上行。事急难顾伤痕重，咬银牙，手扶着坟头，站起身形。见一座民房，被曹贼烧毁，有半堵土墙，可以藏形。这夫人，一步一昏，挣扎着走，可怜她，为抚孤的诚意，强忍着疼。来到了，黄土墙边，井台上面，脚踪儿，血染蓬蒿满地红。伤痕作痛，钻心透骨，喘吁吁，气短难接腹内空。叹娇生，汗流粉面秋波闭，低玉颈，钗坠黄金云鬓松。恍惚惚，眼中似有旌旗影，咕咚咚，耳内犹闻战鼓鸣，身危力尽逢绝地，猛听得，一声喊，'原来此处隐身形。'只见他，宝剑银枪带血腥，玉铠征袍被土蒙，放开两眼乾坤窄，一点丹心天地明。糜氏身藏枯井畔，猛抬头，见赵云到了土墙东。"赵云之出场，如此写来，不觉气为之壮，势为之振。"见夫人，怀抱幼主井台坐，蓬头垢面减去芳容。摔铠离鞍，戳枪拴马，撩袍跪倒，把礼行，连叩首：'主母受惊！公子无恙？赵云之罪，下将无能！'这夫人，悲喜交加：'皇叔在否？！'赵云说：'闯出重围，奔了正东。'夫人说：'国家之幸，乃天下之幸也！'又问，'谁同去？'子龙叩禀：'翼德相从。'这夫人，点点头儿，说：'将军少礼。'英雄站起，复把身躬：'望主母屈尊贵体，骑臣的马，闯阵时，紧揽公子莫心惊。'夫人说：'将军你步战吗？'英雄说：'正是，但凭臣一腔热血，半点愚忠。'这夫人，一声长叹双落泪，'到而今，方显儿夫所见明。可爱他，一双俊眼识人物，赵子龙果与儿夫膀臂相同。'这夫人，四肢无力，将身跪倒，'此一拜，非拜将军你，拜是你的忠！'赵子龙大惊跪倒忙把头叩，这夫人，声音凄惨，热泪飘零，手指着怀中，眼瞧着虎将，'可怜他，懵懂无知小幼童，叹他父，半世膝前，唯有此子，我今天，将千斤重担，托付于公，小命儿，生死存亡，全在你，望将军，半存忠义，半积阴功。感鸿恩，岂但玄德一人而已，我刘门祖宗在黄泉，亦感你的盛情。'赵子龙痛碎雄心唯叩首，见夫人，站起身形把绣帕松，将孩儿，从怀中取出，托在掌上，芙蓉面，紧对着娇儿心内疼。说：'今朝咱母子的缘分满，我的儿，别想娘来，也别认生。此去得见你的天伦面，你就说，为娘的，哎！罢了！冤家说话又是不能！'向忠良说：'我今把公子交与你，大料着，不用我，仔细叮咛。此一去，马撞人冲，刀枪无眼，你要顾，公子性命，和你自己的身形。我的孩儿，气脉微薄筋骨嫩，掩心甲，不可勒紧，也别太松。赵将军！切记于心，抱儿去罢！'好赵云，不接公子，请主母同行。夫人正色说：'将军差矣，我一妇人，被箭伤甚重，怎么同行！而况且，我又不能乘骑，将军你又得用马，难道说，百万军中，令你去跑着战争。你救一个阿斗，胜于我千百个糜氏，我今朝，把生死缘故俱已说清。此去得见皇叔面，你教他，时时念念在苍生，三尺剑，扫尽烟尘把国贼尽灭；一双手，高托红日将炎汉重兴。'哭啼婴儿，狠心放下，转香躯，投枯井，魂断幽冥。烈贤人，慨然居义归天去，丧蛾眉，潇潇绿水，冷冷西风。声价儿，良玉精金，言行并美，姓字儿，青天红日，忠义双明。赵子龙推倒土墙，把井口盖毕，闯重围，救阿斗，与刘备相从。"此仅《长坂坡》中之一段，虽其用韵遣词，尚有未尽妥洽，而大体求之俚词中，未易多得也。

1931 年 1 月 18—20 日
《北平晨报·非厂笔记·二一至二三》
署名非厂

韩小窗

　　韩小窗，同光时人，以撰词曲名。名与爵里不详，其为词妇孺皆知，是盖隐于曲者。或曰韩为天津人，则以撰曲时皆在津，当亦近是也。韩落拓不羁，嗜鸦片，瘾乃至深，荡其产不顾。既窘，莫可为计，出其技为曲，以易阿芙蓉。曲既行，境愈困，需阿芙蓉愈急，愈不能多得。时京津有鸦片烟馆，馆林立，短榻数十座，锦丝褥，役人十数，灯与烟枪皆精，即馆中者多富绅巨贾，是馆之上焉者。辟室两楹，沿墙筑土炕，四围之，热芦席，敷兰布败絮褥，以马口铁为盘，青花瓷斗，柄以黄竹筒，黝然而黑，两旁列方形布枕，油垢光泽若锦。迎门为柜台，台置破瓷罐三四，以柳条编筐，筐储蛤蜊壳，木板凳四足绝高，馆主傲然踞其上，目四视，时时顾其台上钱。台上有格，格与四围土炕置数等，客市烟一钱，于其格以铜钱记之。馆中亦有伺役，其为役皆以穷于嗜者充之，不计薪工，唯以得客之馂余为报，即馆中者多贫士，韩即此中之一瘾士也。韩初尚能市膏，既久，则以灰与滓充其饥渴，人习其困，于是一曲之成，仅易一蛤蜊壳烟膏，卒以困死焉。顷者得小窗所为曲，虽非甚精，其能以俗言状情物，要亦清代文学史上至要之资料，不可使随淫娃之口，即于澌灭也。

1931 年 2 月 20 日
《北平晨报·艺圃》
署名非厂

刘鸿升

向不喜作戏谈，而雅好听戏，为听戏而虚掷光阴，在三十年来殆无以偿其所失，而所得于戏者，初无几也。吾非捧角家，吾尤不克染断袖癖，戏之听，唯以艺，非艺虽奇美，且不屑观。今者戏之兴隆茂盛，如日之方中，而吾每以牵于事，不克恭聆雅乐，以故对于戏之新知识，乃若冬烘先生入廛市，充耳且不闻，适以自形其陋。日者在友人所酒酣耳热，相与畅论当世伶官，诸友皆四十以上人，于戏之嗜，且皆深于吾，而所论定者，于当世伶官每不若谭鑫培[1]、穆春山、孙菊仙……深致其倾倒。盖吾辈四十许人，先入为主，迷信偶像，总觉新人未若故人殊也；异已。论至唱，喉不觉为之动，有学孙菊仙者，有学杨月楼者，有学谭鑫培之《沙陀国》者，依稀劈松，若即若离，而

---

[1] 谭鑫培（1847—1917），本名金福，字望重，堂号英秀。京剧表演艺术家。

歌者固出其全力为摹拟，不欲人斥之曰不甚似也。吾效谭腔《洪洋洞》，群以为不似；学俞菊笙《铁笼山》，甚似而几矣；以及吾学金秀山《白良关》、刘鸿升《探阴山》，群始惶骇曰："那得有此！"遂直叩以从何学得，云何若是之实大而声洪。吾以一击未中，不惜再三之，卒博最后之喝彩，欢然为之言曰："自先王父伟亭公即嗜京戏，公尤喜摹卢台子、张二奎，而窦成窦四之花脸，吾每于茶余饭后闻之。先大人嗜戏甚于先王父，声洪气旺，时与穆凤山、何九[1]等盘桓，与黄润甫交尤莫逆，故先大人工于《捉放曹》《醉打山门》《钟馗嫁妹》《铡美案》诸剧，至老不衰。辛亥后，先大人病于酒，宿醒稍醒，引吭高歌，吾与弟一操琴，一和拍，融融然父子相笑乐，迄今思之，直昨日事，而父死，弟亦不恒聚，即聚亦无此清兴一操琴一唱也，能不为之恺恺耶。故自先大人弃养，迄今不复唱。当吾家在西四牌楼时，金秀山、刘鸿升、黄润甫均距吾家不遥，日过之，复以见之数，不觉摹之精，其中尤喜学刘鸿升之《探阴山》《铡判官》《二进宫》《大保国》诸戏。刘鸿升之为人，与夫岂雅号曰'小刀子'等，耳熟能详，吾不复赘。吾以为鸿升之净，在穆凤山、金秀山之后，实为杰出之人，故吾注全力以事摹拟，务肖，垂数年，小有得，愈进，及吾引吭一歌，四筵为愕。吾乃参之以秀山之雄沉，润甫之老辣，稍稍乎有所悟矣。犹不已，仰而思，心维而口拟，观其吞吐、扬抑、挫顿、曲折、操纵，巨细诸法，一一试之，良能，夫然后吾于家为先大人唱《白良关》之尉迟宝林、《双包案》之假包公等，而先大人犹以为未能圆，未能很也（很为唱净秘诀，曾闻之秀山、润甫）。顾吾之力止于此，遂不复进，今则垂六七

---

[1] 何桂山（1841—1917），名宝庆，又名九林，故世称"何九"。晚清至民国间京剧名净。

428

《穆柯寨》剧照（右起：黄润甫、金秀山、德珺如、余玉琴、姜疙瘩）

年且未唱，愈退矣。唯吾所以推崇鸿升者在净，鸿升之生，则不喜之。或曰：'刘氏之年，誉过行云，闻之良足助兴，以视今日之哼哼腔者，不犹愈乎？' 吾曰：'故书之如何？'"

1931 年 5 月 17 日
《北平晨报·艺圃》
署名非厂

观《鸳鸯冢》

日者与老友数人观剧中和戏院。至稍宴，时正演问樵闹府事，吾数友皆非"摩登"，皆非能观"摩登戏"者，然而每至戏园，其乐融融，盖以观人之法观剧，园之有戏以人，乐观人，故观之无不乐也。打棍出箱之后，继之则玉霜簃之《鸳鸯冢》[1]登场。吾短于视，复未遑以五元钱买三座前排票，位既远，熟视乃若有所睹，所幸院中人特为余等印说明书，吾始预为意拟此剧之因果，心中豁然若有知，曲未终，吾几为睡魔所乘，故吾特以所见书之，村人村语，非所知于剧学焉。当吾欲以观剧所得书之先，吾尤有数事亟须说明者。吾为四十许人，吾友华寿亦未至于樊山翁之耄耋，顾吾辈于观剧，则皆非门外汉，且皆认为戏剧有"摩登"性，而对于玉霜簃之剧，初亦不后于人。吾又明知吾笔墨不克说戏，而戏之为吾可否者，亦痛痒无关。吾为吾报尾闾广搜材料，俾手民减轻工作，不致永永排印《大克鼎》《读毛诗》……

---

[1] 《鸳鸯冢》，京剧传统剧目。程砚秋在1923年编演。

字范未铸之字，徒供人之剽窃，而在读者或可借博一笑也。

向者，吾尝第[1]北平观剧者为四等。观天桥戏棚者，一等也；观广和楼者，一等也；身入贵族戏院，开场入座，演毕始起者，一等也；专观某人，准时而往，相携而去者，又一等也。吾辈之为识，则介乎一二之间，以介乎一二之间之识，而遽以之说《鸳鸯冢》，吾且自惊其太不知自量。然而吾敢于说《鸳鸯冢》者，则以观人之法观剧，觉此剧索然无人味也。吾有老友喜观有声电影，一日遇于途，问之，则曰"看电影"，薄[2]问之，则曰《爵士歌王》[3]，吾曰："其声如何？"曰："咿咿呀呀，柔媚沁心脾，初不解作何语，只看其曼声者为歌，疾遽者为话，如是而已，虽听者茫然，不解所谓，而其事迹则甚了了。"今吾于《鸳鸯冢》，既非若友人之不谙英语，而（知）其事迹，以十六岁之处子，一见倾心，两月小别，遽致念死，真可谓痴于情者，然而以人理观之，岂在乍遇谢生之前，即已多愁多病耶？抑因念生疑，由疑生惧，故死之速耶？前半结构，直同走马灯，此出彼入，于事实只负有绍介某人于观者，初无意义，而全剧又何尝有意义耶？吾国戏剧，向重写意，故特引人入胜。今此剧只觉其纷乱不近情理，冗赘不堪入目，舍曼歌数阕，足以过瘾外，殆不足以观人者观。闻此剧本出某文豪之手，根据事实，演为悲剧，唯其冗长，故足资号召，呜呼，此所谓"摩登戏"也欤？

1931 年 6 月 29 日

《北平晨报·艺圃》

署名非厂

---

[1] 第：品第、评定。

[2] 薄：迫近。

[3] 《爵士歌王》为人类历史上第一部有声电影，于1927年由美国华纳兄弟制片公司推出。

陶默厂

[1]

　　在廿余年前嗜戏剧，颇亦曾为世所谓"捧角"者。吾之为此，只觉戏之可好，某人演某戏，觉其粉墨登场，一若身接所扮演之人，听其语言啼笑，初未尝涉及其不粉不觉饮酒把臂视如玩戏也。某名伶齿稚而名不高，其才若玉之璞，小一为力，步所谓"捧"者，居然如所期名大彰，而其人且不知，吾亦避而不自有其功，若是者非一人一事。今默厂陶氏者，其艺固久已为"捧"所盛道，默厂亦且卓然成一家，则吾固不妨为文以舒所见。默厂未由吾"捧"而已成其名，吾就其名以书艺，或者不甚为"捧"之所嫌恶乎？吾家往者与浭阳端氏[2]有往来，故于默厂谊为世，而默厂之玩世亦足悲矣。吾识默厂在己巳岁，其时

---

[1]　陶默厂（ān，一作盦），端方之女。唱老生，功底深厚，京剧名票。

[2]　端方（1861—1911），字午桥，号匋斋。官至直隶、两江总督。原籍河北丰润，故为文自署浭阳。

在吾心意中，不过寻常视之，未足或奇。时吾方役役于读书作字，不获再见者迄于今。吾虽多所好嗜，喜戏剧，徒以有足吾所好玩而老焉者在，故闻人盛称陶默厂者，吾唯颔之，未尝一聆雅奏也。壬申仲春之暮，吾三妹归德君润芝，应接戚友，心身俱惫，不得已思有以休息，偷半日闲，观默厂《一捧雪》之作。默厂喉音实大声洪，珠圆玉润，为其天赋特长，故能运腔吐字，洁无纤尘，婉转抑扬，妙合节奏，以唱工论，一时无两也。默厂于音，宫商角皆如律，徵羽音尚未能尽合，此与其作坐进退，皆缘尚少讲习之故，不得遽谓之病。默厂苟能孜孜

陶默厂

以求，不自满假，发其天赋，要不失为上流角色也。往者匋斋世伯衣服狗马金石书画，皆孜孜以求其新，殷殷以求其富，物聚于好，本能蔚为大观，为人乐道。今默厂以玩世之余，不惜为人奏技以为生，则其人固卓然能自立者，吾唯悲其遇，尚未遑效世所谓"捧角"者一"捧"之耳。

1932 年 4 月 11 日
《北平晨报·艺圃》
署名非厂

文明单弦

星期日承公超、佛西招饮，君允夫人亲入庖厨，所以享嘉宾者特厚。王孙心畬食最豪，每簋上，离座，伫立，择肥啖，肴尽，饮汤若醇浆。菜皆南味，雅淡，非市肆所有，不特王孙挂颊齿有余芬也。王孙并曾尽醋一匙，故特记之。饭后，日已过午，独辞出。此盛会，不宜独先，所以然者，拟一聆桂兰友之"文明单弦"也。

新街口之南有五福轩者，小茶馆也。位西北城，西北城犹多旗籍者旧，此茶馆殆为彼辈消遣地之一。既辞出，直指其地，至则小屋两楹人已满，屋不洁，墙壁色黯，桌凳旧，无光，泰半老年人，衣灰黑，屋又位于西，背光，时三点有余，玻璃外驻足听者，围风雨不能透，屋奇矮，故光特暗。加以纸烟之白烟，旱烟之青烟，氤氲若江村暮霭。小木台距地才五寸，上置桌，桌足残损，稍倚即欹倾。高足凳，一叟短而肥，浓髯，握"弦子"，踞而坐，且弹且唱，其唱谓之"单弦"，以一人兼弹而唱，而说白，而打诨，而形容主客各角色故也。单弦之"唱""做""念""弹"名者，在今日独推此硕果仅存之人，其人与余居最近，知亦最谂。年七十余，不轻为人唱，而唱余必聆之，而其人且不识余。其人于唱念音韵皆有独到处，不同凡响，故于盛宴之后，未遑与人长谈，即趋出。所唱，为西门庆结十兄弟中一段趣事，来已宴，只聆"断炊迫夫""得钞傲妻"两段，然而"要做人，仗金银"，已使人慨乎其言之，而唱弹念做历一句钟，一气呵成，不少松懈，求之七十老翁，岂不难之又难？

　　往者尝辑单弦、八角鼓诸词，以为民俗歌谣，不乏可采。坐五福之轩，听太平之歌，使人顿忘世事，其为功，不在饮醇醪，大醉，陶然卧，得暂舒其抑郁不平，牢愁悲愤下也。唱台之左为灶，灶上列铁水壶，棋布。火与汽相辉，熊熊声与沸水声相和，益使人左倾其耳领余音。效男歌，被迫，声呜咽，悲哽。泼妇怨怼，狂詈，狮子之吼，飒然若秋风扫叶，凛凛使人不寒而栗。比得钞，傲然骄其妻，妻则低首下心，伈伈睍睍 [1]，向之作怒目之金刚迫其夫者，转为绕指之柔，媚之无不至。同一辞也，同一唱也，不得其人，不足以曲传其意。其弹、唱、说白，尤易工，独至于做，微其人不足尽其妙，而其妙初视之固甚平平也。此曲上段做一迫字，下段以傲字结，手执弦，且弹，身坐，口唱而说白，独恃眉目以传，所传惟妙肖，吾不惜舍盛会以趋之者在此。

1933 年 11 月 29 日、12 月 1 日

《北平晨报·艺圃》

署名非厂

---

[1]　伈伈睍睍（xǐn xǐn xiàn xiàn）：小心害怕或低声下气的样子。

听『文明单弦』

　　星期日，又往新街口五福轩听"文明单弦"，此为第三次。时桂兰友[1]尚未至，泡茶吸淡巴菰以舒其疲。座间有谈笑者，有询者，有指点某即是，而转项熟视，目灼灼眼锋逼人者。桂君登场，演石秀酒楼告密杨雄醉归事。其人，则石秀之精细，杨雄之颠顸，潘氏之机变，和尚之偷情，迎儿之供应，皆如其人，曲曲以传，为桂氏最精之作。此外，一"琴腔"，一"快书"，松散少变化，音韵声调之美，似有不如。盖桂氏之单弦，要以"杂牌子"为最精也。吾有一旱菰之管，咀为"烧猪皮白玉"，管为虎斑皮，菰荷包则为仿宋缂丝，起卐字地，精工非恒品，系以六朝时兽骨长脚印，坐轩中狂吸，听帝都歌曲，恍若三十年前童子时也，而孰知世事之变幻，吾幸得苟活于此耶？

1933 年 12 月 13 日
《北平晨报·闲谈·八》
署名闲人

---

[1] 桂兰友，生于咸丰末年，卒于20世纪40年代。满族，北京人。八角鼓界尊称为桂七爷，对岔曲、单弦、琴腔及时调杂牌诸曲等无一不精。

听桂兰友单弦

星期日又往五福轩听桂兰友单弦。兰友为七十岁人，弹唱念做，元气淋漓，固知其于摄生卫生之有道。听单弦此为第五次，于此觇往听者，市井渐稀焉。座间一老，白髭与丹颜相耀，矍铄不群。外御鹿皮背心，玄青绒镶嵌，挺胸危坐，凛然不可犯。目长，眸子灼灼，使人不可久视。计其年，当在古稀上。此翁善掼跤，跌扑术至老弥盛。今虽七十余，与少壮角，应手无不倒。功深且不废，故颜童而筋骨动作如其意，亦人瑞也。兰友工内工，故老而不衰，此翁吾不识，闻人言窃窥，憬然于吾生之宜爱也。

1933 年 12 月 27 日
《北平晨报·闲谈·九》
署名闲人

单弦

客有问我何以独偷闲坐五福轩听桂君兰友单弦者，我笑答：乱极思治，我经乱离虽不深，而在三十年则饱嘘熙和之气，今回溯，觉彼时所谓叔世者，犹善于此。桂君为彼时人，能歌彼时之曲，使我坐其中听三十年前老调，于以浑忘为何世耳。考单弦一名牌子曲，为八角鼓中之一。合"罗江怨""太平年""湖广调""石韵""硬书""金钱落"诸牌曲于一阕，故俗称牌子曲。歌者须自弹自唱，兼说白科诨，因特名曰单弦。同光间有随缘乐者，独以此名，翁叔平[1]相国最为激赏，以为得风人之旨。今西长安街财政部旧址，在昔有所谓长安轩书馆者，

---

[1] 翁同龢（1830—1904），字声甫，号叔平，号松禅，别署瓶庐居士、并眉居士等，别号天放闲人，晚号瓶庵居士。常熟人，中国近代史上政治家、书法艺术家。历任户部、工部尚书，军机大臣兼总理各国事务衙门大臣。先后担任清同治、光绪两代帝师。卒后追谥文恭。

随缘乐演唱处也。继之者有德寿山、桂兰友。寿山吾老友，词新颖，嬉笑怒骂，谑而近虐，音伤低，今已物故。硕果唯兰友，兰友曲多得自名宿勋君荩臣[1]，音洪惊四座，前屡已言之矣。此外若新故之群信臣，平津鬻唱之荣剑尘、常树田，皆另一人操琴弹，非单弦正轨。闻桂君在本星期日于五福轩演《活捉》，最为精能。又西单商场有静轩茶社者，每晚除桂君外，又有滑稽鼓书老倭瓜[2]，刘派鼓书白凤鸣，皆可证吾说也。

1934 年 1 月 19 日
《北平晨报·艺圃》
署名非厂

[1] 荩（jìn）臣：忠臣。
[2] 崔子明：艺名老倭瓜，北京顺义人。"滑稽大鼓"艺人。

捧桂兰友

人家问我何以要捧桂兰友，我说程砚秋我要捧，余叔岩我也要捧，以至刘宝全、大金牙……我都要很忠实地捧一下，不仅是桂兰友。不过桂兰友，年事已高，所会的场面，颇富于清末的艺术味道，能使人深深地回忆到同光间的社会，我觉得在他一身，很可以找到晚清社会的许多史料，所以我先捧捧他。

1934 年 5 月 25 日
《北平晨报·闲谈》
署名闲人

桂兰友唱大鼓

我本不闲，而妄想那闲人的滋味，所以有时也学着要捧一捧人。

桂兰友最近在西单商场静轩茶社演唱，我见了"报载"，准时跑了去，屋内人不多，开起南窗，清爽之至。我在四点钟的时候去，正是一位坤角唤作赵玉宝的唱大鼓。坤角唱大鼓，我本来很少去领教，不过这位姑娘还好，很规矩，唱得也有些功夫。最后兰友唱《盗魂铃》，一人兼弹并唱，妙不可言。中有一段《石韵》，乃嘉道间唱《包公案》的石玉昆所创。玉昆唱《包公案》，以描写风景、形容动作、表白衣冠制度为最妙，《三侠五义》一书，即以之为祖本。道咸间有崇处者，传石氏衣钵，尔后唯兰友得其传。今兰友已七十余，再错过，将成《广陵散》了，我于百忙中跑去听。

1934 年 5 月 26 日

《北平晨报·闲谈》

署名闲人

荣剑尘唱单弦

　　荣剑尘唱单弦，世人以为甚雅者也。友问：汝曷捧一捧？我则唯唯否否。我之意以为荣剑尘若不唱"单"弦，则我一定要捧，唯其所标举者曰"单"弦，而荣君之弦，乃另使一人操之，顾名思义，我所以独捧桂兰友，而不去捧剑尘。兰友在西单静轩唱，听者不多；剑尘在中华唱，听者已多，阳春白雪，和者盖寡，当然也。且雅的问题，并不在声音之低缓，与夫瘦骨之嶙峋，而词句之清新，诨语之成趣，荣君尚未及德寿山之万一，更谈不到雅不雅。盖荣君演唱如已至炉火纯青之候，则我之捧荣君，岂敢后人！

1934 年 6 月 1 日

《北平晨报·闲谈》

署名闲人

张友鹤演奏古琴

　　张友鹤[1]先生古琴有独得之趣，此次应京华美院之邀，于本月二十七日在协和礼堂拟奏两阕。（1）《平沙落雁》，按此为明宁王臞仙作。凡六段，四段以前运指安闲自如，取音醇和舒畅，似鸿雁来宾，列序飞鸣，倏隐倏现，若往若来。五段撮音似盘旋欲落，和鸣于洲渚之上。六段声调参差不齐，拟群雁下落之状，走吟像飞舞之声。尾音则三五成群，此呼彼应，以至无声，则既落以后之情形也。（2）《流水》，此为俞伯牙作，凡九段，列子曰：伯牙鼓琴，志在流水，钟子期曰：善哉洋洋兮若江河！是曲写水由发源至入海，始而涓滴成流，继而悬崖飞瀑，中而风涛汹涌，既而余波激石，声音之疏密，节奏之缓急，落指之轻重，随意境而变动不居，真有长江大河浩浩万里之概。

1934 年 6 月 25 日
《北平晨报·艺苑珍闻》
署名闲人

---

[1]　张友鹤（1895—1940），原名鹏翘。陕西朝邑人。近代古琴演奏家、研究家。

方红宝鼓词

　　我于戏剧鼓词，嗜之有年，顾鲜如捧角家之为文者，以我雅不欲以其一知半解就正当代专家也。前日往第一楼听大鼓，鼓姬有方红宝[1]其人者，其面貌有类张大千为何敬之所画之美女拈花图，友怂恿为文，因为《闲谈》以谈方姬技。

　　是日方姬演《审头刺汤》，"刺汤"一剧，演者窍要曰：悲，媚，脆。悲谓内心之表见，要义烈之气，溢于眉宇。媚谓虚与委蛇，惑之使不疑，匿之使就范。脆谓腔调铿锵，手段简洁，猝不及备也。工是词者以刘宝全为极，刘外鲜有能。方姬演此一宗刘，除间有每句加一两衬字外，声调极扬抑挫顿悲壮凄婉之妙，求之男角，已不易得，遑论女子！以艺论，似不在王氏二凤下也。

---

[1]　方红宝：京韵大鼓女艺人。

"捧大鼓"照例"点"四五曲，即可邀之"吃馆子"，"吃馆子"之后，视对方之情态，然后为拜访，住饭店，开房间之缓急，有时且不必经此顺序。我于"点"之能力且无之，奈何！

1934 年 11 月 20 日

《北平晨报·闲谈·四二》

署名闲人

什刹海听歌

　　盖闻"娱乐不忘救国",而"救国莫忘娱乐"。当春日海晏河清,予曾数游西山诸胜。自炮轰北平,江河告警,予乃闭户图自救,且不暇。迩者大难似已过半,予亦何苦徒作杞人之忧!于是太液荷风,予于静心斋前伫立领略,是在八月三十日之下午。偶值邻叟,便邀听歌,谓予所最赏识之方红宝鼓姬,见在什刹海荷花市场演唱。欣然往,沿市场茶棚技场行,人声、锣鼓声,与柳间鸣蝉上下相应,觉一幅清凉世界,顿成闹市。油煎、釜蒸、花香、酒气,杂以人汗,蔚而为气,味至不可名。比至,泡一壶小叶茶,坐动辄得咎之铁栏凳,观两三小女子唱《灯下劝夫》《坐楼杀惜》。少焉,方红宝登场,视前略憔悴,唱

鼓界三名角（右起：老倭瓜、白云鹏、山药蛋）

则稳健婉转，颇可听。继之则为焦德海[1]、老倭瓜、白云鹏[2]诸人，皆杂耍场之老将也。听之久，习习荷风，冷香扑鼻，仿佛置身升平之世，而顿忘其大难之尚未已也。"救国不忘娱乐"，大人先生之好整以暇，又何足怪乎？

1935 年 8 月 2 日

《北平晨报·闲谈》

署名闲人

---

[1] 焦德海（1878—1935），北京人。相声艺人。

[2] 白云鹏（1874—1952），字翼青，河北霸县人。京韵大鼓演员。

俞毛包

前日于友人许宴谈，友固所谓"戏迷"者也。举座七八人口言，手舞足蹈皆为皮黄。以为丁兹盛世，唯此纶音足消永昼，殆亦乐天者耶！友与吾皆为光宣之际，不惜"请病假""旷课""早退"，而听谭鑫培、俞菊笙、孙菊仙者，故谈锋尤不胜今昔之感。犹忆甘肃大饥，都人士为演剧筹赈，商于谭鑫培，谭不肯焉。时西珠市口文明园主为俞振庭，振庭为菊笙子，工武生，眷□肃王善耆。闻此举，就商其父菊笙。菊笙不演剧已十余年矣。于是为演《铁笼山》一剧。都人士久不见菊笙戏，届期戏报金书一俞字，大如斗而不名，戏价奇昂，后至者无插足地。菊笙见诸伶衣饰炫目，光彩耀人，因晋曰："表金玉而内败絮，徒为世俗所惊，独不虑为识者笑耶？"乃下令以旧饰登场，古色古香，诸伶无不谨慎将事。菊笙名光耀，字润仙，吴人。学于杨月楼，月楼父工技击，再传至菊笙，菊笙不以技传之子，独传之杨小楼，报师恩也。菊笙性豪爽任侠，诸伶有不当，面折不少暇，人是以"毛包"[1]呼之。民国二年殁，年七十有六，吾曾为文吊之。此求之今日士夫不可得者，友以其足砭末俗也，因书之。

1935 年 8 月 3 日
《北平晨报·闲谈》
署名闲人

---

[1] 毛包：称人粗直而没有涵养。

河南赈灾演戏

湖北、山东、江苏相继以筹赈闻。河南之水旱灾，亦不下于鄂鲁苏也。鄂筹赈在平举行后，又由张学良、何成浚[1]诸人，在湖北筹办书画古物博览助赈会，所征品物，为古今名人书画及家藏古物，或个人作品，征集时间至十一月底止，现已遍发征启。河南筹赈，现亦着手进行，其已组织完成者，则为演剧助赈一项。日期定于十一月九日，地点为第一舞台，剧中人除网罗当代名伶，演其"拿手好戏"之外，闻雪艳琴与杨小楼合演之《霸王别姬》，最为难得可贵。艳琴自俪溥侊后，久居日本，此次由河南名宦李良民君为灾民救命，邀其一现色相，想届期当有一番热闹也。

1935 年 10 月 29 日

《北平晨报·闲谈》

署名闲人

---

[1] 何成浚（1882—1961），字雪竹，湖北随州人。二级陆军上将。

河南筹赈之好戏

　　河南水灾义务戏，在第一舞台举行，前曾据闻书之，今已定于明日公演矣。剧目：言菊朋、程继仙之《群英会》，尚小云、刘砚芳之《打渔杀家》，马连良、侯喜瑞之《打严嵩》，杨小楼、雪艳琴、王凤卿之《霸王别姬》。雪艳琴自嫁溥侊后，已成禁脔，故都人士得此机会以一聆雅奏者，闻为李晓东将军一人之力，浼其特别为灾民一现色相也。吾尝谓此次各省在北平办赈，其出力最多而又最慷慨者，舍办赈诸君子外，要以梨园诸人为最卖力气，而收效亦最宏。吾人当此密云不雨寒风刺骨之会，他事正不须问，出数元钱，既救灾民，又可以高坐电炬下，看《打严嵩》，喊几声彩，出一出胸中乌气也。

1935 年 11 月 8 日

《北平晨报·闲谈》

署名闲人

杨小楼《霸王别姬》

皮黄戏自髫啥之，以为可喜也。哼哼几句，可悲也；哼哼几句，哭笑不得。百无聊赖时，从而高唱几声"骂一声毛延寿误国的奸臣"，然后衔杯狂饮，颓然就卧，昏昏然做半夜安闲之梦。买日为活之余，囊中尚富有三角钱，偷闲入戏园，脊背靠大墙，足蹬长板凳，看看《打砂锅》《算粮登殿》，眼昏肢痛，口渴腹饥，归而啖一碗熬白菜，以其饥而疲也，香甜视珍馐。戏之于我盖如此。日前河南筹赈，假第一舞台演戏，有杨小楼、雪艳琴之《霸王别姬》，小楼此戏，其秘本盖专为项羽而作，自与梅兰芳合演，识者固早逆知其有今日。今小楼困于家庭，日纵酒，非复当年之概，垓下一击，已不复有斩将搴旗之勇。以视梅郎出演沪渎，金少山扮楚项羽，颇能叱咤风云者，境之困人，一至于此，可慨也夫！

1935 年 11 月 13 日
《北平晨报·闲谈》
署名闲人

聆余叔岩《盗宗卷》

　　久不聆叔岩戏，耳目为聋。日昨聆叔岩《盗宗卷》，声音做作，心神为快。犹忆叔岩幼时，演剧津门，时年未至成童，而慷慨激昂，辄以钱恤人，无怪谭鑫培叹为"余家千里驹也"。光绪丙午患咯血症，民国四年曾露演于广德楼，自尔时在织云公所演唱，今不登氍毹已七八年。去年曾两现歌台，今演《盗宗卷》，尤觉苍凉悲壮。按叔岩为紫云子，三胜孙。人知须生有程长庚，无知有余三胜者，而紫云之绝艺，除唱做外，要以裙下双翅为独绝，梨园子弟无能为传者。昔有陈君子芳者，学紫云，登堂入室，虽内行人咸推重之。予犹及见其演《戏凤》云。

1936 年 3 月 18 日
《北平晨报·闲谈》
署名闲人

看戏

讨厌的天气，一天坏似一天，虽其趋势，是要作成炎威迫人，而阴霾四合，少见天日，寒风砭骨，仿佛九秋天气。星期日杨小楼演《长坂坡》《汉津口》于东安市场，细雨迷蒙，天气非常恶劣，而座客拥挤，三时已没有隙地。据戏院中人说："自入春以来，平津剧场，顿呈活跃气象，凡是名角，肯唱重头戏，贵客莅止，没有不满坑满谷。这是近几年来没有的现象。本来当此国难严重，一些人们参加这种繁难的工作，若没有相当的娱乐，用为调剂，几何不要得脑充血呢！杨小楼多年不演的《安天会》《长坂坡》，在这时摹仿那猴子偷桃盗丹，赵子龙单骑救主，一面看他那妄冀非分，而免不了猴子的本性；一面看那'四将军'抗敌救主，一身是胆，在无形中，也很有些意义。大概这就是

杨小楼、钱金福《长坂坡》剧照

'娱乐不忘救国'吧！"我听了这片牢骚，望望天，还是阴云四合。

1936 年 6 月 1 日

上海《大公报·非厂漫话》

署名非厂

二

星期日（十四日）热极，午饭，除欠人几幅画未画，几块图章未刻外，我觉得这大半日没事，我才跑到吉祥戏院去听杨小楼。虽在很热的天气，关在三架电扇只开两架的戏场，座位上到八九成，但是郝寿臣的《瓦口关》一上来，已不觉得太热。及至小楼唱到《访褚》《酒楼》数折，连热也就忘掉了。南天的风云，已闹得那个样子，北地的燥热，又弄得人未卜若何，际此，只有关在锣鼓喧闹的戏场里，看戏中人指手画脚，喊两句高调，在那里出汗。我们一面点头，一面咂嘴，一面叫好，一面摇头，都同着淌些汗来，倒觉得还舒服些，至少不至于得感冒！本来在这极度燥热的空气里，至少要应沉住气，静待熏风送爽，白雨延凉。用不着去张皇，更不宜去呐喊。

1936 年 6 月 20 日

《实报·漫墨》

署名闲人

过节看戏

　　我既于端午节首先响应宋韩两先生马电[1]之后，而南岳风云，依然阴郁，《战长沙》一剧，既已"先期售票"，是否"风雨无阻"，尚不敢知，则最后之手段，唯有"断然□而□"之一叹而已！虽迫人瑞节，已挣脱度过，而暑蒸潮热，迫人愈紧，顾后瞻前，令人危惧。有友见过，正告我曰："连日有好戏，不妨一听。何徒此戚戚为?"我曰："杨小楼之《战宛城》，固极佳，而张婢自仙凤三宝之后，唯筱翠花膺上选。今此剧此角欠佳，听之转有不快之感，不如迟一二日看《冀州城》也。"友曰："《冀州城》，现已售票，往视乃迟早问题。欲'过节'，必

---

[1]　马电：指1936年6月，广东的陈济棠与广西的李宗仁、白崇禧领衔反蒋的"六一"事变，蒋调大军欲镇压。宋哲元与韩复榘于21日联署发出"马电"，呼吁和平，反对内战。

冒暑观此'马踏青苗''割发带首'。良以处此匕鬯无惊[1]、安如泰山之古城，既不必回首瞻望南天风云，又不必跂足遥瞩扶桑海市，得过且过，姑求此一日之安，如是而已。"我无以难，被拖而去。

1936 年 6 月 26 日

《实报·漫墨》

署名闲人

---

[1] 匕鬯无惊（bǐ chàng wú jīng）：法纪严明，无所惊扰。

说评书

故都昔有说评书者，时际承平，有闲阶级于饭后茶余睡起，即小茶馆听《战长沙》《盗御马》《南北合》……亦一消愁解闷之良法也。茶馆筑土台，上置长方桌，桌上一扇、一茶杯壶、一钱盘。桌后四足高凳。背墙，墙书说者姓名及所说书名。环台列长桌凳，置杯壶。演说重要节目，则另以黄纸小条张门首，谓之"飞报签"。业此者向有内外行，内行师弟授受，外行则读书通文之士，喜为此"子弟书"，以卖弄其口才学识，能说《聊斋》，能解释"司文郎"，能嘲讽时政。予于光宣之际曾聆之，真使人为之捧腹哄堂也。今无其人。内行中如双厚坪、潘诚立[1]，双无一不知，赅博谐谑，并世无两，潘以声洪功精胜。双说《秦琼卖马》之马，历三日不绝；潘说包拯虎头铡，声闻户外，摹拟赵子龙武功，一手一式，精技击者以为不诬。今故都说评书，不特说者无人，听者亦不闲也。

1936 年 6 月 28 日
上海《大公报·非厂漫话》
署名非厂

---

[1] 潘诚立（1872—1929），北京人，评书艺人。曾任北京评书研究会会长。

我非戏迷

　　三十年前杨小楼演《冀州城》，向告满座，其实杨与黄润甫、钱金福、何佩亭、迟月亭、许德义、李连伸诸人皆在盛年，予虽每次必听，且能摹拟其"我父子镇西凉人人皆怕"之腔调，然未尝如今日之重视也。余如《林冲夜奔》《恶虎村》《水帘洞》诸剧亦然。不图三十年后之北京，已没落残毁至于如此，而小楼诸人，尚能鼓其余勇，大演其《冀州城》。城楼一角，于"捧头""抱尸""闻报"虽将军无复有当年之勇，而六四衰翁，拼命演来，亦大可伤矣！迟月亭已老，而尤衰颓，城楼前一"摔"，亦难能可贵。按小楼年来出演，有时双出，售价最佳位次才一元三角，而戏目稍"软"，且不能满座，即勉强慕名而来，亦以为不如小达子之火爆也。小楼戏予每次必听，愈听愈觉有感，犹之乎居此古城——北京——三十年前不重视之被破坏糟蹋而沦为边城，则我愈觉其可爱可宝也！然则吾岂戏迷也哉！

1936 年 6 月 29 日
《实报·漫墨》
署名闲人

民国年间剧目单

北平戏场

　　北平近来剧场，须唱好戏，须价钱廉，须座位舒适。所谓好戏，非必名角，非必配搭齐全，要以时间长，有尾有头，为人所易晓。如端午日北平各戏园（共八家），演《探母回令》者四家，即此已足见京朝派戏场之衰歇矣！杨小楼于本月廿七日演《冀州城》，配角如郝寿臣之曹操，迟月亭之马岱，徐德义之姜叙，裘盛戎之杨阜，虽视二十五六年前小楼演此时，不免小型颓败，而城楼前"捧头""抱尸""闻报"诸作，以六四衰翁演之，尚能跌扑摔仆，而售价最高才法币一元三角，亦可伤矣！二十五六年前之北平，予亦何尝重视之！不意经此二十五六年摧残毁败压榨放弃，致沦为边城，而暂免异域，我觉其一砖一石一草一木，无风三尺土，有雨一街泥，咸为可爱可贵。犹之乎小楼唱戏，予每次必听，以为听一次少一次也！呜呼！

1936 年 7 月 4 日

上海《大公报·非厂漫话》

署名非厂

捧她

　　有人说："你对于艺术家，捧得不遗余力。现在有一个人，她的命儿总是苦的，她对于人，虽是个女人，却有些侠肝义胆，不过她个性太强，有些人反觉得她落落寡合。现在她经朋友们怂恿，要在不久的将来，现身舞台，大概是华乐戏园，唱唱戏，吐吐一腔子乌气，这个人，你非捧她一下子不可。你（知）道此人是谁？就是大名鼎鼎的陶默盦。"闲人闻命之下，不胜惶愧。我虽喜欢写文字，绍介当代的艺术家，但是艺术家未经我捧，他的艺术已经受人欢迎；既经我捧，他的受人欢迎也不见得有什么增加。人微言轻，本不足以增损。不过我在这第四版上的特别包厢，俯瞰可以看电影看戏，旁瞩可以看大学生应试，可以看枪伤警士，可以看祀孔盛典，更可以看那些社会上的一切新闻，那么陶默盦女士要重现氍毹，我又何吝于把她捧一下子呢！

1936 年 8 月 28 日

《实报·漫墨》

署名闲人

陶默盦痛史

　　陶默盦女士，自上周在吉祥演唱《探母回令》和全部《王宝钏》，在唱戏这一行里，也算是一颗不大不小十八磅的炸弹。虽不必像梅老板那样的给人们沉醉着，但是她这一唱，也会使人们震动一下，而需要知道她是浭阳端老四的侄女，端六爷的小姐。她做少奶奶的时代，是在白家，现在她所生的一儿一女，已都在高中读书，而最近并需她帮给学费的。这是她半生悲痛史开始的第一页。她浪漫的生活，自由白家断绝关系之后开始，于是她和几位军阀结缘，戎装驰马，这是陶默盦渐为人们知道的时代。自后她虽稍有归宿，而又因为"一个马槽拴不得两个叫驴"的关系，她又脱离仰仗男人而渐渐地研究戏曲。这大概就是陶老六在东安市场玩票唱戏的时代。有位医学家密斯忒黄，二人很经过了相当的时期，于是陶女士又得归宿，故都中很少见着她，因为他们已到南京去。方期他们甜甜蜜蜜度他们后半世的生活，不想有易君左的风波扇起来，密斯忒黄有些沉不住气，于是这场风波，直弄得一发而不可收拾，而陶女士乃不得不来平度她这戏剧的生活。实则易君左的夫人黄学艺女士，和她感情极好，这位黄女士至今还不断给她通信。以上的事实，大概是人们晓得的，而她这次来平，因为白家的她那位黑漆板凳，已经是有神经病而穷得不得了。她所生的一儿一女，这次找了她来，叫她替想办法，免得失学。这是她顶悲惨的第一点。她那位密斯忒韩的小陶默盦，已经十岁，她愿意去求学，将来养母，她又不得不给她谋一个求学的地方，安置了她，供她学宿膳杂各费，这是她顶悲惨的第二点。密斯忒黄他们虽断绝了关系，但是"藕断丝不断"，她的肚皮里恐怕还有五个月的小黄。老黄是盼小黄而盼不到的，这责任她还要担负着将来报喜给老黄。这是她顶悲惨的第三点。这里还有密斯忒韩是早已去世的，而在"一个马槽拴不得两个叫驴"的，他们彼此很黯淡地会着了面，同是天涯沦落人，都很不痛快地回忆着前事。以上是人们不太十分知道的。我在一个下午去访她，承她很坦白地告我。那么她这次沦为唱戏，我觉得她这半生，哪一处都够得上演十四刻的大戏。

1936 年
《北晨画刊》第 9 卷第 13 期
署名闲人

梅博士

　　梨园公会演唱义务戏，据说是为救济同业。本来同业中专门"跑龙套"世其业的人们太苦了，形销骨立，面有饥色，而年寿有在咸同年间做弥月[1]的。他们穿起那件彩衣，远远望去，很像旧都文整，金丝楠木已腐朽改换了，上面涂上些红绿的颜色，猛可地望着，总觉得有些骨子里发穷。有人说："这次梅博士乘飞机赶来参加，你和他也不能说不是旧相识，当然要写一篇文字，凑凑热闹。"不错，梅博士赶来襄此盛举，救济同业，这是值得人们钦敬的。可惜樊山、实甫早已物故，不然的话，在故都衰歇的今日，一定在诗坛上要平添不少的韵事。我虽在二十年前也曾在人家屁股后边呐呐喊，喊喊梅畹华，但是人微言轻，于梅博士无益损。不过为我这特别包厢上要挂块"应时小卖"的牌子，那我只写上边的这一段。

1936 年 9 月 3 日
《实报·漫墨》
署名闲人

---

[1] 弥月：满月。

义举

　　北平梨园公会义务戏，自开始售票之第一日，前后排包厢既已全部售去，四大名旦之某名伶费去九牛二虎之力，方始买得五张，而被人请转让，只落得一张，尚有人请转让，猗欤休哉！尤足证海晏河清之太平景象也。犹忆中元之夕，路径金鳌玉蛛坊，车马喧阗，大有万人空巷之观，虽其后有人扰乱，未免美中不足，然令时佳节，若不有此点缀，何足以觇四方之无事耶？有人谓："梨园此举，不一日而票罄，尤足征好义急公，既听好戏，又襄义举，既一举而两得，何乐而不购票？在穷酸视之，固不免于惊诧，而实则一牌万金，一掷千金，初未必有一文惠及穷苦之人。今此义举，实惠且及于穷苦，其为轻重，乃不可以道里计。故一日而票罄，义也，义之利在，唯恐后之。此又非可比于中元节之观灯。"

1936 年 9 月 5 日
《实报·漫墨》
署名闲人

梅博士演戏

　　有人说:"此地果然太平,不然,梅博士为什么也来凑闹热,演义务戏? "又有人说:"你和梅博士,似乎是二十年前的旧友,他这次来游故都,你自然要特别地捧一捧。"诚然,此地暂时大概是"平静无事"。梅博士的行动,我倒不大知道。不过梨园公会此次改选,很缺少一笔款子。又加上那些非梅博士一类富有,而为"跑龙套"世其业的人们,已穷得在台上形销骨立,面现菜色。他们如果穿上彩衣,很像旧都文整,把那些金丝楠已朽得不堪,改上洋灰,涂上些颜料,外表看看很像个样子,而骨子里却穷得不堪。因此会中演义务戏两晚,票价卖到八块法币。这种义举,梅博士自然乐得参加,并不像某四爷向例很少演义务戏那样的有身份。那么,他来游故都,何须乎我特别的一捧!闻第一日梅演《龙凤呈祥》,第二日演《霸王别姬》。

1936 年 9 月 6 日
上海《大公报·非厂漫话》
署名非厂

470

门阀

友人说："溥心畬先生因为他是旧王孙，所以他很容易成名。推而至于程玉霜、梅畹华，一位是中堂之后，一位是义士之孙，他们的成名，自然也比较容易。现在陶默盦女士，要在星期三、星期日露演她所擅场[1]的《四郎探母》，她是浭阳之侄，她也有她相当的历史，所以她这次成名，一定也可以预卜的。"我听了这话，看朋友的意思，好像仍着重在陶女士，似乎仍须我再写这一段。本来心畬先生自有他的长处，玉霜、畹华也有他们那博大精深处，他们一则为旧王孙，一则为名人之后，这不过是锦上添花，并不是专靠着这一点。至于陶女士，她在前好多年，在东安市场随意消遣的当儿，已经是字正腔圆，好得了不得。她自南游之后，曾拜了名师（畹华），她在艺术上当然更好。可惜我近来患足疾，还不曾去拜访她，但是她这次的露演，一定要博得好评的，这也不一定是关乎浭阳尚书吧！

1936 年 9 月 7 日
《实报·漫墨》
署名闲人

---

[1] 擅场：压倒全场。

蹦蹦戏入肾

　　五音六律，直入五脏六腑，古有名言，友人于蹦蹦戏[1]验之。按蹦蹦戏予曾听之可一句钟，不知入何脾胃，直不能奈，耳嗡嗡，脊梁骨酸麻，直达尾闾，大气而泄之，自亦不审其所以然。友人曾看白伶[2]之《拿苍蝇》，谓其淫秽不堪入目，殆亦亡国之言，而不意白伶到沪上，乃大走其红运，是岂所曾于牝牡骊黄之内也耶？亦足以觇沪上之所嗜矣！今请言友人所验于蹦蹦戏者。友人于晚饭饱烟、余茶罢香、浓酒微醺醺候，忽开其无线电匣子，而适值白伶之唱片，聆之而唯恐其不有续也。比清晨，又开其电匣子，又值白伶所唱之前片，稍聆即觉不

---

[1]　蹦蹦戏俗称评剧，原名平腔梆子戏，又称"唐山落子""落子戏"，简称平戏，是一种北方地区的传统戏曲艺术。

[2]　白伶：指白玉霜。1934年因演出有伤风化，被市长袁良下令逐出北平。

堪入耳，疾闭其匣。据此，乃知蹦蹦戏之音，盖直入肾脏，不则何以晚间聆之助兴，晨间聆之倦闻也?!

1936 年 10 月 7 日
《实报·漫墨》
署名闲人

俞振庭

　　近日梨园盛举，为近数年所未有。当此秋高气爽，不冷不热，公余之暇，坐听梨园歌太平盛世，是亦贫者所不废。犹忆宣末民初，时于西柳树井文明茶园聆俞振庭诸剧，振庭席其父菊笙之余，演《白水滩》《金钱豹》诸戏，虽不如杨小楼、尚和玉，觉菊笙有此老五，不可谓非可儿。一日，俞五病足初愈，演《铁笼山》姜维，翘其足以病足着地，俗呼为跺泥也者，以足病失稳，台下报以笑，俞奋甚，连跺数次，视日常尤安稳，足至流血不顾。与迟月亭演《金钱豹》，论者谓彪悍视杨小楼有加，而《白水滩》之十一郎，生龙活虎，固亦俞氏门中佳子也。不意事隔二十年，其不自振也至于如此，亦可伤矣！役于物至名裂身败，若俞五者指乃不胜数。昔菊笙曾谓我："此子喜渔色，终必不成。"知子莫若父，岂不然乎？

1936 年 10 月 14 日
《实报·漫墨》
署名闲人

金少山

　　金秀山[1]，以唱"净"名京师。秀山面麻，人咸以金麻子呼之，为何桂山入室弟子。人评秀山戏者，谓于浑脱流利中，故以一字高唱入云，如晴空霹雳，深得燕赵悲歌遗意。与德珺如[2]友善，入民国后，日与珺如唱《忠孝全》以讽世。当刘鸿升唱净之未显也，秀山与谭鑫培配戏，颇不直鑫培之傲岸。比鑫培提掖鸿升，与谭感情亦愈恶。晚景乃抑郁不得志以死。不意二十年后有子少山者，忽以大名重莅故都，倘亦秀山所不及料乎？当民国初，秀山携其二子仲林少山唱《白良关》，碌碌似不足绍先业。比与梅郎演霸王戏，少山之名遂独噪于江南。闲人与秀山有相识之雅，因少山今日出演华乐，是地即秀山与鑫培因演《失街亭》而龃龉，而刘鸿升遂以此享大名者。故书此以志欢迎。

1937 年 2 月 16 日

《实报·漫墨》

署名闲人

---

[1]　金秀山（1855—1915），北京人，满族。京剧花脸演员。

[2]　德珺如（1852—1925），名珩，满族。京剧小生演员。

熊戏子

　　大人会既已闭幕，我不知要说什么。不过，在一家报上，忽然看到很大字印着"北伐大业"，这倒吓了我一跳，我想怎么还要来那一套？后来仔细看下去，才觉得我是惊弓之鸟，原来是在讲本国史。我本想今日抽个空子，跑趟双照堂，访访熊戏子（佛西），可惜在我写这"特别包厢"的时候，还抽不出空闲的时间来。本来《赛金花》已闹得满城风雨，我在她被人称为"赛二爷"骑马过市的时候，已经老早认识她，不过我所知道的，竟是些旁面的文章。熊先生这次的剧本[1]，很能抓住了赛氏的特征，那么，经俞珊女士扮演，一定很会有出人意料的成绩。熊戏子是爱好字画的，这几天厂甸，他总是没有"露"，这正是他为戏子而牺牲了过画瘾。

1937 年 2 月 23 日

《实报·漫墨》

署名闲人

---

[1]　指熊佛西著《赛金花》，"实报丛书"之二十九，北平实报社 1937 年 3 月 20 日出版。

名戲劇家熊佛西氏，近日因賽金花劇本未能上演，故對一切事務均淡然處之，深居簡出作畫自娛，畫家王青芳氏遂篆此石章贈與。

戲子　熊佛　西畫

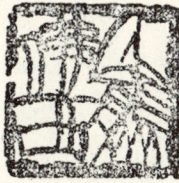

熊佛西

王青芳为熊佛西治印

为豫灾请观佳剧

去年豫西旱灾奇重，亟待各方救济。客冬曾由我和张大千，各作画五张，由李君铭三[1]慨捐洋五百元，作为助赈。李君此番高义，真令人可感可佩。豫贤张君伯驹，鉴于历次演戏筹款助赈，特于今日（二十八日）下午七时，假座隆福寺福全馆，柬请同乡戚友，"恭贺春喜，敬请观剧"。据张君语我："此番演剧，虽为豫中旱灾乞赈，但既不派票，又不当场募捐，不过借此机会，将奇灾待赈情形，略事说明，同乡戚友，自必惠及灾黎，施以相当救济，则本日演剧，谓之为豫灾呼吁也可，谓之酬谢盛情亦可，即谓之春喜观剧，亦无不可。"予闻君言，以视我费三朝两晚，仅画五幅画者，真不可以道里计。而世之闻风兴起，为豫中灾民想办法者，当必风起云涌，博施宏济也。

1937 年 2 月 28 日

《实报·漫墨》

署名闲人

---

[1] 李铭三，洛阳古董商。中国红十字会洛阳分会会员。时在平、沪经营古玩字画和景泰蓝等生意。

代豫灾再说两句

　　去年河南亢旱，区域扩大，秋禾未收，春麦未种，灾民遍野，待哺嗷嗷，这是多么惨痛的事！那时正值我们开济贫画展，河南赈灾会同人，送我些百合、红枣，要我特别帮忙。但我只会"画饼"，如何能成？所以由李君铭三出钱，我和张君出力，才勉强对付下去。但是我如果是不穷，或是还需要我尽力的地方，那我绝不敢辞。在前年为河南赈灾，由李君晓东、张君伯驹烦演义务戏于第一舞台，二君对于桑梓的尽力，真是可敬可佩。去年这次亢灾，较前年更加劲儿惨痛，所以前日福全馆的演讲，由张君柬邀，李君致辞。当此政府财政集中，哀鸿遍野的河南，只有我们"人"替他们——哀鸿想办法，才能得到相当的救济。那么，代灾民收赈款的北平监业和中国实业两银行，我希望在最短期间，在它们那里发表出惊人的赈款数目！至于说，请您们看在叔岩的王平、小楼的马谡面上，这话未免范围太小。

1937 年 3 月 2 日

《实报·漫墨》

署名闲人

479

闲话拜师

　　拜师，这是多么隆重的礼！一拜之后，师和弟子，一方面是启迪训导，一方面是承受教诲。天地君亲师，在这种年头，至少也不至于把亲与师给打倒了吧！犹忆往昔，陈麓畔（德霖字）收梅兰芳的时候，我曾幸而去观礼。今天他的快婿余叔岩收李少春，我又幸在被邀之列。那么，对于少春，我有一言，你且听了。方梅拜麓畔时，本无赫赫之名，那时只有我们几位小子正捧，冯大人还未上台。只是这位老夫子，他幼年在三庆科是习刀马旦的，比至改唱青衣，《雁门关》一剧，竟邀慈禧太后御赏。梅氏承其学，如《祭江》《彩楼》诸戏，循规蹈矩，绝不妄为增损，这是梅氏成名最大原因。息影田园的余叔岩，他对于他老师谭大王，有很深的研究，一抬手，一动脚，都要中乎规矩，合乎情理。在目下这种党中有党、派中有派的歌场中，我愿将来也像梅氏学陈那样的在规矩里边来活动，那么前途远大，正不必令梅氏专美于前了。同时，余三爷这一"开闸"（收徒），我想继少春、小冬以后，莫如请三爷大发慈悲，往学校里当一名教授，岂不副了"得天下英才而教育之"也乎！那么，英才幸甚！戏剧前途幸甚！

1938 年 10 月 19 日
《新北京报·戏剧》
署名于非厂

听 戏

　　友以我好听戏，辄以猴子诸戏为问。我实愧无一言。缘猴子诸剧，即小杨猴子演之，我亦不愿观。往者我观涛贝勒[1]演《安天会》，动中规矩，虽小楼亦当退避。犹之乎梅畹华之《醉酒》[2]，观余紫云[3]仅得其仿佛，然而其仿佛处，正如涛贝勒之演《安天会》，不可恒，"那得几回"方够味也。唱戏者务投人之所好，看戏者志在新奇，视曩者抱膝瞑目，靠大墙而咀嚼玩索者，已绝无。戏既由听降而为看，而看之之道，三新布景，五色电光，空中飞人，台上跑马，坐三四句钟，头晕眼花，脖酸腰痛，口干舌燥，心跳脉张，几不能待至"呜嘟嘟"[4]，而急于一吸

---

[1]　爱新觉罗·载涛（1887—1970），字叔源，号野云。晚清政治人物，京剧票友。

[2]　即梅兰芳表演之《贵妃醉酒》。

[3]　余紫云（1855—1899），青衣花旦演员。

[4]　"呜嘟嘟"：吹喇叭声，比喻吹牛。

新鲜空气。故我只入戏场，以"花钱听戏"为主，我不爱听，不可强；我爱听，虽典借不惜。盖纯视乎剧中人何如，扮演人则二十年前或注意于此也。

1938 年 10 月 22 日
《新北京报·哭之笑之随笔》
署名于非厂

孟小冬拜师

"借使伊不唱戏，不为天下人所瞻仰，所品题，讵非埋没！唯其随劫梨园，正所以显造化游戏钟灵之意耳。"此予曩年为某名伶，致易哭盒[1]先生书之一节，予之文固有所本页。先是其名伶尚不为人知，遭德宗丧，献技于广德楼，说白清唱第三出。而姚氏佩秋诸人，正以私寓而大红大紫。国变后，哭盒捧之最力。予书正乞其为文以张之，哭盒初不知某伶也。辛亥后，家居，屏声色犬马，于梨园既生疏，遂不妄为推许。今余君叔岩收孟小冬为徒，以为师得其弟子，弟子亦得其师，故不惜词费，再为之说。

1938 年 10 月 26 日

《新北京报·哭之笑之随笔》

署名于非厂

---

[1] 易顺鼎（1858—1920），字实甫，号哭盒。湖南龙阳（今汉寿）人。清末民初诗人。

孟小冬便装照（1932年）

画脸谱

　　画脸谱为晚近新兴艺术之一，其所绘，虽视舞台上为另一种，要足以状某一角于某一事迹上之心地行为则一也。往者若何九，若钱宝峰，若穆子，若黄三，若连仲，若钱金福诸人，其所"勾"，皆有其独到处。顾颜面具凹凸之形，纷施五色，易为工丽，至若绘之缣素，状其容貌，则升平署所绘脸谱，已嫌其过于平板矣。友人汪君鑫福，张君笑侠，皆以此名于时，其所绘独能于梨园矩度中而自具脸面凹凸形，视升平署谱已稍进矣。予最喜小花面脸谱，粉墨数笔，极诙诡之趣，以画法论，仿佛梁楷之一笔画，而其趣不在两峰之鬼趣下也。

1938 年 11 月 1 日

《新北京报·哭之笑之随笔》

署名于非厂

486

听《落马湖》

日前听李少春演《殷家堡》《落马湖》，少春饰黄天霸。是出分两派，杨小楼宗俞，黄月山特起，二者"唱""念""做""打"皆不同。学黄者，若瑞德宝、李春来、李鑫甫、马德成、李吉瑞，皆各有所长。小楼宗俞菊笙而独得窍要。学者以黄派易于见长，杨派则非功力深纯不可。且黄天霸，并非一勇之夫，其内心表现，若"回船""议事""访褚""酒楼"诸段，各有其情节，由惊而恨，而茫无头绪，而渐见光明，凡此仅关于"做"之一方。而"唱"之应激越，应悲愤，应抑郁，应奋励。"念"之宜悲，宜愤，宜嗔，宜喜……在黄派虽较粗，为之亦匪易，小楼则更神话焉。光绪末，听小楼于新丰市场庆升园，去年又听于东安市场吉祥园，早年之作，实不如晚年之老到，而晚年之配搭，求如光绪末之何佩亭、钱金福、刘春喜、迟月亭、张洪林辈，且不可得，则所谓"光杆牡丹"者，演之更觉难能而可贵。少春演此似宗杨氏，若再经润色，不难有成也。

1938 年 11 月 10 日
《新北京报》"戏剧版"
署名于非厂

487

变戏法

　　戏剧之道，大概是随时代而变化的。在梅畹华未享名之前，唱旦角的是那样古朴浑厚，自从有了梅氏，为迎合观者的心理和需求，腔调也变了，服装也变了，靡靡之音正合乎乱世，那些黄钟大吕，端庄静宜，只好头朝下做个配搭。同光之际，书法丕变，南北朝的断烂残碑，很走了些时运，直到民国十几年，还是杨大眼[1]、张猛龙[2]。这是不是时代支配了艺术，抑或是艺术改变了时代？我都不太懂得。我很记得在民国初年，我写了些关于北京的习俗好尚，那时正是革命老爷们

---

[1] 杨大眼：《杨大眼造像》，全称《辅国将军杨大眼为孝文皇帝造像记》，简称《杨大眼》，刻于北魏景明正始之际（500—508）。楷书，位于河南洛阳龙门古阳洞中，与《始平公造像》《孙秋生造像》《魏灵藏造像》并称"龙门四品"。

[2] 张猛龙：《张猛龙碑》全称《魏鲁郡太守张府君清颂之碑》，镌于北魏正光三年（522）正月二十三日，碑在山东曲阜孔庙，楷书。

在此地作龙兴大会，我虽未被认为帝制余孽，保皇党徒，但是鄙夷不屑地直斥着我，认为北京这个地方，算得了什么，去浪费笔墨，那时好像还没有"封建制度"和"帝国主义"这两个名词来钳制人。及至觉得这地方的习俗好尚，有所谓民间风土，还尚有一顾之价值了，于是这种材料，被时代的侵蚀而湮没了的渐渐地多起来，直到前几年，风起云涌般的人们在搜集、在研究，而文献越发的不足征了。由这种看法，我有位朋友，他在推测戏剧的将来，他说："现在的戏，是要赶上跑马戏，带杂耍，空中飞人，踏软绳，巧耍花坛，大锅烩，将来一定要变作什么？这倒费些推测。"这话虽未免太那个，但也有他相当的见地。

1938 年 11 月 18 日
《新北京报·哭之笑之随笔》
署名于非厂

飞票

飞票，我并不反对。我偶然见到了戏报，这演者是大名角，或者是不太好而捧者多，而这出戏我倒喜欢听，我又可以抽出几个钟头的闲空，我在这种情势之下，我多花他三四角钱，买一张飞票。地位既好，茶房也比较周到，戏可听也好，戏不太好也好，总之，我在这飞票的位子上，吃吃淡茶，吸吸烟，把我这所空闲的时间和我余下来的块八角钱都消耗了，我的目的已足。这并不是像那年买梅兰芳的飞票，要花到二十几元钱，我虽没有那么大的瘾，不过，像我这种非必要听戏而偶然地来一下子的很少。那么大红大紫的角色，又遇到了拿手的戏，如果前几排都被"吃飞"的给弄了去，而反说是一老板拿走了，这在一般观众上，真不知如何是好，这也未免太那个一点。本来现在戏班太多了，戏园太少。在听者方面，现在只好去听听戏。供之与求，两下相冲，缺者为贵，也是恒情，但是情甘愿意多花钱而仍弄不到票者，在上星期六，有几位朋友为听《战太平》，很费了几番周折，结果不但是多花钱，而且还怄了一场闲气。那么，这飞票制，恐怕只有我这孤家寡人认为方便了。而明明是飞票，却反说是某某拿走，这尤其差一点。

1938 年 12 月 7 日
《新北京报·哭之笑之随笔》
署名于非厂

卖

满

　　"卖满"，这个名词，大概是当之者以为荣，以其为叫满座能力的表现，在梨园老板，认为这是足关荣辱的。不过，我一天有点闲空，又富余几毛钱，就在此情形之下去听昆曲，这日戏之好，很不枉花这几毛钱。昆曲我虽不大懂，但勉强也不能说不知道一点。那日我进得园去，真是静寂寂入耳琴声，连我自己一并计及在内，大大的有五十三位活人在那儿听。这能说戏不好，角不佳吗？白什么霜的新《拿苍蝇》，已经轰动了九城，我那日被朋友所约去拜观，离着这出戏还远，已经是满坑满谷地毕恭毕敬在那儿拱俟《拿苍蝇》上演。我未及挤到位子上，我已无此好奇心而再看了，我的朋友倒讥我另有高就，其实我只是溜回家去睡觉。昆曲的不卖满和《拿苍蝇》的卖满，我觉得毫无荣辱的关系掺和其间，且唯是《拿苍蝇》，此其所以卖满也。日前我写了那篇《飞票》，观察还未能进入社会里面，后来我那几位朋友既预买不着票，他们只好去买飞票，却原来票很有。里面却是卖满、不卖满的问题。这就是我们局外人，莫名其土地堂[1]的一点小把戏，这才是北京社会的里面。

1938 年 12 月 12 日

《新北京报·哭之笑之随笔》

署名于非厂

---

[1] 土地堂：为一家一户院子里敬奉土地神的地方。此处指不清楚内幕。

孟小冬之《洪洋洞》

　　余君叔岩亲授孟小冬《洪洋洞》这出戏，今夜即在新新出演了。这出戏情节不太繁复，唱做却非容易。老谭在日，这出戏最好听，金秀山、李顺亭、李寿山、黄润甫都是他的好搭档。有一次堂会，有某名伶演这出戏，某名伶宽大声洪，老谭也在座，他看这名伶演此，他说："我看他如何死法。"本来这出戏，要唱病，要唱因焦孟而病加重，要唱到梦呓，要唱到临终的遗嘱，然后才慢慢地唱到垂危，唱到气如游丝，唱到断而复续，然后才唱到死。这种死法，和《七星灯》的死又截然不同，而是家人国事，都有些依恋不得已，病重而死的，所以俗言"唱死杨延昭"，唱死是多么难的事！老谭这戏确乎是唱死。余君叔岩是谭氏的传人，他对于谭，对于这出戏，都有相当的发挥，不仅是亦步亦趋。我对于这出戏，很听过了些位，如贵俊卿、王雨田、张毓庭、贾洪林、王君直……我觉得能仿到"唱死杨延昭"的，当然要推余君叔岩了。孟小冬的过去，我也曾写过几篇文章，她本是我最佩服坤角唱老生的一个人。近来叔岩授此戏，预定在今日出演，余君且亲为把场，小冬绝顶聪明，又经名师指点，我想将来仿余氏的传人，是不难的。要知《洪洋洞》《击鼓骂曹》《捉放曹》等这一类的戏，难的是一个"雅"字，这个字是叔岩一生享名的地方，而小冬确有些把握。

1938 年 12 月 25 日
《新北京报》"戏剧版"
署名于非厂

富竹友唱戏

在过去红极一时的富竹友[1]，她又预备在祭灶日[2]演戏于长安[3]了。

她的为人和她的境遇，我实在同情她。不过她和她的黑漆板凳，特习染前清"大旗派"，一位是大爷，一位是大奶奶，只弄得在这天寒岁暮，不得不借着唱唱戏来调剂调剂。

她在去年以来，每次唱戏，都有人托我写介绍的文字，这次她又唱戏，我当然也要写一点东西来介绍。唱戏在今日，是多么时道的玩意儿。阔小姐，阔少奶奶，窑变……都要在红氍毹上，现现色相，显显身手。至于她每次唱戏，却专门借此调剂调剂她那穷苦的生活，人

---

[1] 富竹友，即王淑安，工青衣兼花旦。同胞三姊妹竹友、菊友、兰友曾合作演戏，盛极一时。

[2] 祭灶日，即灶王节。中国的传统风俗称为"送神"。一般在阴历腊月二十三日。

[3] 指位于北京西长安街的长安戏院。

家是高高兴兴要在红氍毹露露脸。她却是羞羞涩涩、忸忸怩怩、寒酸忍痛在红氍毹上向人们乞食。立场既异，所以她每次唱戏，我必要竭力地写篇介绍的文字。我既非捧角，亦非评剧，因为她唱戏，还不失老派的典型，而她却情甘忍受着饥寒，相夫育子，过她那穷人的生活，我基于此点，我很愿意她这次唱戏，不受戏院的刁难，卖票的捣鬼，我知道在这"大城里"同情她的人多，一定要在祭灶那一天抽出个空儿，一听她的《文章会》和全部《宇宙锋》。的确，她《宇宙锋》中的一大段唱，确有些来历。听说这次在戏院方面，因为朋友的关系，也不必先交钱后唱戏了，这也值得预先把它写出来看看。

1939 年 2 月 11 日
《新北京报》"戏剧版"
署名于非厂

侯一尘说笑话

　　"同是天涯沦落人，相逢何必曾相识"，予与侯一尘今春始订交，一尘能事母，肯为人忙，求之衣冠中人，已难得，遑论乎江湖卖艺者。一尘说相声，俗所谓"半路出家"，非世其业，一日为予说一事，其言曰："有老夫妇与其子与媳坐厅事中闲话，时当夏令，炎暑蒸，翁令子饮冰，借祛暑酷，媳抱孙在旁，数目翁子令勿食，子不悟，媳急，骤曰'喂'！子顿悟，曰'唔'，置冰不食。翁不解，目视媪曰'啊'？媪知其故，频点其首曰'哦'！媳晕如霞，抱儿去。"此妙在含蓄，善用"喂""哦"等字，白话文学家，将又引为典要矣。

1941年6月21日
《津市警察三日刊》
署名非厂

蘑菇再娶

　　小蘑菇者，常宝堃也。身长与人等，面团团非富家翁，鼻大眼巨，面上具丘壑，若遇浅予朋弟两君以软线条勾勒之，则"王先生""老夫子"可以鼎力而三。健于谈，所谈滔滔然若决江河，往往与其友赵佩茹谈不倦。每谈辄抵牾若不相容者，辩至烈，至舞爪张牙，声震屋宇，虽在广众稠人中，虽有时相抵牾至丑恶，而二人心心相印，互相报以一笑而罢，不相恶也。赵君涵养有素，妻孥为蘑菇漫骂，不之较。若遇观西湖景，赵君且饱受其凌辱焉，二人之关系如此。日前蘑菇扬言于众，将再娶，苦于无资铸金屋，赵君设计，谓以拙画四帧，即可成其好事。拙画向不贵重视之，每有求，罔不应，善举且愿襄助，义举且愿尽绵薄，况此好事乎？故吾知蘑菇自有妇，蘑菇所谓妻已无有者，乃如摩登男士之欺骗女士，指天誓日，妻已无有，或纵有而将以法律或金钱势力而与之离异，唯求女士之承诺。比定情之后，则妇固健在也。或者蘑菇在津市，大紫大红，手头既松，自不免在饮食之外，而有男女，求拙画以别储金屋，借与其妇之一"泡"，亦自属常情。大凡欲在家庭中找"蘑菇"[1]者，最好夫人之外，俪以姨太，于是平静之中，平添不少热闹矣。想蘑君之广扩求拙画，殆此之故。予踟蹰至再，拟遇佩茹详询，再以拙笔为蘑菇一挥也。姑布其前半阕如此。

1941 年 7 月 1 日

《游艺画刊》第 2 卷第 12 期

署名于非厂

---

[1]　此处"蘑菇"意为故意纠缠不清或拖延时间。

余叔岩

　　至友余君叔岩小吾仅一岁，频年蛰居，为病魔所扰，而精神视吾尤健旺，盖得力于幼年武功也。君健于谈，对戏剧，说者谓"谭鑫培止能言其当然，至叔岩始能言其所以然"，此论良确。君工书，拟米海岳[1]颇神似，尤难得者书卷之气盎然，盖得于天者特厚，故无不精耳。予每喜与为京师三十年前习俗谈，举其时之好尚玩嗜甚而一衣履一扇一荷包之微，君皆能道其故实述其沿革，至养鸟养虫玩瓷珠翠，尤为出色当行，其警辟有非他人所可及者。君病已数月，曾求神，谓夏正七月十三日可愈。顾病日就危，乃不能坐俟神所示日，决然舍去旧药饵，赴医院为根本治疗。"神"相吉人，能不必俟七月十三日，而早占勿药否？

1941 年 7 月 23 日

《新北京报·非闇漫墨·卷三》

署名于非厂

---

[1] 米芾（1052—1108），字元章，号海岳外史。北宋书画家。

余叔岩《定军山》剧照

探病

　　国历七月二十三日下午三时二十分，与友至协和医院探视余君叔岩病。既进，登升降机至三楼，时余君正用药，客室中已有数人守候。时女公子慧清坐夜已归休，夫人尚未至，孟小冬女士则任守视之责，据谈：其师经过极为良好，食量陡增，体温迄无变动。其戚言："叔岩病本至危，若不割治，直同坐毙。此割验，膀胱疣已满，心亦为之惴惴。经手术后，一切全无变化，精神日健旺，至昨日，谢大夫为去缝线，叔岩横卧床头，特撰一曲（此戏词将抄布之），为谢大夫歌之，眉宇轩昂，深致其感谢之意，闻者以为视《定军山》讨令之老将军尤觉悲壮。自经手术后，所食皆流质，叔岩颇感不适，请于谢大夫，为之具西餐，食如鲸吞，尽一具。自昨迄今，唯日康复。"至四时十分，其夫人姚女士始来，予与辞而归。

1941 年 7 月 26 日

《新北京报·非闇漫墨·卷三》

署名于非厂

说书

　　翟灏云:"《古杭梦游录》:说话有四家,一银字儿谓烟粉灵怪之事,一铁骑儿谓士马金鼓之事,一说经谓演说佛书,一说史谓说前代兴废。《武林旧事》:百戏社名小说为雄辩社。按:今俗谓之说书。说书字见《墨子·耕柱》:能谈辩者谈辩,能说书者说书。然所言与今事别。"[1]据此,则说书之行甚古。李斗云:"评话盛于江南,如柳敬亭、孔云霄、韩圭湖诸人,屡为陈其年、余澹心、杜茶村、朱竹垞所赏鉴。次之,季麻子平词,为李宫保卫所赏。人参客王建明瞽后,工弦词成名师。顾翰章次之。紫痢痢弦词,蒋心畬为之作《古乐府》,皆其选也。……大鼓书始于渔鼓简板说孙猴子,化以单皮鼓檀板谓之段儿书,

---

[1]　此条引自清代翟灏著《通俗编》卷三十一《俳优》。

后增弦子谓之靠山调。"[1]予幼年曾见用渔鼓简板说孙悟空大闹天宫，鼓为竹筒，长二尺许，蒙以皮，空其一端。简板为檀木制，长几二尺，宽才寸许，凡二，其形仿佛今日所谓"河南坠子"之所持。每说至紧要处，则以手敲渔鼓，声硁硁然。其人在"云里飞"（孙姓已故）[2]之前，"云里飞"则得其传者也。今皆不传。

---

[1] 词条引自清代李斗著的《扬州画舫录》。

[2] 此处似指天桥艺人白庆林（1869—1941），擅演滑稽京剧，后改说评书，有"老云里飞"之称。

谭鑫培《失街亭》

予好听戏,自幼已然,予识戏人,其人皆可钦,匪特艺,即其为人亦然。唯近日所谓后起角色者,予以赖故,实罕领略之。犹忆予韶年时,有人评谭鑫培《失街亭》之失者,予其时喜谭腔,颇非之。顾其所言极近理,姑记于此。其言曰:《失街亭》之"大引子"——"羽扇纶巾,四轮车快似风云;阴阳反掌定乾坤,保汉家,两代贤人",原词"两代贤人"系指先主后主而言,谭氏竟作自赞之词,改为"两代贤臣",可谓不通之至。又城楼上一段正板,谭氏唱为"论阴阳如反掌保定乾坤"及"东西征南北剿博古通今",正将原词"论阴阳如反掌博古通今,东西征南北剿保定乾坤"颠倒,驯至两句皆不能通顺。又此大段正板系自叙略历,时净角已上。一无所事,直至此段唱完,净乃接唱八句或十句,但二人皆为捣鬼式之背躬,然后始入正文"正在城楼观山景,耳听人马乱纷纷……",武侯方始由玩景而闻声,而见旌旗，而知为司马大兵。文章之笨，穿插之拙，致令为净角者呆之若木鸡，是真儿戏耳。闻老本于武侯上城，唱"退司马守空城全仗此琴"句之后，始闻鼓鼙声，生作惊叹状，叫起正板，至抚琴笑后，再闻鼓鼙声，老军始言"司马懿的兵来喽"而跑至城门，然后生接唱末一句"我面前缺少个知音的人"。下接净内唱倒板，急急风上，再接唱"四门大开为何情"。然后净白，传令勿得轻进空城。生城楼尚有四句琴歌，方始由净接元板，再由生接二六板。谭氏略其琴歌，使净先上，既于剧词不合，又使净角呆立云云，其所论颇精湛，惜彼时未能详询老本之何所据，与琴歌之词如何也。

谭鑫培、杨小楼《阳平关》剧照

寿梅诗

梅畹华三十生日，汪公使衮甫[1]集玉谿[2]句四律，浑若天成，时推为寿梅诗中第一。诗云："想象咸池日欲光，今朝歌管属檀郎。庄生晓梦迷蝴蝶，侍女吹笙弄凤凰。检与神方教驻景，久留金勒为回肠。章台街里芳菲伴，一曲清尘绕画梁。""芸香三代继清风，心有灵犀一点通。总把春山扫眉黛，直教银汉堕怀中。姮娥捣药无时已，子晋吹笙此日同。赊取松醪一斗酒，彩衣称庆桂香浓。""忆向天阶问紫芝，披香新殿斗腰肢。荔枝卢橘沾恩幸，紫凤青鸾共羽仪。汉苑风烟吹客梦，嵩阳松雪有心期。前身应是梁江总，自有仙才自不知。""家近红蕖曲水滨，罗窗不识绕街尘。从来此地黄昏散，并觉今朝粉态新。萼绿华来无定所，毛延寿画欲通神。浣花笺纸桃花色，一一莲花见佛身。"

1941 年 11 月 13 日
《新北京报·非闻漫墨·卷三》
署名于非厂

---

[1] 汪荣宝（1878—1932），字衮甫，别号思玄，江苏吴县（今苏州）人。曾任驻日公使。

[2] 李商隐（813—858），字义山，号玉谿生。唐朝诗人。

佛 畫 芳 蘭 梅

梅兰芳画佛

叔岩绝响

　　余叔岩三次动手术之后，还灌了两个片子，一个是《沙桥饯别》的唐太宗，另一个一面是《伐东吴》的黄忠、刘备，一面是《打侄上坟》。这是由伪国乐公司灌的。沦陷时期的余叔岩太苦了，协和医院动手术后，他的病是毒瘤，根本无法治疗，但是他的唱却愈发苍老了。在沦陷前他灌的那片《摘英会》，已是好的，但还不如"国乐"灌的这两片，有人说两个"肖"字音差一点，其实是灌的技术欠佳，音并不错。

　　当那天灌完了这两个片子，我们吃春华楼。他说："日本的技术真不行，他仅自试验就干了七八次，弄得嗓子不合适，他倒说他的机器合适了，真真岂有此理。"要知叔岩的个性太强了，"国乐"托出若干人，不知费了多少唇舌，跑了多少趟，他只是不肯替敌人灌片子。结果还是看在朋友的面子，灌这两片。

"恐怕不如长城公司那样儿清晰吧！"他这样很担心地念叨着。实则，这次唱的，确乎是叔岩的压卷，尤其是"老来无子甚悲惨"那几句，他是设身处地在喊出他的心事，现在继起无人，竟成绝响。

1946 年 9 月 8 日
《新民报·土话谈天》
署名闲人

杂耍

　　我前天被朋友邀往"上海"（东安市场门外）看杂耍，我因为我这一版很够杂耍的了，所以我也不妨借鉴一下，何况还有荣剑尘[1]可听。趣味太低，"下里巴人"是什么，到现在恐怕也有才难之叹。但是那里倒上了个满座。

　　到了那里，才知荣剑尘因病请假。我这朋友太好了，他是西北上很研究艺术的人，他送我《嶓冢禹碑》的旧拓本，据我看简直是回文。他谈起单弦牌子曲，头头是道，他说曹宝禄只是没有韵味。他说我画的牡丹是西北兰州常见的，枝干瑰奇槎丫，纠屈盘错，不是北平公园里的姿态。其实我在沦陷时，看到故宫牡丹的憔悴，我和两三位画友，画了三四年，才把几百年培植下来的失调护缺营养的牡丹老干画下来，

---

[1]　荣源（1881—1958），艺名剑尘，北京人。单弦八角鼓演员。

尤其是御花园浮碧亭那几株最老的（今年都完了）。

　　场中几位唱大鼓的，都够唐朝美人的面形，联幼茹差一点，王佩臣更不够，但这二人唱得都不错，尤其是王佩臣。

　　最后是杂耍之杂耍《一疋布》，我因天晚了别友先归。

1946 年 9 月 29 日
《新民报·土话谈天》
署名闲人

杂耍场

　　我听俞菊笙的《铁笼山》之后，觉得杨小楼、尚和玉、俞振庭的魄力小，不够将才，而尤其俞振庭，仿佛山大王。我曾评所谓四大名旦，梅甜尚辣荀酸程苦。此四君都是现在硕果，继起无人。刘鸿升的"三斩"[1]，高庆奎简直不行，而谢宝云的老旦，比龙云甫还好，这话谁人能信，所以我只好不谈戏。

　　杂耍场偶然去一下，也可以起人兴衰之感。刘宝全一死，京韵大鼓完了。金万昌一死，梅花调也完了，焦德海本来不够，张寿臣瘾足了还成，现在一作古，一在挣扎，偶然高兴来一段，确是现在人所不及的。弹弦牌子曲，只剩荣剑尘一人。本来这种单弦是需要雅的，德寿山之后，竟成绝响。荣剑尘的玩意是相当雅的，除了他现更无第

---

[1]　指刘鸿升的代表剧目《斩马谡》《辕门斩子》《斩黄袍》。

二人。

　　我很想把敌伪时期的敌方梦拟的大东亚纵贯铁道各站地名写下来，送给侯一尘，使他说《新地理图》，他说："这个年月，还是不矜奇立异好，免得出麻烦。"这话却有至理，令我佩服。

1946 年 9 月 29 日
《北平日报·太平花》
署名非闇

我与戏剧

我研究国剧

　　大概一种事，如果经过报纸一番排印，或者小的像没有那回事一样，或者膨大起来，仿佛很了不得的一样。其实去事的本身距离，至少要有一万八千里那么远。即如最近汤尔叟在水榭请客，我接到请柬之后，忽然某某两小报上刊出了一段消息，说尔叟于某日某地招待各界，我很诧异，我觉得尔叟是请客，如何招待各界而请我呢？我不配称为哪一界呀！至期，我准时而往，果然至友六七位，还加上一位女性"老太婆"。并无所谓各界，都是熟人，更用不着招待。"老太婆"谈锋果然不错，尤其对于程四爷，她总是对本报星期四出版的《国剧周刊》持不满意的态度。好像"老太婆"很想像《国剧周刊》里那样不顾肉麻去捧捧程四爷，她才过瘾。本来国剧在今日，很缺乏一种科学的研究，所以才弄得支离破碎，不堪卒读。本报《国剧周刊》依科学的方法去研究，虽其间引了几句红豆馆主的话，不免于陈腐旧套，然而大体上总是平心静气去研究，并不是像捧角那样的膨大起来，仿佛很了不得的一样。我本来不爱谈戏，我觉得我在去年捧程四爷武功剑法那几句谈话，绝不是不顶"内行"的。因为我研究国剧，在二十年前，至少有十二年的纯工夫。这绝不是经过一番排印，如同招待各界那样，距离事实，像孙悟空打筋斗那样的远近。

1935 年 7 月 23 日
《北平晨报·闲谈·九七》
署名闲人

予自幼酷好皮黄戏

偶于友人处闲谈，友固精于"唱戏"也。皮黄戏，予自幼酷好之，时谭鑫培、孙菊仙诸人咸盛壮，课暇，辄就一隅聆谭孙诸剧，亦颇知所谓好，所谓不好也者。时友正习《杨四郎探母·回令》一折，予因谓友："曾闻鑫培言：'最不愿唱《回令》一折，脱我为四郎，盗得令箭，一家团圆，绝不反身再投异国，以全所谓子乎为义者。'鑫培本不学，其所论极是，探母则可，回令则非，处今日尤宜倡此义也。"友闻予言，以为善，谓宜书之，书如上。

1936 年 3 月 7 日
《北平晨报·闲谈》
署名闲人

戏　腔

　　凡是和我这一样的老北京，对于戏剧，自然耳濡目染，略微懂得
一点戏剧之好坏，而尤其是跑跑沪汉，知道那地方所谓好坏，而再做
一番印证的功夫，那么，不必"谭迷""梅毒"，而自然懂得了。我在
拉洋车蹲伏着等坐客时，无聊地哼哼，就我所知道的，大概是这样"我
本是卧龙岗散淡的人"的谭腔，是在光绪末年以前。"孤王醉酒桃花宫"
的刘腔和"马老爷待尔等恩高义大"的杨腔，是民国元年以前。"劝世
人一个个都要学好"，是民国五年以前的孙腔。至于"脱罢了罗衣温

谭鑫培、王瑶卿《汾河湾》剧照

泉来进”的梅腔，似乎到民国八年还哼哼得起劲。民国五年以后，我绝迹歌场，偶然跑到织云公所春阳友会听听叔岩，而“昔日有个三大贤”，直到民国二十年还在哼哼着。近来的哼哼腔，都在学乔国老劝孙权，贺后骂赵匡胤，雪艳□诳汤勤，“恼恨那吕子俅为官不正”。这虽是街头的散唱，但也可以看出一时的风尚和借酒浇愁之意。

1936 年 9 月 16 日

《实报·漫墨》

署名闲人

谈　戏

宇宙一大戏场也。今谈戏，且为时尚。予自幼喜观戏，好正生，尊谭，起光绪廿四年。宣末迄民初，渐喜杨小楼、李鑫甫、瑞德宝诸人，而后独喜旦，尤好梅、荀。再后于路三宝、姚佩秋、王蕙芳诸人后，郑声为时趋。谭后，余叔岩最心折，以为正生砥柱，不幸叔岩病。正生戏既不听，四大名旦腾达飞黄，且镀金为博士，剧场愈紊，偶一涉足，看杨小楼、钱金福诸人而已。筱翠花病暗哑，独喜其洽合泼辣荡妇身份，迄民国二十四五年。近独喜丑，萧慈固尚有规矩，即余子亦可以观其进退科诨，或有评梅、尚、荀、程者以味喻，谓“梅之味甜，尚之味辣，程之味苦，荀之味酸，各有其特长。难分轩轾”。此论颇有味。今畹华、绮霞、御霜、慧生，均已距留须之年渐近，回首四十年来歌场中，其演变迁邅之迹，诚有使人感慨系之者。

1938 年 10 月 12 日

《新北京报·哭之笑之随笔》

署名于非厂

省精神

戏我爱听，电影、话剧我也爱看，尤其是外国片子，因为我是研究艺术的。

谈到戏，北平是它发源地，可是近些年太不像话了，老成凋谢，后起无人，功夫愈疏，趣味愈低，乱改乱唱，虽欲看而亦不肯看了。

话剧，我先要看剧本，然后才看演员之称职与否，因为这不是对白，这也不是说相声唱曲，从前我和熊戏子常谈这些问题。

电影因为省时间，倒偶然看几次，但自胜利迄今，中国胜利后的片子还未见到出品，闲人闷极了，但精神倒省下了。

1946 年 9 月 25 日
《新民报·土话谈天》
署名闲人

我
不
懂
戏

北平这地方，听戏是在光绪末以迄民国二十一二年，在这短短二十几年间，却是西皮二黄的一个好时期。自从博士等头衔挂起来，我对戏也渐渐的冷淡了。

评论戏的文字，樊樊山、易实甫、罗瘿公诸人固然是好的，而我尤喜欢林长民的东西。其余如凌霄、小隐、醪子诸人，也都值得一读。

后来的戏，不仅属于唱得不如前，实是听得不如前。在从前真的听主，是要靠大墙一坐，暗中掐着板槽，看看步眼，念着锣鼓，所瞧是角儿的"地方"。角儿唱念做差一点，他只摇摇头，这角儿自然就要注意，就是谭鑫培也怵前台有几位摇头的，更不用说倒彩打通。

后来乱叫好，弄得角儿都莫名其土地堂。处于监督地位的听主，一则不屑起哄，二则避此烦嚣，只好到童子班去消遣。而所谓角儿也者，知"正路子"之不行，于是任意所之，戏遂愈坏，迄今别人不谈，我先懒得去听了。谭鑫培是好的，余叔岩也不错，同时那位贾洪林也有几下子。自此而后，乔国老也唱红了，我只好自认为不懂戏。

1946 年 10 月 1 日
《北平日报·太平花》
署名非闇

艺人

　　闲人是地地道道的"老山东儿"，因为种种关系，变成了北平的准旗人了，而实际仍是山东蓬莱。我的家乡那地方太好了，我曾去过多少次，可是都在"解放"之前，之后尚未去过。

　　剧界的老板为山东赈济难民而如何如何，我都在感谢，都在宣传着。最近"中国泰山"彭飞应留平山东同乡会之请，预备在本月十五日起在中山公园音乐堂表演各种武技三场，我先替山东难民谢谢彭飞先生的高义隆情。

　　山东难民的被难情形，我直不忍言、不胜言，他们始终在生死线上挣扎，来拼死地挣扎，他们所需要是普遍的，是大力的，但是我只能在喊，在感谢艺人们来帮助。

1946 年 11 月 13 日
《新民报·土话谈天》
署名闲人

严正批评

　　在早儿唱大戏的对于观众，没有不是小心翼翼地在伺候着，而尤其是坐在侧面或靠大墙的那些位闭着眼睛听的主儿。这些位都是懂得戏，会听会看，他们皱皱眉，摇摇头，是比较客气的批评，而喝倒彩那是不客气的事。至于什锦杂耍，那更谈不上了。

　　樊樊山、易实甫、罗瘿公诸人，他们为排遣才宠以鸿文妙句到了"骑马之布"都上了捧场词句，严正的批评，遂变成了"党同伐异""各戴所天"。戏也就因此一天坏似一天。近些年，"黄色新闻"吃开了，严正而纯艺术的批评，更少见，变成了角儿的起居注，戏遂坏到现在的地步。角儿也骄狂的两只眼变成"望天鱼"，几乎忘了姓名。这岂尽是角儿之过！

　　有个"云里飞"，就有个"臭妹妹"；有个"人人乐"，就有个"万人迷"，这些人都是"做艺"而成名的。他们见了人，多么恭谨谦和，就是谭贝勒、梅大王，又何尝敢露些骄狂之色！所以上得台来，学徒长，学徒短，伺候来，伺候去地说着，这是谦，这是求益，而不是卑贱，"玩意儿就这么排出来的"（台上原词）。所以我爱惜艺术，爱惜人才，我把本版的后台加上一"前"字，而要严正地批评。

1946 年 12 月 17 日
《新民报·土话谈天》
署名闲人

相声艺员

　　什锦杂耍内有一门叫"对口相声"，讲究说学逗唱的。在从前有"万人迷"焦德海和现在的张寿臣都是较为不太粗俗，有些段却很可听。当人们忧重千秋、愁高万丈的时候，听一两段对口相声，也颇可以消忧祛愁。至于有人提倡高德明[1]文学，那只是"瞎哄"，比提倡颓废文学，也许是差不太多，而在伯仲之间罢了。

　　北平人称他们，总是和对梨园行一样，梨园人称呼他们一声"唱戏的"，说相声则称呼他们一声"说相声的"，这和以绘画为生而称呼"画画儿的"一样，是指称专门，并不是有丝毫轻视的成分在内。

　　自入民国，执笔在新闻上活动的人们（自然我也在内），总觉得这称呼不大雅驯，于是开始在报上称梨园行某人为艺员，到了二十一二

---

[1] 高德明（1909—1960），相声演员。擅长表演市井小人物和旧社会的无赖混混儿，演出现场火爆热烈。

年，也称鼓曲界为艺员了。这艺员的徽号，还不是"和唱戏的""说相声的"一样？称一声什么"员"不足为荣，称一声什么"的"不足为耻，只在所谓艺员，所谓"的"之行能如何而已。

"老云里飞"在早年和我同住西安市场一带（他住在皮厂子胡同，和马连良也属邻居）。他有至性，能孝母，就这一点，无论他的玩意如何胡说八道，我佩服他，我敬仰他。现在的侯一尘老弟，他是古玩行出身，说相声不大红，但是人规矩，对朋友有义气，热心肯帮忙，就这一点，我称他一声"老弟"，而他并不自足自满，总是那么谦谦的，彬彬有礼。至于"淫伶""贱艺"那是社会上一种严厉的批评，过去有不少一败涂地的前例，这只看艺员们的行能如何了。

1946 年 12 月 28 日

《北平日报·太平花》

署名非闇

张伯驹唱戏

　　前天张伯驹先生见访，谈到他要于明天仍在隆福寺福全馆唱戏筹款。伯驹在事变前，曾由王凤卿饰赵云，程继仙饰马岱，余叔岩饰王平，杨小楼饰马谡，钱宝森饰司马懿，自饰武侯唱了出《失街亭斩谡》[1]，是为河南赈款的，地点福全馆。今又干这下子，仍由钱宝森饰葛登云[2]，我自然要请教他为什么这样做了。

　　他很感慨地说："最近打算离开此地。可是经手的国学社虽在前市长支持了一下子，可是现在谁还注意到国学上去呢？从前是士、农、工、商，现在是官、商、工、农、士，士只有在层层压抑下呻吟着。可是自去年到现在，国学社很欠了些外债，这些外债，如果本人还在

[1]　《失街亭斩谡》，似指京剧《空城计》（包括失街亭、空城计、斩马谡）中的失、斩二折。
[2]　葛登云为京剧《琼林宴》中人物（净角）。

张伯驹

此地蹲下去的话，总可以撑持，可是本人不预备在此地蹲下去，那么，这笔经手的外债，自然在未走之先，要把它做个结束。这样很和当局们磋商，得到了大家的同意，只好旧调重弹，由我个人唱戏，代还这笔亏空，有余的话，也许作为基金。至于戏票的问题，是由北平市、河北省两银行代售，我唱戏等于酬谢捐戏票者……"

本来张先生这种决定，是在上月二十日世界科学社聚餐时决定的，那一天也有我，可惜天下大雪，我的车坏了，未能参加。听张先生这样一说，这年头办文化事业真难，假如张先生不会唱出戏的话，办文化事，那更是大伤脑筋的事。明天的戏共是三出，钱宝森、王福山的《祥梅寺》，筱翠花的《醉酒》，王福山、钱宝森和张先生的《问樵闹府》《打棍出箱》。这虽也是借着范仲禹[1]的一种讽刺，可惜张先生不屑于唱《一疋布》。

1947年2月3日

《新民报·土话谈天》

署名闲人

---

[1]　范仲禹，清代石玉昆小说《三侠五义》中人物。

评刘宝全

现在所谓"京音大鼓"，在昔则谓之"怯大鼓"。好在刘宝全死后，尚有唱片流传，刘宝全为我最佩服之人，在此时评骘数语，是《太平花》主者"命题"，而却未曾"限韵"。

尝谓大鼓中之有刘宝全，犹京剧中之有谭鑫培，谭之前有程长庚、张二奎、余三胜，满宫满调，实大声宏。谭氏继之，由高亢而柔婉，而苍凉，而顿挫抑扬，呜咽喑喑，嘹亮脆甜，多以巧胜，静心阖目聆之，由字之音韵扭转拆切，腔之急徐吞吐，即可得剧中人之喜怒哀乐、离合悲欢，不必抬手，不必动足也。谭之特长在"靠把戏"，"王帽戏"则有能不能。刘宝全之于大鼓其改革旧调，运以新腔，由字生情，由情施调，得"脆""率"之诀，故其长亦在正生文武老生戏，若《战长沙》《长坂坡》《哭祖庙》等，真可谓"前无古人，后无来者"，《审头刺汤》是韩小宝词句动人，宝全收功倍之效。至若缠绵悱恻，状儿女情事，则刘宝全不如白云鹏，犹之《昭关》诸剧，谭必让之汪桂芬，《四郎探母》必让之许荫棠也。

1948 年 2 月 15 日
《北平日报·游艺周刊》第 1 期
署名闲人

王佩臣与醋溜大鼓

王佩臣所唱的，本是乐亭（地名）调，她得天独厚，生具一副喉咙，又生具炒豆似的口齿，同时有弹弦的卢成科为之辅，改乐亭调为王佩臣独有的唱法，一般听她所唱有点酸溜溜的味道，所以硬叫它为"醋溜大鼓"。词句粗俗，难登大雅，完全利用下层社会所嗜的低级趣味作背景，而加以烘托陪衬的描述，如《劝嫖交友》一类，殊无足取。人们为了她能道出黑暗而来，所以很受欢迎，成了大名。她的长处，就我个人的观察，我只能取其唱法，她能在双声叠韵的十几字，用极快的速度，伸缩吞吐，把每个字的本音（所谓本音，并不是字的音读，而是北平读的本音），很清爽地送到听者的耳鼓，绝无模糊囫囵含混不清之处。譬如，"搭达打大道倒豆窦都兜"等等（这当然是举例），都能在极快的时间，一一唱出，这和余叔岩唱"快二六"，快到了极处，清晰也到了极处，有异曲同工之妙。

1948 年 2 月 22 日
《北平日报·游艺周刊》第 2 期
署名闲人

单弦牌子曲

　　单弦牌子曲，在二十年前我听过德寿山，本来这种歌唱，是八角鼓衍变的一种歌唱，仅凭一只"弦子"，模拟各种民间流行的小曲，而尤其是西北一带的曲子。虽所叙述的故事，不免"鼓儿词"稗官野史，而由演唱者推陈出新，饰辞琢句的自己编造，要不即不离，要影射时事，要讽刺，要滑稽，要模仿腔调，要调整音韵，至于醒世警人，那更是人们乐于称道的（当时有"醒世金铎"八角鼓之组织）。寿山的玩意儿，诙诡百出，前所未有。自寿山故后，桂兰友、荣剑尘推一时瑜亮，实在说起来，兰友的玩意儿稍粗，不如剑尘的细腻。兰友在未罹痰症之前，唱《醉归》，唱《五圣朝天》，颇有独到之处，现在只有剑尘一人了。剑尘的玩意儿，以典雅胜，凡是他不矜才不使气的地方，最是他的妙处，他模仿"四板腔""怯快书"……都是他独有的腔调。他以"聊斋段"号称拿手，我却喜欢听他的《乔太守乱点鸳鸯谱》，各种各样的民间小曲牌，几乎都网罗在内，而再加上他自己的运用。

1948 年 3 月 7 日
《北平日报·游艺周刊》第 4 期
署名闲人

梅花大鼓

　　"梅花调"，现在叫梅花大鼓，这是合五音连弹的玩意儿，正是所谓"京音大鼓"。词句典雅，首推八角鼓的各"岔曲"，这泰半都出自文人之手，过去的报人勋蕴臣、文子竾，今日所谓"贤达"的溥心畬，都编有很生动的"岔曲"。而韩小窗[1]编的"大鼓书词"，也典雅可诵（《长坂坡》《刺汤》诸曲）。至于"梅花调"词句简短不登大雅之堂（如《王二姐思夫》之类），纯然是供老太太们的消遣。不过，论起它唱法来，确是很难很难。第一要有天赋的"本钱"，第二要有"喷口"，第三要有和吹笛一样的丹田气功。这必须童而习之，忌躁，忌顿，忌激越，忌上身晃动，忌面红脖粗。反过来说，要柔婉，要彬媚，要悠扬，要断续，要似断实连，似实反虚，这纯是丹田气吞吐抑扬的功夫，故

---

[1]　韩小窗，生活年代在道光至光绪年间（一说嘉庆、道光年间）。满族，清代东调子弟书作家。

其声柔和而脆，婉转而刚。近几十年来，只有一个金万昌[1]，够上火候。因为他的嗓子（本钱）得天独厚，他的口齿（喷口）准确，得甜脆之诀，而他能运用丹田一气呵为徐急快慢转折抑扬，他的唱法，现成绝响。至于坤角，那是另一种看法，恕不多谈。

1948 年 3 月 23 日
《北平日报·游艺周刊》第 7 期
署名闲人

---

[1]　金万昌（1870—1942），梅花大鼓演员。

编后记

　　本书内容集中展示作者生活经历，从自家身世、成长经历到师友交往，反映了时代背景下的作者成长过程及艺术追求。分为六辑：《我本世家》选取作者介绍家族亲属和自家境况的回忆文章，这种生活环境给作者的社会认知、学养生成和从业趋向影响深远。《北平一民》则为作者讲述自身求学、生活起居的文章，从个人的生活场景折射出时代背景下的社会生活景观。《舞文弄墨》则侧重作者读书治学、课徒授业、编辑写作、研习书画的真实记录，对深入了解作者的秉性学养、艺术创作有所帮助。《漫游山川》是一组游历纪略，从中窥见作者的兴趣爱好和漫游行踪。《怀故忆旧》是作者与身边师友交往的点滴记录，透过精练传神的文字，使众多被历史尘封的人与事重新呈现在读者面前，这些逸闻逸事可作掌故谈，更是难得的史料。《戏曲艺人》，作者早年热衷听曲观戏，对民间曲艺如八角鼓、岔曲、单弦等颇为关注，曾有收集整理的宏愿，通读作者所写随笔小品之文，约略可见受其影响的痕迹。

　　本书中选取的相关历史照片及作者的金石书画作品，意在以图佐文，使读者在阅读文章时通过这些图片能够对历史现场进行联想，加深对文字的理解，既可以看作"读图时代"的趋同，更是对历史文献的保存和传承。这些图片资料主要来自各种印刷出版物和各类网站拍卖会图片、电子数据库文献资料截图等，虽无法达到图文间精准对应，更难于辨析作品真赝，只是作为一种阅读参考而已，借此对各位编著者、收藏者、网络经营者及热心提供资料的友人致以由衷的申谢。

　　本书得益于杨良志先生热情推荐，文津出版社总编辑高立志先生精心策划，编辑部同志的倾心工作，得以顺利出版，再此一并申致谢忱。鉴于本人学识浅薄，见闻有限，书中如有疏漏不当处，期待读者不吝指正。

出版说明

  本书主要整理了于非闇（1889—1959）发表在民国时期报刊中的文章，文章发表时间跨度较长，为尊重先生不同时期的写作习惯、遣词风格，以及语言文字自身发展的变化规律，故在整理出版时对人名、地名、物名、书名等的称呼及异体字的使用不进行硬性统一及现代汉语的规范化处理。由于先生笔名较多，出版时署名遵循最初发表时使用的笔名。对于先生编辑的栏目中无署名的文章，据文辞风格判定为先生所作的，依据最初发表时的状态落款不署名。

  特此说明，提请读者注意。

文津出版社

图书在版编目（CIP）数据

闲人不闲 / 于非闇著；沈宁编注 . — 北京 ：文津
出版社，2023.7
ISBN 978-7-80554-832-6

I . ①闲… II . ①于… ②沈… III . ①地方文化—北
京—文集 IV . ①G127.1-53

中国版本图书馆 CIP 数据核字（2022）第 163028 号

策　　划：高立志
统　　筹：王铁英
责任编辑：陈　平
责任营销：猫　娘
责任印制：陈冬梅
装帧设计：吉　辰

闲人不闲
XIANREN BU XIAN

于非闇　著　沈宁　编注

出　　版：北京出版集团
　　　　　文津出版社
地　　址：北京北三环中路 6 号
邮　　编：100120
网　　址：www.bph.com.cn
发　　行：北京伦洋图书出版有限公司
印　　刷：北京汇瑞嘉合文化发展有限公司
开　　本：889 毫米 ×1194 毫米　1/32
印　　张：17.375
字　　数：187 千字
版　　次：2023 年 7 月第 1 版
印　　次：2023 年 7 月第 1 次印刷
书　　号：ISBN 978-7-80554-832-6
定　　价：88.00 元

如有印装质量问题，由本社负责调换
质量监督电话：010-58572393